Widmung

Für alle spirituell Suchenden, die ihre Weisheit, die sie aus ihren Erfahrungen schöpfen, dafür einsetzen, einen neuen Lebensweg zu wählen.

Dr. Dr. Carl Greer

Erschaffe deine Zukunft

Mit Schamanismus & Psychologie
zur erfolgreichen Persönlichkeitsentwicklung

AURINIA
TRANSFORMATION

Dr. Dr. Carl Greer
»Erschaffe deine Zukunft: Mit Schamanismus & Psychologie zur erfolgreichen Persönlichkeitsentwicklung «

Aus dem Amerikanischen übertragen von Ursula Fassbender

FSC www.fsc.org
MIX
Papier aus verantwortungsvollen Quellen
FSC® C083411

Dieses Buch wurde auf FSC®-zertifiziertem Papier gedruckt. FSC® (Forest Stewardship Council®) ist eine nicht staatliche, gemeinnützige Organisation, die sich für eine ökologische und sozialverantwortliche Nutzung der Wälder unserer Erde einsetzt.

Covergestaltung: Damian Keenan
Satz, Lithografie und Herstellung: Robert B. Osten
Printed in Germany

ISBN 978-3-95659-039-9
1. Auflage

Besuchen Sie auch unsere Website: www.aurinia.de

Inhalt

Danksagung

Als ich vor einigen Jahren gebeten wurde, Schamanismusseminare zu geben, beschloss ich zu lehren, wie schamanische Praktiken im Umgang mit den Alltagsproblemen eingesetzt werden können. Dieses Buch ist aus meiner schamanischen Lehrtätigkeit sowie meiner jungianischen Ausbildung, Praxis und Weltsicht heraus entstanden.

Ich bin vielen Menschen zu Dank verpflichtet, die zu diesem Buch beigetragen haben. Meine schamanischen Lehrer und Freunde haben mich mit ihrer Freundschaft und Kameradschaft unterstützt, wenn wir uns bei der Ausübung schamanischer Rituale begegneten. Alberto Villoldo gab den Anstoß für meinen schamanischen Weg und ist seitdem ein Mentor, Lehrer und Freund. Wir haben gemeinsam einige faszinierende und geheimnisvolle Grenzbereiche erforscht. Theo Paredes unterrichtete mich im Andenschamanismus und teilte seine Weisheit und viele Abenteuer mit mir. Mary und Shanon Harwood ließen mich an ihren Blackfoot-Traditionen teilhaben, und wir hatten herausfordernde und beglückende spirituelle Erlebnisse miteinander.

Viele Q'ero-Schamanen und der Schamane Don Martin haben mich in ihre Bräuche eingeführt. Dafür bin ich sehr dankbar. Ich danke auch den Schamanen in Australien, der Mongolei und Äthiopien, mit denen ich Zeit verbrachte und praktizierte. Von den Teilnehmern meiner Workshops und denjenigen, für die ich als Schamane oder jungianischer Analytiker tätig war, lernte ich viel und bin denjenigen dankbar, deren Erfahrungen ich in diesem Buch wiedergeben darf. Ihre Großzügigkeit wird anderen zu einem besseren Verständnis verhelfen, wie sie die unterschiedlichen Übungen und Rituale anwenden können, um ihr eigenes Leben zu verändern.

Ich danke meinen jungianischen Kollegen, mit denen ich Freundschaft und die Erforschung der transpersonalen Bereiche teile. Mein besonderer Dank gilt Murray Stein, Lee Roloff, Mary Doherty, James Wylie und Judy Shaw, die eine wichtige Rolle auf meiner jungianischen Reise spielten.

Charlotte Kelchner hat mir wertvolle Unterstützung bei der Manuskripterstellung gegeben und dabei geholfen, eine Unmenge oft scheinbar unzusammenhängenden Materials zu ordnen. Nancy Peskes Expertise und Lektorat trugen dazu bei, das Buch druckfertig zu machen und seine Veröffentlichung zu lancieren. Gladys Burow, die seit 46 Jahren meine Verwaltungsassistentin ist, half mir mit den zahlreichen Fassungen dieses Buches. Meine Agentin Devra Jacobs bemühte sich, einen Verlag zu finden.

Meinen Kindern Caryn, Michael und Janet und meinen Stiefkindern Michael, Susie und Jeannie ebenso wie ihren »besseren Hälften« Rudy, Jenny, Joe, Leslie und Mike möchte ich danken, denn sie haben mich alle auf meinem Weg begleitet.

Dank schulde ich auch Pat – meiner geliebten Frau und Partnerin – bei der Erforschung der symbolischen und alltäglichen Bereiche unseres Lebens. Sie hat meine schamanische Reise unterstützt und den Zeitaufwand für das Verfassen dieses Buches akzeptiert. Sie las die verschiedenen Fassungen sorgfältig durch, und ihre Anmerkungen trugen zu seiner Verbesserung bei.

Schließlich bin ich auch dankbar dafür, dass ich Teil des Lebensplans bin und die Gelegenheit bekommen habe, dieses Buch zu schreiben.

Vorwort von Dr. Alberto Villoldo

Als ich mit dem Studium der Weisheitslehren der alten Schamanen der Anden begann, fiel es mir schwer zu verstehen, was mir meine Lehrer erklären wollten. Es war keine Sprachbarriere, die zwischen uns stand, sondern unsere unterschiedliche Wahrnehmung. Ich besaß eine Menge an akademischem Wissen, aber die westliche Denk- und Wahrnehmungsweise frustrierte mich so lange, bis ich lernte, mich meiner Intuition zuzuwenden und meinen analytischen Verstand abzustellen. Nur so konnte ich Zugang zur Weisheit und den Energien erlangen, die sich meinem Bewusstsein entzogen, und sie zur Erschaffung eines neuen Lebenswegs nutzen.

Jahre später, als ich von meinen Lehrern gebeten wurde, ihre Lehren im Westen zu verbreiten, hatte ich offen gesagt Angst vor dieser Herausforderung. Ich erinnerte mich daran, wie lange es bei mir dauerte, mich von meinem Bedürfnis zu befreien, alles, was ich jahrelang in der Schule und an einer angesehenen Universität gelernt hatte, beweisen zu müssen. Wie sollte ich anderen erklären, wie man sich auf die Weisheit des kollektiven Unbewussten – die wir alle besitzen – einstimmt? Wie konnte ich sie dabei unterstützen, in Bewusstseinsräume zu reisen, in denen Vergangenheit, Gegenwart und Zukunft zusammenfließen, und in Verbindung mit archetypischen Energien zu kommen, die uns dabei helfen, eine neue Welt herbeizuträumen? Ich fürchtete mich nicht vor Sälen voller Skeptiker, so wie ich noch vor Jahren einer von ihnen gewesen war, und davor, sie dazu zu bringen, das Erlernte hinter sich zu lassen und sich für eine neue Sichtweise auf ihr Leben, ihre Mitmenschen und die Welt, in der wir leben, zu öffnen. Doch meine Lehrer warnten mich: »Wenn dein Volk seinen Lebensstil nicht ändert, wird unser Volk nicht überleben können.« Auf ihr Drängen hin beschloss ich, mein Bestes zu tun, um den Menschen aus westlichen Kulturen die Weisheitslehren nahezubringen, die die Erde und all ihre Bewohner achten.

Viele Jahre, nachdem ich diese neue Herausforderung angenommen und die »Four Winds Society« gegründet hatte, begegnete ich Carl Greer. Er war ein jungianischer Analytiker und Unternehmer, der den Werten des Westens großen Erfolg verdankte. Anders als andere, die nur ein paar neue Stressbewältigungsmethoden erlernen, sich selbst besser verstehen wollen und eine klarere Vorstellung davon erlangen möchten, was sie als Nächstes tun wollen, war Carl bereit, einem tieferen Ruf zu folgen und seinen »Anfängergeist«, wie ihn die Buddhisten nennen, zu erreichen. Sehr schnell ließ er sich auf die indigenen Weisheitslehren ein. Er lernte, mit den archetypischen Energien und transpersonalen Ebenen zu tanzen und sie dafür zu benutzen, ein Heiler zu werden.

Nachdem er seine Ausbildung an der Light Body School abgeschlossen hatte, wurde er Dozent der Four Winds Society und ein Freund. In den folgenden Jahren genoss ich unser gemeinsames schamanisches Wirken und teilte mit ihm außergewöhnlich intensive und ausgefallene Erfahrungen.

Seit unserer ersten Begegnung hat sich Carl bei Schamanen auf der ganzen Welt weitergebildet und setzt sich dafür ein, ihr Wissen mit anderen zu teilen. Er war der erste westlich geprägte Mann, dem die Q'ero-Ältesten der Anden die Munay-Ki-Riten anvertrauten: Energie-Übertragungen, die von einer Person zur nächsten weitergegeben werden, um sie in eine neue Lebensweise eines sanften Umgangs mit dem Planeten und des harmonischen Zusammenlebens mit anderen einzuweihen. Durch seine eigene Heilpraxis hat Carl die Munay-Ki-Riten an die unterschiedlichsten Menschen großzügig weitergegeben.

Sowohl als jungianischer Analytiker als auch als Schamane lehrte er, wie wir durch das Tor des Unbewussten Zugang zu altem Wissen erlangen. Seine Seminare verhelfen den Teilnehmerinnen und Teilnehmern zum Verständnis, wie sie ihre Denk- und Sichtweise so verändern, dass sie ein neues und besseres Lebensskript für sich entwerfen können. Carls Kooperation mit gemeinschaftlich orientierten Organisationen, in denen jeder Einzelne oder jede Familie danach strebt, zur Veränderung beizutragen, erinnert uns daran, dass die Weisheit, die wir aus unseren Lebenserfahrungen sammeln, nicht nur dazu dient, unser eigenes Leben neu und befriedigender zu gestalten. Unsere Weisheit kann uns auch dazu führen, an der Erschaffung einer erträglicheren Welt mitzuwirken. Carls Buch ist daher nicht nur eine Einstiegslektüre für zufällig Suchende, sondern eine umfassende Anleitung zum Loslassen alter, einengender Lebensentwürfe und zum Herbeiträumen einer neuen Welt.

Dr. Alberto Villoldo

Vorwort

Als klinischer Psychologe, jungianischer Analytiker und praktizierender Schamane habe ich schon viele Lebensgeschichten gehört. Manche sind traurig, manche lustig, manche heldenhaft und manche düster. Einige sind darum bemüht, einen Unterschied in der Welt machen zu wollen, aber nicht zu wissen wie. Um unser Leben zu transformieren, müssen wir unsere Geschichten verändern.

Jeder von uns lebt ein Leben, über das eine Geschichte erzählt werden kann. Darin sind Kapitel über unseren Körper und unsere Gesundheit enthalten; über unsere Beziehungen, unser psychisches Befinden einschließlich unserer Emotionen und Denkweise; über unseren Beruf; über unsere Beziehung zu einer höheren Macht und darüber, wie wir der Welt dienen. Jedes Kapitel ist ein wichtiger Teil eines größeren Ganzen, doch womöglich sind wir blind für die Muster in der Geschichte und die Themen, die sich durch die einzelnen Kapitel ziehen und scheinbar unzusammenhängende Ereignisse miteinander verbinden. Es fällt uns schwer, die ganze Geschichte zu erkennen, wenn wir auf die Details unseres Lebens reagieren und in unseren Erfahrungen gefangen bleiben. Doch wenn wir hin und wieder einen Schritt zurücktreten und unsere Geschichte mit neuen Augen betrachten, können wir eine bewusste Entscheidung treffen, wie wir sie verändern möchten und für die Zukunft ein neues und besseres Lebensskript entwerfen könnten.

Manchmal identifizieren wir uns sehr stark mit unserer Geschichte und sind fest davon überzeugt, dass wir nach keinem anderen Entwurf leben können, sodass es den Anschein hat, als ob uns unsere Lebensgeschichte beherrscht. Die Wahrheit ist jedoch: Keiner besitzt die Macht des Erzählers. Wir müssen an keinem Plan festhalten, den wir uns nicht aktiv ausgesucht haben. Wir müssen uns nicht ständig mit den gleichen Themen beschäftigen, die bis dahin zu unserer Geschichte gehörten. Wir können unsere Vergangenheit und Gegenwart umschreiben und dadurch die zukünftige Entwicklung unserer Geschichte verändern.

Jeder Mensch hat Probleme, jeder erlebt Enttäuschungen und Misserfolge und macht Fehler, die er lieber nicht einräumen möchte. Manche Menschen beherrschen wichtige Lebensfähigkeiten nicht, wie zum Beispiel gesunde Abgrenzung in Beziehungen oder gelungene Kommunikation mit anderen. Viel zu viele leben ohne finanzielle Sicherheit – eine Krankheit, Scheidung oder ein Autounfall kann sie aus der Bahn werfen und ihre Gefühle der Hilf- und Hoffnungslosigkeit verstärken. Je härter unser Kampf, desto leichter glauben wir, wir könnten unser Leben nicht beeinflussen – doch wir können es.

Die Übungen und Rituale in diesem Buch sind keine Allheilmittel. Jedoch ermöglichen sie Ihnen, sich in vielfältiger Weise mit Ihrer Geschichte auseinanderzusetzen, Ihre Probleme aus einer größeren Distanz zu betrachten und sich spirituelle Hilfe zur Verbesserung Ihres Lebensskripts zu holen – und jetzt damit anzufangen. Die Rituale und Übungen stammen aus dem Schamanismus und der jungianischen Tradition und wurden manchmal miteinander kombiniert. Sie können Sie dabei unterstützen, Ihre innere Motivation zu finden, um Ihre Probleme zu überwinden, sogar die scheinbar unlösbaren. Sie werden eine größere Vielfalt an Möglichkeiten für sich entdecken. Doch zunächst müssen Sie sich von Ihrer gegenwärtigen Geschichte distanzieren und an Ihre Handlungsmacht glauben. Dann können Sie damit beginnen, bewusst zu entscheiden, wie ihr Leben weiter verlaufen soll, und im Laufe dieser Entwicklung ein neues Lebensskript schreiben. Wenn Sie die Übungen in diesem Buch verwenden, lassen Sie in Ihren Alltag frische Energie und neue Informationen einfließen, die Sie dabei unterstützen.

Nicht alle Details Ihrer Geschichte liegen in Ihrer Verantwortung. Keiner hat diese Macht. Ihre Geschichte ist Teil einer kollektiven Geschichte, die von Ihrer Familie, Ihren Freunden und Ihrem persönlichen Umfeld gestaltet wird. Dazu wirkt die göttliche Quelle als unser Co-Autor. Wir alle sind ein Teil dieser göttlichen, kreativen, weisen Kraft, die alles um uns durchdringt und aus der alle Energien stammen. Diese Quelle wird auch Gott, Göttin, Tao, En Sof und Stille genannt – diese bewusste Kraft hat viele Namen.

Obwohl die Quelle unsere Geschichte beeinflusst, haben Sie mehr Eigenmacht, als Sie vielleicht glauben, um Ihr Leben und die kollektive Geschichte zu verändern, an der Sie, Ihre Familie, Ihr privates Umfeld und die Welt teilhaben.

Mein schamanischer Weg

Die Schamanen sagen, jeder von uns habe in einem Leben viele mögliche Rollen. Ich selbst habe in meinem Leben meine Rollen und meinen Lebensentwurf mehrmals verändert. Nachdem ich meinen College-Abschluss als Metallingenieur gemacht hatte, graduierte ich im Finanzwesen und Management an der Columbia-Universität. Bevor ich nach Chicago umzog und dort in unterschiedlichen Bereichen unternehmerisch tätig wurde, lehrte ich an der Columbia Graduate School of Business.

Als ich in den Vierzigern war, begann ich meinem Interesse an der Psychologie nachzugehen, erwarb schließlich einen Doktorgrad in Klinischer Psychologie und praktizierte als Klinischer Psychologe und jungianischer Analytiker. Da ich mich schon lange zum Schamanismus hingezogen fühlte, begann ich meine theoretische Ausbildung in der »Light Body School« von Dr. Alberto Villoldo. Später unterrichtete ich dort selbst. Seither befinde ich mich auf meinem schamanischen Weg und arbeite mit Schamanen in Südamerika, den Vereinigten Staaten von Amerika, Kanada, Australien, Äthiopien und der Äußeren Mongolei zusammen. Ich gebe inzwischen Seminare und Workshops über schamanische Rituale. Auch meine Tätigkeit als Klinischer Psychologe und jungianischer Analytiker wird teilweise vom Schamanismus beeinflusst. Zusätzlich bin ich als Geschäftsmann und in sozialen Projekten engagiert.

Für mich bedeutet der Schamanismus eine spirituelle Praxis, die mich der göttlichen Quelle näherbringt und mich dabei unterstützt, ein besseres Leben zu führen. Meine schamanischen Erfahrungen ermöglichen mir, in andere Bewusstseinsebenen vorzudringen und den Alltag mit anderen Augen zu betrachten. Infolgedessen habe ich größeres Verständnis für die

Komplexität des Lebens, ein tieferes Mitgefühl für die Menschen und bin ausgesprochen dankbar dafür, am Mysterium des Lebens teilhaben zu dürfen. Meine schamanische Reise war gleichzeitig ein Weg der Selbsterforschung. Vielleicht kann sie auch Ihnen zu Erkenntnissen über Ihr Leben verhelfen.

Vor vielen Jahren hatte ich einen Traum, der mir wertvolle Hinweise auf meine Verbundenheit mit all meinen Wesensanteilen und der göttlichen Quelle gab:

> Die Organisatoren eines Judowettkampfs bekamen eine Ladung gefrorener enthaupteter Leichen geliefert. Es handelte sich um die Wettkämpfer, die nicht mit ihren eigenen Köpfen gegeneinander antreten sollten. Nach dem Wettkampf wurde jeder Kopf wieder an seinen ursprünglichen Rumpf angenäht. Ich bekam eine der Leichen und schnitt mit einem scharfen Messer rund um ihren Hals, weil ich nicht wusste, wie ich sie auf den neuen Kopf vorbereiten sollte. Als ich bemerkte, dass ich einen Fehler gemacht hatte, wollte ich den Körper des betreffenden Menschen und seinen Kopf zu einem Chirurgen bringen, der die Wunde wieder verschließen sollte. Nach verschiedenen Schwierigkeiten – wobei ich bei einer Schießerei selbst verletzt wurde – brachte ich den Leichnam und seinen abgetrennten Kopf in ein Krankenhaus, wo ihm Haut transplantiert, der Kopf wieder angenäht und der Mensch wieder vollständig hergestellt wurde. Ich ließ auch meine eigenen Wunden behandeln. Man sagte dem Mann und mir, dass wir, obwohl eine Narbe bleiben und meine Wunden bei Wetterwechsel schmerzen würden, wieder wie neu sein würden. Wir unterhielten uns, dann umarmten wir uns und wurden eins. Ich versprach dem Mann, dass wir uns niemals mehr trennen würden. Als ich aus dem Traum erwachte, weinte ich, weil ich erkannte, dass ich selbst der enthauptete Mann gewesen war.

In diesem Traum begegnete ich meinem Selbst als einem eingefrorenen und zerstückelten Körper, der wieder zu einem Ganzen zusammengesetzt werden musste. Auch mein schamanischer Weg bedeutete ein »Wiederzusammensetzen« und eine Rückkehr zur Ganzheit, die schon immer da gewesen war und die ich nur vergessen hatte. Ich erkannte, dass wir uns von Teilen von uns selbst abschneiden – unserem Verstand, unseren Gefühlen, unserem Körper und unserer Seele –, wenn wir nicht um unsere Macht als Drehbuchschreiber wissen. Wenn wir uns diese Macht wieder aneignen, werden wir nicht mehr verwirrt darüber sein, was in unserem Leben passiert, und allmählich die Weisheit wiedererlangen, die uns verloren ging, als wir unangenehme Erinnerungen, Erkenntnisse und Gefühle abspalteten.

Unser Verstand täuscht uns das Getrenntsein von der göttlichen Quelle und anderen Wesensanteilen vor. Es kann ein schmerzhafter Prozess sein, wenn wir die Einzelteile wieder zusammensetzen und uns als eins mit all unseren Facetten erleben – und uns dadurch verlorene oder verdrängte Anteile wieder aneignen. Doch er führt zu mehr Eigenmacht über unser Leben und macht uns schließlich glücklicher.

Wie Sie dieses Buch verwenden

Dieses Buch bezieht sich auf die Traditionen der jungianischen Psychologie und den Schamanismus. Die jungianische Psychologie basiert auf den Lehren von Dr. Carl Jung. Er glaubte, dass uns die Energien, die uns gegenwärtig unbewusst beeinflussen, weniger beeinträchtigen und wir psychisch gesünder werden, wenn wir lernen, sie zu erkennen und bewusst mit ihnen umzugehen.

Der Begriff »Schamanismus« mag vielleicht Bilder von indigenen Medizinmännern und -frauen heraufbeschwören, die sich rasselnd um ein Feuer versammelt haben. Der Schamanismus ist jedoch eine Möglichkeit, wie Menschen aus allen Kulturen sich selbst und andere heilen, mit der Vergangenheit und Zukunft praktizieren, sich auf neue Weise mit einer höheren Macht verbinden und die Verantwortung gegenüber anderen und sich selbst in einem anderen Licht betrachten können. Wie auch die jungianische Psychologie befasst sich der Schamanismus mit den unsichtbaren Kräften, die auf uns einwirken.

Schamanische und jungianische Methoden ergänzen sich. In den schamanischen Traditionen haben spirituelle, transpersonale Erfahrungen eine große Bedeutung: »Erfahrungen, bei denen sich das Gefühl der Identität oder des Selbst über das Individuelle oder Persönliche hinaus (trans) ausdehnt, um mehr Aspekte des Menschseins, des Lebens, der Psyche oder des Kosmos zu integrieren.«[1] Nach der schamanischen Vorstellung können diese Erfahrungen zur Heilung führen, noch bevor sie verstanden worden sind. Umgekehrt geht bei Jung oftmals die Erkenntnis der Heilung voraus. Nach Ansicht der Jungianer kann Heilung geschehen, wenn zuvor unbewusste Prozesse ans Licht gebracht und bewusst analysiert werden. Die jungianische Psychologie verwendet eine ausgefeilte Sprache und ein ausgeklügeltes Bezugssystem, um Erfahrungen einzuordnen, mithilfe derer wir die Energien, mit denen wir bei der schamanischen Praxis zu tun haben, besser beschreiben und verstehen können. Das jungianische Bezugssystem umfasst Begriffe wie das Ego, das persönliche und kollektive Unbewusste, den Schatten, Anima und Animus, Komplexe und Archetypen, beschränkt sich aber nicht nur darauf. Später in diesem Buch werden Sie mehr über diese Begriffe erfahren.

Auch wenn sich manche jungianischen Methoden oberflächlich betrachtet ziemlich stark von schamanischen unterscheiden, sind sie sich sehr ähnlich. Ein Beispiel dafür ist das jungianische Sandspiel und die schamanische Sandmalerei. Sie werden auch andere Methoden kennenlernen, die wesentliche Übereinstimmungen haben. Beide Traditionen schaffen Zugang zu Energien, die sich oftmals hinter Symbolen, Bildern oder inneren Figuren verbergen.

Ein Jungianer nähert sich diesen Energien vielleicht in der Traumanalyse oder durch einen anderen Zugang zum Unbewussten, während der Schamane durch das Reisen in transpersonalen Räumen mit ihnen in Kontakt kommt. Für manche sind die Erfahrungen, die wir mit jungianischen oder schamanischen Methoden machen, nicht wirklich und sie meinen, dass uns unser Verstand einen Streich spielt. Doch die Bedeutung der Arbeit

---

1 R. Walsh, F. Vaughan: »On transpersonal definitions«; *Journal of Transpersonal Psychology*, 25 (2), 1993, S. 125–182

mit Energie und Symbolen darf nicht unterschätzt werden. Obwohl Ihnen diese Methoden vielleicht fremd und ungewohnt sind, kann ich Ihnen nur raten, sie auszuprobieren und abzuwarten, ob die Erfahrungen bedeutsam für Sie sind.

Ich glaube, dass sich die Wirkung schamanischer Rituale verstärkt, wenn Sie die schamanische Erfahrung aus einer jungianischen Perspektive betrachten und sie Ihnen zu einem besseren Verständnis Ihrer unbewussten Entscheidungen und Verhaltensweisen verhilft. Manchmal kann eine transpersonale Erfahrung transformierend sein. Die Wirkungen der Transformation können jedoch tiefgreifender und dauerhafter sein, wenn Sie die jungianischen Vorstellungen und Übungen in diesem Buch berücksichtigen. Sie werden Ihnen zu einem besseren Verständnis der erlangten Erkenntnisse verhelfen und dazu, sie in Ihr Leben zu integrieren.

Sie brauchen keinen Schamanen oder Psychologen, um die hier vorgestellten Übungen und Rituale anzuwenden. Sie können sie allein durchführen, obwohl Sie eine Zeremonie oder ein Ritual vielleicht gern mit anderen zusammen machen möchten. Wie Sie eine schamanische Reise unternehmen, finden Sie in Kapitel 7, 8 und 9 beschrieben, wobei Sie bewusstseinsverändernde Erfahrungen machen und mit überpersönlichen Ebenen in Berührung kommen werden. Sie können die Reisen auch mit einer Gruppe machen und danach über Ihre individuellen Erlebnisse sprechen und herausfinden, ob die Erfahrungen der einzelnen Teilnehmer Gemeinsamkeiten aufweisen.

Wenn Sie wissen, wie Sie sich auf schamanische Übungen vorbereiten, empfehle ich, die Schamanenreise ein- oder zweimal pro Woche zu machen – und mit der Zeit alle anderen Übungen aus diesem Buch. Die innere Reise und der innere Dialog (eine weitere wichtige Übung, die Sie kennenlernen werden) nehmen nur 10 bis 30 Minuten pro Sitzung in Anspruch. Viele der Aufzeichnungsübungen in Kapitel 3 und 4 dauern länger, wobei Sie Ihre gegenwärtige Situation analysieren und ein neues Lebensskript entwerfen, doch sie können in mehreren Arbeitsgängen gemacht werden.

Wenn Sie möchten, können Sie mit den für Sie stimmigsten Aufzeichnungen in Kapitel 3 beginnen, und wenn Sie selbst einige angefertigt haben, zu anderen Übungen in Kapitel 4 übergehen. Alternativ können Sie alle Übungen in Kapitel 3 machen und dann mithilfe von Kapitel 4 eine neue Geschichte schreiben.

Während Sie die schamanischen und jungianischen Übungen ausprobieren, werden Sie vielleicht feststellen, dass sich Ihre gegenwärtige Situation und Ihr Wunsch verändern, wie Ihre Zukunft aussehen soll. Um zu erkennen, wie Ihre Entwicklung verlaufen ist, kann es sehr hilfreich sein, noch einmal zu den Kapiteln 3 und 4 zurückzukehren und manche Übungen zu wiederholen oder diejenigen zu machen, die Sie übersprungen haben.

Ich habe die Aufzeichnungs- und Selbsterforschungsübungen den Übungen, die Sie in Verbindung mit Ihrem Unbewussten bringen, absichtlich vorangestellt. Wenn Sie schamanische und jungianische Übungen anwenden, ohne Ihre Gegenwart zu analysieren, und sich damit befassen, wie Sie Ihr Leben verändern wollen, kann dies dazu führen, dass Sie von den mysteriösen Aspekten überwältigt werden, die bei der Arbeit mit dem Unbewussten ohne Bezug zum Alltag auftauchen. Die Macht des Unbewussten darf nicht unterschätzt werden und Sie müssen Ihre neu gewonnenen Erkenntnisse in die Praxis umsetzen können.

Im letzten Kapitel des Buches finden Sie eine Anleitung, wie Sie die Vorstellungen und Übungen anwenden können, um dauerhaft die Verantwortung für Ihr Leben und Ihre Zukunft zu übernehmen. Damit Sie jedoch anfangen können, Ihren bisherigen Lebensentwurf zu entdecken und neu zu schreiben, sollten Sie vorher über folgende Fragen nachdenken:

- Wo waren Sie vor diesem Leben?
- Wer sind Sie? Was sind Sie?
- Warum sind Sie hier?
- Wohin kommen Sie nach diesem Leben?
- Wie gut kennen Sie sich selbst?
- Glauben Sie an andere Wirklichkeitsebenen?
  Haben Sie sie schon erlebt?
- Glauben Sie an eine göttliche Quelle oder eine höhere Macht?
  Wenn ja, wie ist diese Macht beschaffen?

- Sind Sie mit der göttlichen Quelle verbunden? Wenn ja, beruht die Beziehung auf Gegenseitigkeit und ist sie befriedigend?

Vielleicht verstehen Sie die Antworten auf diese Fragen nicht sofort, trotz Ihrer Bemühungen, Ihre Gedanken und Erfahrungen zu analysieren. Der Traum beispielsweise, von dem ich an früherer Stelle berichtet habe, zeigte die in meinem Unbewussten verborgene Weisheit und lehrte mich mehr, als mein bewusster Verstand damals begreifen konnte. Ich erkannte jedoch allmählich, dass Träume nicht der einzige Weg sind, um Zugang zur verborgenen Weisheit zu erlangen. Ich fand heraus, dass die Übungen, die Sie in diesem Buch kennenlernen werden, sowie das Zusammenwirken mit der Natur und die Schamanenreise mir dabei helfen, die Teile meiner Geschichte zu erkennen, die mein bewusster Verstand nicht wahrnimmt. Diese Methoden haben mich an Orte geführt, wo ich das Potenzial für neue Lebensentwürfe entdeckte, mit Handlungssträngen und Themen, die von meinem inneren Wissen gelenkt wurden.

Während Sie die Übungen in diesem Buch machen, kann es sein, dass Sie mit sehr starken Gefühlen reagieren. Wenn Sie dadurch beeinträchtigt werden, rate ich Ihnen, einen Therapeuten zu konsultieren, der Ihnen dabei behilflich ist, mit Ihren Emotionen umgehen zu lernen, sodass Sie nicht davon überwältigt werden, wenn Sie sich noch tiefer auf den Prozess der Selbsterforschung einlassen.

Ich hoffe, dass Sie durch die Anwendung der von mir vorgestellten Übungen Ihre verborgene Weisheit finden und ein neues, besseres Lebensdrehbuch schreiben, bei dem Sie sich mit der göttlichen Quelle verbunden fühlen und das Ihnen ermöglicht, Ihre Macht als Autorin oder Autor zu erkennen und der Welt zu dienen.

Kapitel 1
Verändern Sie Ihr Leben durch die Macht seines Drehbuchs

Scheint sich das Leben mit den Jahren zu beschleunigen? Wenn Sie älter werden und über Ihre Sterblichkeit und Ihren Lebenssinn nachdenken, fragen Sie sich vielleicht, wie viel Einfluss Sie auf Ihre eigene Lebensgeschichte hatten und in welchem Maß Sie von Kräften bestimmt wurden, über die Sie keine Kontrolle ausüben konnten. Wie oft wurden Sie von Strömungen fortgetragen, die Sie an Orte brachten, von denen Sie niemals geträumt hätten oder die Sie niemals aufsuchen wollten? Wie oft haben Sie sich in Situationen wiedergefunden und fragten sich, wie Sie dort hineingeraten sind und wie Sie wieder aus ihnen herauskommen könnten?

Rückblickend hätten viele von uns lieber mehr Zeit mit den Dingen verbracht, die wir lieben, als mit Angelegenheiten, zu denen wir uns verpflichtet fühlten. Dieses Buch wird Ihnen helfen, Veränderungen in Ihrem Leben herbeizuführen – lieber früher als später –, die weniger von Kummer beladen sind und Ihnen ermöglichen, so zu leben, wie Sie möchten.

Vielleicht haben Sie klare Vorstellungen davon, was Sie in Ihrem Leben verändern möchten. Es kann jedoch sein, dass Sie nicht wissen, wie Sie ein passendes Drehbuch für Ihre persönliche Geschichte schreiben und nach diesem neuen, erwünschten Plan leben sollen. Vielleicht meinen Sie, Sie könnten Ihre Lebensumstände nicht beeinflussen. Wenn Sie aber zurückblicken und über sich selbst nachdenken, könnte es sein, dass Sie die Themen in Ihrem Lebensskript finden, sich für andere entscheiden, die Ihnen mehr Kraft geben, und Ihre neue Geschichte befriedigender ausfällt. Die Umstände, in denen Sie leben; die Erfahrungen, die Sie machen, und die Menschen, denen Sie begegnen, verändern sich, wenn Sie die Verantwortung für das Verfassen Ihres Drehbuchs übernehmen und sich bewusst in die Rolle der Drehbuchautorin oder des Drehbuchautors begeben.

Wenn wir diese Rolle erst einmal für uns in Anspruch nehmen, müssen wir sicherstellen, dass unser neues Manuskript das alte ersetzt und nicht ungelesen und ungenutzt in der Schublade liegt. Das bereitet den meisten von uns Schwierigkeiten. Wir meinen zu wissen, was wir erschaffen wollen, doch unsere Ideen lassen sich nicht in unsere Erfahrungen, Verhaltensweisen und -muster übertragen. Wir wissen nicht, wie wir mit den Kräften arbeiten können, die Aspekte der göttlichen Quelle sind, und sie so einzusetzen, dass sie unsere neue Geschichte inspirieren und Wirklichkeit werden lassen. Dieses Buch handelt davon, über unser Leben zu reflektieren, und erklärt, wie wir an die Informationen und die Energie gelangen, mit denen wir unser Leben verändern können.

Was für eine Geschichte möchten Sie schreiben?

An einem wichtigen Wendepunkt in ihrem Leben sagte eine Frau einmal:

»Jahrzehntelang hatte ich nach dem Prinzip gelebt, dass es Regeln und soziale Verhaltensnormen für Männer und Frauen gibt, doch dann bin da plötzlich ich und befreie mich von diesen Grenzen und Einschränkungen. Ich war an einem Punkt angelangt, wo es für mich nicht mehr besonders gut lief. Ich beschloss, mich von meinem Mann scheiden zu lassen und umzuziehen. Mein Ego und meine Seele litten unter den Folgen dieser Aufregungen. Deshalb fing ich an, mich mit meinem Lebensplan auseinanderzusetzen – dem Drehbuch für meine Vergangenheit, das mich in diesen gegenwärtigen Augenblick gebracht hatte. Ich erforschte mein früheres Selbstbild, in dem ich mich als ausgesprochen selbstbewusst, furchtlos, maskulin und unabhängig wahrnahm, eine Frau, die immer einen Ausweg fand. Obwohl ich stolz auf dieses Image war, hatte ich auch Angst, es könnte eine Illusion sein. Themen wie grenzenloser Optimismus, Provokation und Arroganz zogen sich durch meine frühere Geschichte, doch jetzt waren sie mir nicht mehr nützlich. Ich wollte ein neues Lebensskript schreiben, in dem ich hinter die Dinge blicken, mich an der Leichtigkeit des Seins erfreuen und akzeptieren konnte, dass sich

Enttäuschung nicht vermeiden lässt. Ich wollte die Kraft für einen bewussten Neustart finden. Ich hatte begriffen, dass es zu schweren Niederlagen kommen konnte, auch wenn ich meine eigenen Regeln aufstellte. Indem ich meine Verletzlichkeit und mein Bedürfnis nach Verbundenheit und Gemeinschaft erkannte, machte ich mich daran, ein neues Drehbuch zu verfassen.«

Die Frau musste also in ihre Vergangenheit blicken, um eine Vorstellung von ihrem neuen Lebensplan zu bekommen. Die meisten Menschen nehmen sich nicht genug Zeit, um über ihr Leben nachzudenken und ihre Zukunft bewusst neu zu gestalten. Stattdessen sind sie immer mit irgendetwas beschäftigt, betäuben sich in irgendeiner Weise, verleugnen die Realität oder setzen ständig ihr Leiden fort. Wenn wir uns nicht mit unserem Leben auseinandersetzen, kann es passieren, dass wir nicht mehr flexibel sind und erstarren. Wenn dann eine Krise von außen auf uns zukommt – und Krisen gibt es immer –, brechen wir womöglich zusammen, nur weil wir nicht bereit für eine Veränderung sind. Wir verfügen über keine innere Resilienz, um uns an neue Situationen anzupassen, uns darin neu auszurichten oder sie in uns aufzunehmen. Wir wissen nicht, wie wir unser Drehbuch an diese neuen Umstände adaptieren sollen.

Wenn Sie auf Ihr Leben zurückblicken, wird Ihnen auffallen, welche Ereignisse Sie auf- und welche Sie abgewertet haben. Wenn Sie sich den verschiedenen Lebensbereichen zuwenden, werden Sie gemeinsame Muster und Wechselwirkungen erkennen. Sie werden sich der Themen bewusst werden, die sich durch Ihr Leben ziehen, und ebenso Ihrer Gewohnheiten und üblichen Reaktionsweisen.

Die Themen Ihrer Geschichte bewirken Ihre Erfahrungen. Wenn Sie sich mit schamanischen und jungianischen Methoden befassen, fließt die Weisheit, die dem bewussten Verstand verschlossen ist, in den Erkenntnisprozess ein und Sie entdecken zwischen den Ereignissen und Ihren Handlungen vielleicht neue Themen und neue Zusammenhänge. Dann können Sie Ihre Geschichte als einen Mythos betrachten – in dem mächtige archetypische Energien wirksam werden, die es seit jeher in der Welt der menschlichen Erfahrungen gibt.

Archetypische Energien wie der Weise, der Gauner, das ewige Kind, der Krieger usw. sind von Natur aus weder positiv noch negativ. Wie Sie diese Kräfte nutzen, hängt davon ab, ob Sie bewusst damit umgehen oder nicht. Sie können zum erfolgreichen Underdog werden – aber ebenso zum tapferen Krieger, der die Verletzlichkeit seiner Achillesferse vergisst, was in einer Tragödie endet. Schamanische und jungianische Übungen unterstützen Sie dabei, die archetypischen Energien aufzuspüren und gut mit ihnen umzugehen, sodass Ihr Leben zufriedenstellender verlaufen kann.

In diesem Buch lernen Sie einige schamanische Rituale einschließlich der Schamanenreise in transpersonale Dimensionen kennen. Sie erfahren, wie heilige Räume geöffnet und wieder verschlossen werden, wie eine Feuerzeremonie oder ein Despacho (ein Dankritual) abgehalten wird. Übungen aus der jungianischen Tradition oder eine Mischung von jungianischen und schamanischen Methoden sind die Sandmalerei und Traum- und Dialogarbeit, die alle dazu dienen, mit dem Unbewussten und archetypischen Energien umgehen zu lernen. In der Dialogarbeit verschmilzt die Aktive Imagination nach Jung mit der schamanischen Praxis der Kommunikation mit dem Bewusstsein der Schöpfung.

Die Herausforderungen der Analyse und Veränderung der Gegenwart

Sie haben Ihre gegenwärtige Geschichte in Verbindung mit der göttlichen Quelle geschrieben, denn wie alle Menschen haben Sie nicht die Macht, jedes Ereignis in Ihrem Leben zu bestimmen. Aber Sie können Ihr Leben – mehr als Sie denken – zum Besseren verändern. Um ein besseres Drehbuch zu verfassen, müssen Sie zunächst einmal akzeptieren, wie Ihr Leben bisher verlaufen ist, obwohl es schmerzlich sein kann, es so zu sehen, wie es wirklich ist, und sich die Rolle ehrlich einzugestehen, die Sie bei seiner Gestaltung gespielt haben.

Selbst wenn Sie sich Ihrer Geschichte und sich selbst stellen, haben Sie vielleicht Angst vor der Transformation. Die meisten von uns fürchten sich vor Veränderung. Vielleicht davor, von unserer Gesellschaft, unserer Familie, unseren Freunden abgelehnt zu werden, wenn wir andere Entscheidungen treffen und eine neue Rolle einnehmen. Viele sind in Umständen gefangen, die Ihnen von anderen auferlegt wurden – wer wir sind, wie wir sein und leben sollten. Oft beschließen wir, nicht mehr sein zu wollen, was wir sind, und nicht mehr zu tun, was wir bisher getan haben, aber wir stecken in Ärger, Eifersucht oder Angst fest und sind nicht bereit, sie loszulassen. Vielleicht können wir auch Besitz, Macht oder Ideologien nicht aufgeben, oder es fällt uns schwer, uns vom Gefühl der eigenen Wichtigkeit, von Gewohnheiten, Verletzungen und Wünschen zu verabschieden. Wir fragen uns: »Wenn ich mich nicht in der üblichen Weise verhalte, wer werde ich dann sein? Wie werden mich meine Freunde und Angehörigen behandeln? Werde ich noch zu meiner Gruppe gehören?« Der Gedanke, sich ehrlich unserem Lebenslauf zu stellen, kann so unerträglich sein, dass wir ihn lieber verleugnen und uns weigern, darüber nachzudenken und uns selbst zu erforschen.

Der Widerstand gegen Veränderung fesselt uns an unsere alten Gewohnheiten und wir bauen Hindernisse auf, damit wir uns nicht selbst erkennen können. Oftmals können wir unsere Sorgen und Befürchtungen nicht richtig zum Ausdruck bringen, weil wir Angst vor Ablehnung und Verlust haben. Wir werden zornig oder verhalten uns defensiv, wissen aber nicht, warum.

Die Übungen in diesem Buch unterstützen den Erkenntnisprozess, warum Sie so handeln. Sie verhelfen Ihnen auch zu mehr innerer Ruhe und Selbstreflexion. In der Folge werden Sie bessere Entscheidungen treffen und nicht in alte Verhaltensmuster zurückfallen, die Sie in Ihrem gegenwärtigen Zustand gefangen halten. Wenn Sie beispielsweise die Muster in Ihrem Leben betrachten, werden Sie erkennen, dass Sie durch die Entscheidung, Ihren Umgang mit Ihrer Gesundheit zu ändern, schließlich auch Ihre Beziehung, Ihre Arbeitsweise und emotionalen Verhaltensweisen verändern werden. Vielleicht ernähren Sie sich besser, wodurch Sie weniger depressiv, dafür selbstbewusster sind und sich schließlich besser gegen Ihren Partner und Ihre Kollegen behaupten können. Veränderungen in einem Bereich Ihres Lebens wirken sich auch auf andere Bereiche aus.

Die Übungen dienen auch dazu, Ihnen die Angst zu nehmen und zu helfen, Dinge loszulassen, die nicht mehr nützlich für Sie sind. Dann können Sie sich für das Unbekannte öffnen und es als aufregend und inspirierend anstatt als bedrohlich erleben. Befreit von alten Gefühlen und Verhaltensweisen stellen Sie vielleicht auch fest, dass sich ihre Wünsche, Ziele und Prioritäten ändern. Sie sind mutiger, trennen sich von allem, was nicht mehr funktioniert, und legen sich neue Gewohnheiten zu, weil die Kraft der Transformation in Ihnen wirken kann und Sie gelernt haben, sie zu nutzen. Die emotionale Abhängigkeit verschwindet. An ihre Stelle tritt das Vertrauen, wenn Sie sich dem Prozess der Transformation überlassen. Sie erkennen, dass Sie der Drehbuchautor Ihres Lebens sind, und nehmen beherzt den Stift zur Hand, um eine neue und befriedigendere Geschichte zu schreiben.

Was würden Sie an Ihrer Geschichte gerne verändern? Wo fühlen Sie sich unglücklich, unwohl oder wofür schämen Sie sich sogar? Die meisten wollen ihre Lebensumstände in gewisser Weise verändern. Vielleicht wollen Sie sich anders ernähren, mehr Sport treiben oder Möglichkeiten finden, Stress zu vermindern. Vielleicht wollen Sie ausgeglichener sein, weniger ängstlich, depressiv, wütend oder zwanghaft. Sie wollen weniger Streit, dafür mehr Freundlichkeit, Verbundenheit und Aufrichtigkeit in Ihren Beziehungen. Vielleicht möchten Sie eine andere Einstellung zu bestimmten Personen oder Situationen gewinnen. Vielleicht wollen Sie mehr Geld verdienen, mehr Sicherheit und Lebensfreude finden. Vielleicht möchten Sie der Welt einen Dienst erweisen und Ihre Spiritualität mehr leben.

Es ist jedoch nicht leicht, die äußeren Umstände zu verändern. Jeder weiß, wie sinnlos die guten Vorsätze zum neuen Jahr sind. Es ist schwierig, darauf zu vertrauen, dass wir unser Leben transformieren können. Doch es stimmt. Um aber unser Leben zu ändern, müssen wir *uns* verändern. Wir müssen unsere Einstellung ändern und bewusst entscheiden, wie wir die Ereignisse in unserem Leben gestalten wollen. Sind wir die ewigen Opfer, denen Unglück widerfährt, oder triumphiert der Underdog in uns? Sind wir planlose Verlierer oder zielstrebige Forscher und Abenteurer? Diktiert die Vergangenheit die Zukunft oder haben wir wahrhaftig die Macht, eine neue Rolle und Geschichte für uns zu erfinden und sie mit Hilfe der göttlichen Quelle zu verwirklichen?

Mein Buch handelt auch davon, wie wichtig es ist, sich Zeit dafür zu nehmen, über die Vergangenheit nachzudenken und sie mit all ihren Themen, Ereignissen, Metaphern und Handlungssträngen zu erforschen. Ich möchte auf die Bedeutung der Träume und Vorstellungskraft bei der Erschaffung Ihrer neuen Geschichte hinweisen. Darüber hinaus biete ich Ihnen die Werkzeuge an, die Ihnen dabei helfen, sich Ihre neue Geschichte vorzustellen und in die Realität umzusetzen. Indem Sie aktiv daran teilhaben, können Sie Ihr Schicksal bestimmen, anstatt seinen Launen ausgesetzt zu sein.

Vor Jahren forschte ich in einem Projekt nach Faktoren, die den Therapieerfolg bestimmen. Unter anderem kam dabei heraus, dass diejenigen Klienten, die erwarteten, der Therapeut würde sie heilen, weniger Erfolg hatten als diejenigen, die davon ausgingen, der Therapeut würde sie zur Selbstheilung anleiten. Es liegt letztlich an Ihnen, Ihr Leben zu verändern, selbst wenn Sie sich dabei der spirituellen, psychologischen und medizinischen Hilfe anderer bedienen. Kein Schamane oder Psychologe kann Ihr Leben für Sie ändern.

Wir alle müssen lernen, um Hilfe zu bitten, wenn wir allein nicht mehr klarkommen. Aber Sie haben die Wahl: Möchten Sie lieber, dass andere bestimmen und für Sie sorgen, oder möchten Sie sie um Unterstützung bitten, um herauszufinden, wie Sie selbst so für sich sorgen können, dass Sie wieder unabhängig werden. Letzteres gibt viel mehr Kraft.

Mächtige Helfer, um Ihre Geschichte und Ihr Leben zu verändern

Die hier angebotenen Übungen sind spiritueller Natur und basieren auf schamanischen Ritualen, die so alt sind wie die ältesten Männer und Frauen auf diesem Planeten. Die Schamanen sagen, sie stammten vom Schöpfergott und seinen oder ihren vielen Halbgöttern. Ob Sie das nun glauben oder nicht, Sie werden feststellen, dass die Rituale unglaublich wirkungsvoll sind.

Schamanen glauben, dass sich jeder von uns auf einer Seelenreise befindet, die in unseren vergangenen Leben beginnt und sich bis in die unendliche Zukunft erstreckt. Sie behaupten, diese Reise sei mythisch und beinhalte Themen aus früheren Leben. Ungeachtet dessen, ob Sie dies für wahr halten, kann es sehr hilfreich sein, sich vorzustellen, dass die Erfahrungen, die Sie in Ihrem Leben machen, und die Entscheidungen, die Sie treffen, von diesen Kräften gelenkt werden, und Sie sollten mit ihnen zusammenarbeiten, wenn Sie die Geschehnisse der Gegenwart und der Zukunft ändern möchten. Wenn Sie erkennen, dass Sie in einer Situation leben, die das Leben Ihrer Eltern und Großeltern spiegelt, wird Ihnen auch die Bedeutung klar, sich mit den Themen auseinanderzusetzen, die Ihre Überzeugungen und Einstellungen und schließlich auch Ihre Entscheidungen beeinflussen.

Es ist nicht leicht, sein Leben zu ändern, doch es lohnt sich unbedingt. Sie werden bemerken, dass Ihr Leben weniger frustrierend und schwer ist und Sie mehr Liebe und Dankbarkeit erfahren. Sie spüren, dass die Energien, für die Sie sich öffnen, Ihr Wohlbefinden und Ihre Ziele unterstützen. Selbst wenn die im Leben unvermeidlichen Probleme auftauchen, wissen Sie, dass Sie in Einklang mit Ihrer Seele und der göttlichen Quelle sind, und dies schenkt Ihnen Mut und Trost.

Neue Verhaltensweisen, Einstellungen und Emotionen gehören zur Entwicklung eines neuen Drehbuchs. Wenn Sie die hier beschriebenen Übungen anwenden, werden sie dazu beitragen, Veränderungen in Ihrer Handlungs- und Denkweise und in Ihren Gefühlsreaktionen herbeizuführen. Selbstreflexion und -erkenntnis pflanzen den Samen der Transformation. Wenn Sie Ihre Vergangenheit besser verstehen, können Sie Ihre Zukunft besser planen. Es wird leichter, alte Verhaltensmuster aufzulösen. Sie werden erkennen, dass Sie sich auch in Ihren Beziehungen verändern, aber nicht die anderen verändern können. Wenn diese neue Erkenntnis Ihren Weg erhellt, werden Sie bemerken, wie anders Sie sich anderen gegenüber verhalten, und oftmals werden die anderen dann ebenfalls anders reagieren.

Momentum (Dynamik)

Wenn wir das Gefühl haben, keine Kontrolle über unser Leben zu haben, liegt das vielleicht daran, dass wir glauben, es habe eine eigene Dynamik. In der Physik wird der Impuls als Masse mal Geschwindigkeit definiert. Das Gewicht unserer Erfahrungen, die Last, die wir tragen, weil wir den Ärger oder die Verletzungen aus der Vergangenheit nicht loslassen können, werden multipliziert mit der Geschwindigkeit, mit der wir durch unser Leben gehen. Es ist schwer, sich zu verändern, wenn wir wie ein riesiges, schweres Schiff wie die Titanic mit Höchstgeschwindigkeit vorwärts steuern. Plötzlich kann ein Eisberg auftauchen. Wir müssen leichter und wendiger werden, wenn wir ihm ausweichen oder mit minimalem Schaden an ihm vorbeischrammen wollen.

Wenn wir unser Leben entschleunigen, um nachzudenken, spüren wir das Gewicht unserer Erfahrungen und erkennen, dass wir nicht dazu verdammt sind, den Schmerz und Ärger, die Wut und das Bedauern mit uns herumzuschleppen. Wir verändern unseren Impuls, wenn wir die schwere Last der Vergangenheit ablegen und mehr zur Ruhe kommen. Wenn der Erkenntnisprozess einsetzt und wir uns von den belastenden Energien befreien – einschließlich der Scham, des Bedauerns und der Verbitterung – und sie durch leichtere ersetzen wie Freude, Mut, Liebe, Mitgefühl usw., fällt es uns immer leichter, unsere Selbstreflexion zu vertiefen und loszulassen.

Die Erkenntnisse, die Sie mithilfe dieses Buches während der Praxis erlangen, werden Ihre Erfahrungen leichter machen. Sie erscheinen vielleicht nicht mehr so wichtig wie vorher. Es kann sein, dass Sie die Schwere ablegen, die durch Bedauern, Ärger, Frustration, Scham, Angst oder Traurigkeit erzeugt wird. Sie werden auch bemerken, dass sich das Momentum Ihres Lebens ändert, da Sie gelernt haben, langsamer zu machen, nachzudenken und Entscheidungen bewusst zu treffen, anstatt nur auf Situationen zu reagieren. Sie werden lernen, mit den Energien gut zusammenzuwirken und den Einfluss mancher Kräfte, die Sie beeinträchtigen, zu verringern. Sie bereichern Ihre Geschichte auch mit neuen Kräften, und Richtungswechsel werden Ihnen schneller und müheloser gelingen.

Ändern Sie Ihr Verhalten an den Eckpunkten

Veränderungen »an den Eckpunkten« vorzunehmen bedeutet, kleine, aber bedeutsame Verhaltensänderungen herbeizuführen. Diese kleinen Veränderungen führen oftmals zu großen Transformationen, selbst wenn Sie noch daran arbeiten, Ihr Verhalten zu analysieren und neue Kräfte in Ihrem Leben wirken zu lassen, um es zu verbessern. Die Übungen und Rituale in diesem Buch werden Ihnen dabei helfen, die Hindernisse aufzudecken, die Sie blockieren. Dies können Einstellungen, Überzeugungen und Gefühle sein, die unbewusst sind. Während Sie sie aufspüren und auflösen, wird es leichter, sich zu verändern. Darüber hinaus fällt es Ihnen vielleicht schwer, die umfassende Transformation zu erreichen, wenn Sie nicht an den Eckpunkten beginnen, Ihr Verhalten zu ändern.

Dies beinhaltet auch die Veränderung Ihres Lebensstils. Wenn Sie beispielsweise in eine tiefere Verbundenheit mit einer höheren Macht kommen möchten, brauchen Sie Zeit, um sich mit ihr zu befassen. Wenn Sie Ihre Zeit anders verbringen möchten, müssen Sie Ihrer Absicht auch folgen. Größere Ziele müssen in kleinere aufgeteilt werden, die Sie nacheinander auf dem Weg dorthin erreichen. Sonst bleiben Ihre Ziele Tagträume. Wenn Sie beispielsweise eine Fremdsprache erlernen wollen und nicht sicher sind, wie Sie am besten damit anfangen sollen, sind Sie womöglich verärgert und frustriert, weil Sie schon wieder etwas tun müssen. Doch wenn Sie aufhören, Ihr Ziel als ein schwieriges Unterfangen zu betrachten, erkennen Sie vielleicht, wo Sie kleine Fortschritte erzielen könnten, die sich mit der Zeit addieren. Sie könnten beispielsweise jeden Tag ein oder zwei Vokabeln lernen und dadurch Ihre Frustration und Ungeduld vermindern.

Wenn Sie in Beziehungen aufrichtiger sein möchten, sollten Sie in gleicher Weise darauf achten, wo Sie nicht authentisch sind. Diese Bewusstheit ermöglicht Ihnen, ehrlich aus dem Herzen zu sprechen, wenn Sie das nächste Mal versucht sind, es anderen recht zu machen, indem Sie Ja sagen, wenn Sie Nein meinen. Ihre Teilveränderungen mögen nicht groß erscheinen – vielleicht sagen Sie nur Nein zu einem weiteren Abend voller Pflichten, anstatt ein aufbauendes Gespräch mit Freunden zu führen oder mit

Ihrem Partner auszugehen. Auch diese kleinen Änderungen an den Eckpunkten sind von wesentlicher Bedeutung, wenn Sie Ihr Drehbuch und Ihr Leben verändern möchten.

Je mehr Sie mit schamanischen Ritualen und jungianischen Methoden arbeiten, desto bewusster werden Ihnen die Themen in Ihrer Geschichte, desto besser werden Sie Ihre Wünsche und Entscheidungen verstehen und desto mehr Möglichkeiten werden Sie finden, Ihre Geschichte zufriedenstellender zu gestalten. Sie werden sich neue Ziele setzen, die auf neuen Erkenntnissen basieren. Zum Beispiel könnten Sie entdecken, dass der Wunsch, die Sprache Ihrer Vorfahren zu erlernen – eine Sprache, die verloren ging, als sie sich angepasst haben –, vielmehr den Wunsch verkörpert, mit der vergessenen Vergangenheit in Berührung zu kommen – Ihrer eigenen ebenso wie der Ihrer Familie. Sie erkennen womöglich, dass Sie Themen aus Ihrer Jugend, die Sie übergangen hatten, ans Licht bringen möchten, genauso wie die Kultur und die Lebensweise Ihrer Urgroßeltern, die vernachlässigt wurden, als Sie sich in die neue Gesellschaft integrierten. Diese Einsicht kann zu weiteren Veränderungen führen, die dazu beitragen, Ihre Lebensgeschichte zu verbessern.

Wertvolles Wissen durch Erfahrung

Schamanen arbeiten mit der göttlichen Quelle zusammen, wissen jedoch, dass die endgültigen Entscheidungen bei ihr liegen. Wir sind nicht getrennt von der göttlichen Quelle. In der Tat sind wir aus ihr entstanden und ein Teil ihrer Essenz. In den westlichen Kulturen gehen die Menschen oft mit einer intellektuellen Perspektive an sie heran, wenn sie über Spiritualität und Bewusstsein nachdenken, sprechen und schreiben, ohne die göttliche Quelle tatsächlich zu erfahren oder ihr unmittelbar zu begegnen. Schamanen wissen, dass die Weisheit dadurch erlangt wird, dass wir die Lektionen aus unseren praktischen Erfahrungen verinnerlichen und nicht nur dadurch, dass wir sie analysieren oder uns mit den Erfahrungen eines anderen auseinandersetzen.

Wie also können Sie Ihre Einstellungen und Überzeugungen so verändern, dass sich die Verhaltensänderung ganz natürlich ergibt und Sie sich über die Eckpunkte hinaus entwickeln und eine umfassendere, tiefgreifende Transformation durchlaufen können? Wie können Sie Ihre Verbindung mit der göttlichen Quelle, Ihrem Co-Autor, tatsächlich spüren? Dieses Buch zu lesen und seine Ideen aufzugreifen genügt nicht. Transformation kann keine rein intellektuelle Übung sein. Ihre Weisheit erlangen Sie nicht durch das Erlernen schamanischer Rituale und jungianischer Übungen, sondern dadurch, dass Sie sie anwenden. Dann werden Sie sich bewusst darüber, wie Sie sich wirklich fühlen, und Ihre gewohnten Gedanken übertönen die Stimme Ihres inneren Wissens nicht mehr. Sie können Ihre alten Sichtweisen und Überzeugungen ablegen und spüren, wie es sich anfühlt, wenn Sie sich für neue Vorstellungen öffnen.

Die hier vorgestellte Theorie und Praxis sind Ihnen anfangs vielleicht fremd, doch ich hoffe, Sie sind aufgeschlossen und machen die vorgeschlagenen Übungen. Sie alle können Ihnen helfen, sich mit der Unendlichkeit zu verbinden, wo Sie an die Informationen gelangen und Ihnen die Energie zufließt, die für das Verfassen Ihres neuen Drehbuchs von Bedeutung sind. Andere Traditionen helfen Ihnen mit Methoden wie Gebet, Meditation, Qigong oder Yoga Nidra, die spirituelle Verbindung herzustellen.

Eine Ergänzung zu den Übungen in diesem Buch ist das Tagebuchschreiben oder Aufzeichnen. Während der Übungen werden in Ihnen viele Fragen auftauchen. Schreiben Sie daher alle Antworten auf, die Sie erhalten. Sie können Wasser auf Ihre Mühlen sein, wenn Sie über Ihre Vergangenheit nachdenken und Ihre Zukunft herbeiträumen. Wenn Sie Ihre Antworten noch einmal durchsehen, können Sie leichter zu Einsichten kommen, die Ihrer neuen und besseren Geschichte zuträglich sind.

Die schamanische und jungianische Praxis, die Sie kennenlernen und anwenden werden, ermöglichen Ihnen, Zugang zur Weisheit des Unbewussten sowie des kollektiven Unbewussten jenseits Ihres individuellen Bewusstseins zu finden. Vielleicht spüren Sie einen Widerstand bei dieser Vorstellung, aber ich möchte Sie ermutigen, für diese Möglichkeit offen zu bleiben. Jungianer glauben, unser Unbewusstes habe eine persönliche und eine kollektive Komponente. Unser persönliches Unbewusstes enthält überwiegend diejenigen Erfahrungen unserer Biografie, an die wir uns nicht erinnern wollen, weil sie zu schmerzlich sind. Unser kollektives Unbewusstes verbindet uns mit dem Bereich der Archetypen und ihrer mythischen Kraft. Um eine neue Geschichte zu erschaffen, müssen wir uns von den Fesseln des Unbewussten befreien. Wenn Sie mit den hier vorgestellten Übungen beginnen, werden Sie in einige der Dynamiken Ihres Unbewussten Einblick bekommen und Weisheit aus diesen Erfahrungen gewinnen.

In diesem Buch stelle ich Ihnen viele Fragen, über die Sie nachdenken können, und als jungianischer Analytiker und Psychologe weiß ich, dass Sie dazu beitragen können, Ihre Erkenntnisse und Erfahrungen, die Sie durch die Übungen machen und die Sie über die Grenzen Ihres normalen Alltagsbewusstseins hinausbringen werden, besser zu verstehen. Zusätzlich werden sicherlich auch eigene Fragen in Ihnen auftauchen.

Wenn Sie sich tiefer einlassen, während Sie über die Antworten von der göttlichen Quelle nachdenken, werden Sie noch tiefere Erkenntnisse erlangen. Sie beginnen vielleicht mit einer Frage wie »Was sollte ich über meine körperliche Gesundheit wissen?« und erhalten eine verwirrende Antwort, weil Sie sie zu wörtlich nehmen, oder Sie haben eine vorgefasste Meinung, was Sie tun sollten. Wenn das Bild von einem klaren See als Antwort in Ihnen aufsteigt, könnte es bedeuten, dass Sie mehr Zeit am Wasser verbringen sollten, um Ihren Stresspegel zu senken, oder dass Sie mehr Wasser trinken sollten oder dass Sie Ihre Gefühle besänftigen sollten (Wasser steht oftmals für Gefühle). Wenn Sie weitere Fragen stellen, werden Sie mehr erkennen und die Antworten, die Sie erhalten haben, besser verstehen. Sie können die Fragen beim Aufzeichnen formulieren oder Sie während einer (schamanischen) Reise stellen oder während eines Dialogs mit Symbolen und Energien. Sie können auch fragen, während Sie Rituale und Zeremonien durchführen oder sich mit Sandmalerei, Träumen oder in der Natur beschäftigen, was ich später erklären werde.

Die Arbeit mit Symbolen und Symbolsprache

Wenn Sie Ihre Geschichte durch Kunst, Bewegung, Poesie und andere nonverbale oder symbolische Handlungen zum Ausdruck bringen, nutzen Sie gleichzeitig die rationale (linke) und intuitive/irrationale (rechte) Gehirnhälfte. Die rationale Hemisphäre ist mehr an logischen Sprech- und Denkprozessen beteiligt. Die linke Gehirnhälfte denkt in Bildern und Symbolen, der ursprünglichen Sprache der göttlichen Quelle und des Universums. Achten Sie jedoch darauf, die symbolischen Botschaften, die Sie empfangen, nicht vorschnell zu analysieren, weil der rationale Verstand sie gewöhnlich aus einer begrenzten Sichtweise heraus interpretiert und die Botschaft missverstehen kann. Sie sollten sich bei den Übungen Zeit nehmen und die Symbole, Energien und Empfindungen nicht zu schnell in Worte fassen und deuten.

Wenn Sie Methoden wie die Schamanreise oder den inneren Dialog anwenden, werden Sie mit der Zeit besser mit Energie und symbolischen Botschaften umgehen können. Dann können Sie sich von den Bildern, über die Sie sich hinaus entwickelt haben oder die nicht mehr nützlich für Sie sind, lösen oder sie ersetzen. Indem Sie Ihre inneren Bilder verändern, kommen Sie mit Kräften in Kontakt, die eine neue Geschichte erschaffen, vielleicht die eines Abenteurers, eines Ernährers oder einer weisen Alten. Sie können damit aufhören, sich und anderen zu sagen, dass sie »gegen den Strom schwimmen«, und ein neues Bild verwenden wie »auf den Wellen der Ungewissheit surfen« oder »im Fluss sein«.

Eine Frau bat während einer Schamanenreise um Symbole für ihr neues Drehbuch. Sie beschreibt folgende Erfahrung:

> »Die Beziehung zu meinen Eltern war ein Aspekt meiner Geschichte, bei der ich Hilfe brauchte. Während der Schamanenreise tauchte das Symbol eines Silberlöffels auf, der mir Liebe und Nahrung anbot. Nach der Rückkehr in mein normales Bewusstsein zweifelte ich an diesem Geschenk. Es schien mir ein zu einfaches Symbol für die konfliktbeladenen Gefühle zu sein, die ich gegenüber meinen Eltern empfand. Um mehr Informationen darüber zu

> bekommen, beschloss ich, mit dem Symbol in Dialog zu treten (ihm bewusst Fragen zu stellen und zu beobachten und dann das Unbewusste aus der Perspektive des Symbols in einem Frage-Antwort-Dialog antworten zu lassen). Im Gespräch forderte ich das Symbol des Silberlöffels heraus und wies es darauf hin, dass ein silberner Löffel schnell anlaufen und seinen schönen Glanz verlieren könne. Zu meiner Überraschung antwortete der symbolische Löffel, ich hätte eine seiner wichtigsten Botschaften angesprochen. Was ich als Makel angesehen hatte, gehörte in Wirklichkeit zur tieferen Bedeutung des Symbols. Unter der dunklen Schicht blieb die wahre Natur des Löffels unberührt. Durch diesen Dialog erkannte ich, dass die Liebe meiner Eltern zu mir unerschütterlich ist, obwohl unsere Beziehung in manchen Bereichen sehr beschädigt war.«

Die Schamanenreise der Frau ermöglichte ihr zu erkennen, dass ihre Eltern sie wirklich liebten und akzeptierten, auch wenn ihre Reaktionen sie enttäuschten.

Die verborgenen Anteile des Selbst wiederfinden

Methoden wie die Schamanenreise und der innere Dialog sind sehr wirkungsvoll, wenn es darum geht, die Eigenschaften und Verhaltensmuster zu entdecken, die dem Bewusstsein verborgen sind. Sie erkennen sie vielleicht bei anderen, nicht aber bei sich selbst. Diese verborgenen oder verlorenen Anteile Ihres Selbst in Ihrem Unbewussten beeinflussen die Art und Weise, wie Sie handeln, denken und fühlen. Sie gehören zu Ihrer Geschichte, Ihrem Leben und Ihrer Identität. Wenn Sie wieder Anspruch auf sie erheben, aus ihnen lernen und Ihre Erkenntnisse in Ihr Selbstbewusstsein integrieren, kann sich Ihre Geschichte zum Besseren wenden.

Jede Eigenschaft, die Sie in den Schatten Ihres Bewusstseins verbannt haben, hat positive und negative Aspekte. Wenn Sie eine Eigenschaft wiederentdecken, die Sie für schlecht hielten, finden Sie vielleicht deren Gaben und werden sich bewusst, wie Sie sie nutzen und ihre problematischeren

Seiten vermindern können. Wenn Sie die positive Seite annehmen, die Sie nicht in sich erkannt hatten, bekommen Sie mehr Kraft.

Ihre Geschichte lässt sich nur schwer verändern, wenn Sie sich diese Eigenschaften nicht bewusst machen. Nur dann können Sie die Energie freisetzen, die Sie bisher dafür brauchten, die verleugnete Wahrheit vor Ihrem Bewusstsein verborgen zu halten. Diese Energie können Sie zur Veränderung Ihres Lebens nutzen. Noch dazu werden Sie entdecken, dass es Ihnen leichter fällt, keine Energie mehr auf Bemühungen zu verschwenden, die Sie nicht mehr brauchen. Sie werden deshalb auch weniger bereuen.

In der einen oder anderen Hinsicht hat jeder Aspekt Ihrer bisherigen Biografie einen Sinn. Selbst wenn Sie einen Bereich der Gegenwart verändern oder sich davon befreien wollen, ist es wichtig, ihn für die Rolle zu respektieren, die er gespielt hat. Obwohl sich die Erfahrungen der Vergangenheit nicht mehr ändern lassen, können Sie Ihre Einstellung dazu verändern, indem Sie Ihre Gegenwart und Ihre Entstehungsgeschichte mit den Übungen aus diesem Buch genau durchleuchten. Wahrscheinlich möchten Sie lieber diejenigen Qualitäten beibehalten, die nützlich für Sie sind. Doch zunächst müssen Sie sich gefühlsmäßig von ihnen distanzieren, um sie objektiv anerkennen zu können. Bei der Analyse Ihrer Geschichte sollten Sie sich sowohl von Sentimentalität als auch von Zynismus freimachen.

Wenn Sie zu dem Ergebnis kommen, dass einige Muster und Rollen nicht mehr gut für Sie sind und Ihrer Seele keine Nahrung mehr liefern, können Sie sich für etwas Besseres entscheiden. Wenn Sie einen Aspekt Ihrer Geschichte ändern, wollen Sie dies vielleicht auch bei anderen tun. Vielleicht stellen Sie auch fest, dass einige Bereiche wichtiger für Sie sind, als Sie ursprünglich dachten. Unter meinen Klientinnen waren beispielsweise auch Frauen, die sich für Versagerinnen hielten, weil sie keinen passenden Lebenspartner gefunden hatten, und die Suche nach ihm setzte sie stark unter Druck. Nachdem Sie schamanisch und jungianisch praktiziert hatten, wurde ihr neues Ziel, stark und selbstbewusst zu sein – egal ob sie einen Lebensgefährten fanden oder nicht. Mit den schamanischen und jungianischen Methoden erlangen Sie die Weisheit, die in Ihrem

Unbewussten verborgen ist, und werden entdecken, dass Sie eine andere Vorstellung davon haben, was Sie in Ihrem Leben verwirklichen möchten.

Ein Ziel dieser Arbeit an sich selbst besteht in mehr Integrität, das bedeutet einen ungeteilten oder ganzheitlichen Seinszustand, statt eine Divergenz zwischen Ihren Handlungen und Ihren unbewussten Glaubensvorstellungen und Absichten. Die inneren Konflikte lösen führt zu größerer Gelassenheit.

Mit den Übungen aus diesem Buch werden Sie vielleicht Augenblicke der Transzendenz erleben, in denen Sie Ihr Leben in einem größeren Kontext betrachten, einen Blick auf zuvor unerkannte Möglichkeiten erhaschen und Ihre Geschichte in ungeahnter Weise neu erfinden können. Wenn Sie sich mehr auf die Symbolsprache der göttlichen Quelle einstimmen, die sich mit Symbolen und Bildern mitteilt, können Sie bewusste Entscheidungen treffen und unendlich viele Möglichkeiten erkennen. Sie können auch lernen, Ihr gebrochenes Herz zu trösten.

Gebrochenes Herz

Schmerzhaftes Erwachen,
brennendes Verlangen
nach einem unbekannten Balsam,
um das Gefühl der Leere zu lindern,
die niemand, nichts und kein Gedanke
füllen kann.
Linderung kommt erst,
wenn wir unser Leben
an die Form des reinen Seins angepasst haben,
bis dahin
einsames Tanzen
zur traurigen Melodie meines gebrochenen Herzens.

Die unsichtbaren Dimensionen, zu denen Schamanen Zugang haben und in denen sie praktizieren und mit deren Energie Sie in Kontakt kommen können, steht allen zur Verfügung, doch mit den hier vorgeschlagenen

Übungen gelangen Sie leichter dorthin. Am besten lassen Sie sich auf die Erfahrungen ein, anstatt Ihre eigenen Vorstellungen in sie hineinzuprojizieren. Mit Geduld und Ausdauer wird es Ihnen gelingen, eine neue und kraftvollere Lebensgeschichte zu verwirklichen.

Kapitel 2
Veränderung mit Hilfe des Schamanismus

Im Verlauf der Menschheitsgeschichte haben die Überlieferungen der indianischen Ureinwohner und die geheimen Mysterien der Griechen und Ägypter zum Wohl der Erde und ihrer Bewohner beigetragen. Obwohl dieses spirituelle Wissen einst im Mittelpunkt des Lebens der Menschen stand, wird es heute als esoterisch abgetan und oftmals missverstanden. Die Lehren des Schamanismus sind Bestandteil dieses überlieferten Wissens.

Wenn ich die vielen schamanischen Traditionen rund um den Globus und die Arbeit moderner Schamanen betrachte, erkenne ich grundsätzliche Übereinstimmungen. Beispielsweise kann bei allen Menschen auf dem schamanischen Weg der Kontakt mit der göttlichen Quelle und ihren Aspekten zu einschneidenden Transformationen und zur Heilung führen. Ich glaube, dass schamanische Reisen und Rituale jedem die Möglichkeit bieten können, sich mit der göttlichen Quelle zu verbinden, um sich und andere zu heilen.

Wir brauchen für die Ausübung schamanischer Praktiken kein monatelanges Training. Was wir brauchen, ist Respekt vor ihrer mächtigen Wirkung. Sie gelegentlich anzuwenden ist für jeden nützlich, der an seinem persönlichen Wachstum und an Transformation interessiert ist. Die großen Veränderungen werden jedoch dann erzielt, wenn wir uns ernsthaft darum bemühen, diese Hilfsmittel regelmäßig zu benutzen.

Die Schamanen verwenden spezielle Rituale zur Veränderung ihres Bewusstseinszustands und um in andere Energiedimensionen zu reisen. Dort erhalten sie Energie und Wissen, das sie nutzen können, um Veränderungen in der Alltagswelt zu bewirken. Manche meinen, diese Dimensionen seien Fantasie, andere halten sie für Realitäten in Paralleluniversen. Für letztere Erklärung sprechen manche Theorien und Phänomene der Quantenphysik. Gemäß Heisenbergs Unschärferelation kann ein subatomares Teilchen an verschiedenen Orten – oder in verschiedenen Universen – gleichzeitig vorkommen, bis seine Position von einem Beobachter bestimmt wird. Von diesem Moment an existiert es nur noch in einem speziellen Universum. Nach dieser Sichtweise, die »Viele-Welten-Interpretation« genannt wird, gibt es unzählige gleichzeitige Universen, die alle gleich »wirklich« sind.

Wenn die Dimensionen, in die Schamanen reisen, tatsächlich wirkliche Orte sind, unterstützt dies die schamanische Vorstellung von den transpersonalen Räumen, in die jeder gelangen kann, der sich auf eine neue Bewusstseinsebene begibt und sie besuchen möchte. Wenn sich Schamanen nicht im normalen Bewusstseinszustand befinden – allgemein als »veränderter Bewusstseinszustand« bezeichnet –, tritt die Wirklichkeit der normalen Sinneswahrnehmungen in den Hintergrund. Dann sind die Schamanen in Kontakt mit der Sonne, dem Mond, den Sternen und Mutter Erde. Solch veränderte Bewusstseinszustände können mit den Übungen in Kapitel 5 erlangt werden, wie dem bewussten Atmen und mit Zeremonien an einem heiligen Ort.

Manchmal haben Schamanen Visionen, die durch den Genuss heiliger Pflanzen mit psychedelischen oder anderen bewusstseinsverändernden Eigenschaften hervorgerufen werden. Obwohl der Gebrauch heiliger Pflanzen die schamanischen Reisen und inneren Dialoge schneller herbeiführen kann, sind sie nicht notwendig, um von den schamanischen Übungen zu profitieren. Sie können Ihr Bewusstsein verändern, indem Sie die Kräfte Ihres eigenen Geistes nutzen.

In diesem Buch beschreibe ich einige meiner eigenen Erfahrungen, ihre energetischen Inhalte und die Schlüsse, die ich daraus gezogen habe. Ich begleite Sie auch in transpersonale Räume, die ich selbst aufgesucht habe, und erkläre Ihnen, wie Sie mit den darin auftauchenden Kräften zusammenwirken können, um Ihr Leben zu verändern. Ich hoffe, dass Sie großen Nutzen aus den Erfahrungen in diesen Dimensionen ziehen werden und das Gelernte für Ihre Veränderung ebenso nutzen wie die Energien, die Sie von dort mitgebracht haben. Ich zeige Ihnen auch, wie Sie bei der schamanischen Reise und der Interaktion mit den Energien im transpersonalen Raum den inneren Dialog einsetzen können. Der innere Dialog ähnelt der Aktiven Imagination von C. G. Jung – ein Prozess, während dem das Ego in Kontakt mit Inhalten des Unbewussten kommt und sie dann aus der Distanz analysiert und neue Wege findet, die gewonnenen Erkenntnisse in den Alltag zu integrieren.[2] Der innere Dialog ist ebenso wie die Aktive Imagination eine Kontaktaufnahme mit dem Inhalt des Unbewussten. Der innere Dialog ist eine Form der Frage-Antwort-Kommunikation mit einem Symbol, einer inneren Figur, einer Emotion oder einem Aspekt der Natur, dem Sie während einer schamanischen Reise oder einer Zeremonie in der Natur begegnen. Manche Menschen meinen, Schamanen lauschten einfach der Natur, die zu ihnen spricht. Schamanen hingegen werden Ihnen erklären, sie lauschen nicht nur dem Wind und den Bergen, sondern sie sprechen auch mit ihnen. Daher ist der wechselseitige Dialog teils schamanisch und teils jungianisch.

Wir erkennen immer mehr, dass jeder in gewissem Maße ein Schamane sein kann, aber es ist dabei nützlich, wenn wir wissen, was Schamanismus ist und wie Schamanen in ihrer Tradition praktizieren. Manche Schamanen können Sie bei Ihrer schamanischen Praxis unterstützen und für Sie auf eine Schamanenreise gehen, aber Sie brauchen keinen Schamanen, um aus den hier vorgestellten Übungen Nutzen zu ziehen.

Was Schamanen tun

Schamanen glauben an die Macht und die Bewusstheit der Natur. Sie glauben auch an andere Wirklichkeitsebenen und einen Raum, wo die Dinge nur als Potenzial existieren, bevor sie sich in der greifbaren, alltäglichen Realität manifestieren. Schamanen arbeiten mit Energie. Als Heiler bringen sie den Körper oder Geist wieder ins Gleichgewicht. Sie beziehen auch Kenntnisse und Energie aus der Vergangenheit und reisen in die Dimen-

---

2 Mehr über Aktive Imagination siehe bei August J. Cwik: *»Active Imagination: Synthesis in Analysis«* in *Jungian Analysis*

sion des Möglichen, um andere zukünftige Ereignisse zu erkunden, die sich verwirklichen könnten.

Schamanen wissen um ihre Verbundenheit mit der natürlichen Welt der Pflanzen, Steine, Tiere und den Himmeln und leben sie. Wenn sie sich in einem veränderten Bewusstseinszustand befinden, können sie in Kontakt mit den Ahnen und mit den Tieren kommen sowie mit den Energien von Plätzen in der Natur wie Berge, Flüsse und Seen, damit sie dort Unterstützung für Heilungen und Transformation finden. Schamanen verhandeln dann mit den beteiligten Energien, sodass sie in der Gegenwart und Zukunft eine andere Realität erschaffen können.

Wenn Schamanen neue Manifestationen hervorrufen und andere Dinge auflösen, wirken sie mit Energie zusammen, die sich in Materie verwandelt, und umgekehrt mit der Materie, die sich in Energie transformiert. Zum Zweck der Heilung beabsichtigen sie oftmals, niederfrequente Schwingungen durch eine hohe Schwingungsenergie zu ersetzen.

Schamanen erklären, sie könnten mit der physischen Welt einschließlich Wolken, Menschen und Flüssen arbeiten, weil alles eine Schwingung und energetische Natur besitzt – sogar ein Berg, der fest und bewegungslos erscheint. Wissenschaftler behaupten, dass das bekannte Universum aus einer hochfrequenten Schwingungsenergie entstand, die immer noch darin enthalten ist. Während die Wellenlänge der Energie mit der Zeit entweder zu- oder abnahm, bildete sich aus ihr die Materie, die sich zunehmend verdichtete und immer fester wurde. Die materielle Welt, die wir heute kennen, entstand aus Energie, die sich zu Materie verdichtete. Deshalb enthält das Universum ein Energie-Kontinuum.

Schamanen wissen, dass unser Körper wie alle physischen Objekte aus Energie besteht und wir auf dieser energetischen Ebene alle miteinander und mit dem ganzen Universum verbunden sind. Die Wissenschaftler forschen immer noch nach dem wahren Zusammenhang zwischen Masse und Energie. Auf der subatomaren Ebene kann sich ein Teilchen, das eine Masse besitzt, wie eine Welle verhalten und umgekehrt. Wir wissen nicht, warum das so ist, aber die Entdeckung des Higgs-Bosons oder sogenannten »Gottesteilchens« führt vielleicht dazu, dass wir eines Tages die geheimnisvolle Beziehung zwischen Masse und Energie auf den kleinsten Wirklichkeitsebenen verstehen. Es ist jedoch am wichtigsten, sich zu vergegenwärtig, dass wir bei der Ausübung schamanischer Rituale mit verschiedenen Energien und den verschiedenen Frequenzen interagieren, um die materielle Welt zu beeinflussen. Wir können mit der Energie des menschlichen Körpers und der natürlichen Welt und der Energie der Gedanken und Emotionen arbeiten.

Wenn wir mit Menschen zu tun haben, die in einem Strudel sinnloser Gedanken gefangen sind oder sich gewöhnlich »vom Kopf« steuern lassen und die von ihrem physischen Körper abgespalten sind, bringt ein Schamane sie vielleicht auf eine niedere Schwingungsebene, um sie mehr zu erden. Die hohen, transzendenten Frequenzen erzeugen Schamanen eher, damit jemand die göttliche Stimme, von der er geführt werden möchte, deutlicher hören kann. Sie reinigen auch schwere, stagnierende Energie, die aus dem Energiefeld des Körpers entfernt werden muss. Danach schicken sie hochfrequente Energie in ihn hinein, sodass die Energie im Körper ausbalanciert wird und wieder in einer gesünderen Weise fließen kann.

Um mit den hochschwingenden Energien in Verbindung zu kommen, die zur Heilung oder Erschaffung neuer Lebensgeschichten beitragen können, müssen die Schamanen die Schwingung ihres eigenen Körpers erhöhen. In Ritualen geben sie schwerere, niederfrequente Energie an die Erde und den Kosmos ab. Im Austausch lassen sie die höher schwingende Energie aus dem Universum oder von kosmischen Wesenheiten sowie von Kraftplätzen auf der Erde in ihren Körper einfließen. Ihre Schwingung erhöhen sie auch durch harmonische Gedanken oder Emotionen wie Mitgefühl.

Da sie nicht nur ihre eigene Energie, sondern auch die von anderen verändern können, haben Schamanen in ihren Gemeinschaften schon seit Anbeginn der Menschheit eine bedeutende Rolle gespielt. Traditionell haben sie ihren Mitmenschen geholfen, fruchtbares Land und Trinkwasser zu finden und Tiere für die Jagd aufzuspüren. Sie haben auch das Wetter beeinflusst, indem sie in Dürrezeiten den Regen gerufen und bei Flutkatastrophen bewirkt haben, dass es zu regnen aufhört. Sie tragen zur Heilung

Einzelner und ihrer gesamten Gemeinschaft bei. Schamanen können all dies bewirken, weil sie mit den Naturgeistern in einer Beziehung stehen, die auf Gegenseitigkeit und Dankbarkeit beruht. Sie ehren die Erde und die göttliche Quelle und sind mit ihnen wechselseitig verbunden.

Schamanen heute

Schamanen sind unterschiedlicher Herkunft. Einige gehören zu den Ureinwohnern, die ihre traditionellen Werte und Lehren erhalten und sich mit der technologischen Welt nur wenig beschäftigt haben. Andere stammen sowohl von indigenen als auch nichtindigenen Gruppen ab oder sind nichtindigener Herkunft. Manche Schamanen sind sowohl in der traditionellen als auch der technologischen Welt erfolgreich. Obwohl die Schamanen auf der ganzen Welt in ihren traditionellen Gemeinschaften immer noch eine wichtige Rolle spielen, praktizieren sie zunehmend auch mit Menschen in den Städten.

Der Schamanismus ist in Veränderung begriffen. In vielen indigenen Gruppen geben die älteren Schamanen ihr Wissen nicht mehr an die jüngeren Generationen weiter. Die jungen Leute wandern in die Großstädte ab und sind oftmals mehr daran interessiert, von den Vorteilen des 21. Jahrhunderts zu profitieren, als die jahrtausendealten Lehren des Schamanismus zu erlernen. Manche dieser Lehren werden mit nichtindigenen Menschen geteilt – gegen den Widerstand einiger Traditionalisten, die nicht möchten, dass ihre Lehren an Außenseiter weitergegeben werden.

Durch das zunehmende Interesse am Schamanismus ist die Anzahl der Schamanen gestiegen, die diesem Bedürfnis entgegenkommen. Viele von ihnen sind keine ausgebildeten Schamanen, aber die Menschen halten sie irrtümlich für authentisch, weil sie sich einen für Leute außerhalb ihrer Gemeinschaft exotisch klingenden Namen zugelegt haben oder behaupten, ausgebildet worden zu sein, obwohl das nicht stimmt. Sogar echte Schamanen lassen sich bisweilen vom Geld verleiten, das sich mit dem Schamanismus verdienen lässt, und ihre Motivation, schamanisch zu wirken, wird womöglich durch ihr Streben nach Profit, Bewunderung und Machtgewinn über andere pervertiert.

Schamanische Kräfte sind real. Wie sie eingesetzt werden und welche Motive dahinterstehen, muss von den Schamanen und denjenigen, die mit ihnen kooperieren, ständig überprüft werden. Viele Leute fühlen sich zum Schamanismus hingezogen, weil sie Magie erlernen oder Wunder vollbringen wollen. Ich glaube, dass einige Schamanen, die wirklich wissen, wie sie die Naturkräfte nutzen können, Ereignisse hervorrufen können, die wie ein Wunder erscheinen. Dies gelingt ihnen, weil sie sich eines höheren Bewusstseins und des Lebens bewusst sind, sodass sie die Grenzen der mit normalen Sinnen erfahrbaren Wirklichkeit überschreiten können. Es kann jedoch auch sein, dass sich jemand auf dem schamanischen Weg spirituell entwickelt und seine Fähigkeiten in den Dienst der Menschheit stellt, ohne jemals »Wunder« zu vollbringen. Indem wir unsere bewusste Verbundenheit im Leben beständig vertiefen, kommen wir zu der Erkenntnis, dass wir Teil eines fortwährenden großartigen Wunders sind, das sich unserem Verständnis entzieht.

Die schamanischen Lehren bieten uns eine hervorragende Möglichkeit, unser Leben in positiver Weise zu transformieren, doch wer als Schamane praktiziert, sollte von Liebe und dem Wunsch zu dienen bewegt sein und nicht von dem Wunsch nach Selbsterhöhung. Er sollte auch viel an seinem Persönlichkeitswachstum gearbeitet und genug Selbstbewusstsein entwickelt haben, um zu wissen, warum er etwas bewirken möchte. Die erfolgreichsten Schamanen erkennen ihre Stärken und Fähigkeiten, ohne sich wichtig zu nehmen oder wichtigzumachen. Sie wissen, dass die göttliche Quelle am besten durch diejenigen fließt, die klare Kanäle sind.

Die besten Schamanen, denen ich begegnete, nannten sich selbst nicht so. Sie nutzten ganz einfach die Energie, heilten, lösten Vergangenes auf und sagten die zukünftigen Möglichkeiten vorher. Diejenigen, die mit ihnen zu tun hatten, wissen, wer sie sind und was sie können. Gute Schamanen tanzen, singen und feiern gerne und genießen ihr Leben in vollen Zügen. Sie lassen sich von der göttlichen Quelle führen und nicht von der Meinung anderer beirren. Sich selbst nehmen sie nie allzu ernst, ihre Praxis hingegen sehr.

Nicht alle Schamanen sind »gute Menschen«, so wie sie sich die meisten vorstellen – gütig, selbstlos, demütig, rücksichtsvoll und ohne Machtstreben zum eigenen Vorteil. Manche Schamanen haben eine spezielle Verbindung zu spirituellen Ebenen, haben aber auf der Ebene von Körper, Geist und Seele kaum Bedeutsames bewirkt. Es gibt unter ihnen Alkoholiker, Narzissten oder solche, die manipulieren oder eine ausgeprägte Anspruchshaltung haben. Wie alle Menschen haben sie Fehler. Wenn Sie mit einem ausgebildeten und erfahrenen Schamanen arbeiten möchten, seien Sie vorsichtig, damit Sie nicht übervorteilt werden. Selbst wenn ein Schamane beeindruckende Referenzen hat, denken Sie daran, dass Sie es mit jemandem zu tun haben, der so menschlich ist wie Sie selbst. Hören Sie auf Ihre innere Stimme und begeben Sie sich nicht in seine Hände, wenn Sie sich dabei nicht wohlfühlen. Vergessen Sie nicht, wenn Sie die Übungen in diesem Buch machen, werden Sie immer besser darin, selbst schamanisch zu wirken. Sie brauchen keinen schamanischen »Experten«, der die Arbeit für Sie erledigt.

Ziele des Schamanismus

Ich glaube, der Schamanismus beinhaltet im Wesentlichen drei Zielsetzungen: die Erkenntnis, wer wir wirklich sind; sich von einer Ebene der Liebe, Dankbarkeit und des Mitgefühls aus in den Dienst anderer zu stellen und in tiefer Verbundenheit mit dem Heiligen zu leben. Jedes dieser Ziele trägt zu den anderen bei. Wenn wir uns beispielsweise selbst kennenlernen, wissen wir eher, wie wir der göttlichen Quelle und anderen dienen können. Durch eine tiefere Verbindung zur göttlichen Quelle lernen wir uns selbst besser kennen und sind motiviert, für andere da zu sein.

Sich selbst erkennen

Die Beschäftigung mit der schamanischen Praxis führt dazu, dass wir uns selbst besser kennenlernen. Wir gewinnen Teile von uns zurück, die unterdrückt, abgespalten oder vergessen waren. Wenn unser Selbstbewusstsein wächst, fällt es uns leichter, uns über unsere gewohnten Rollen hinaus zu entwickeln und unsere Perspektive zu erweitern. Wenn wir verstehen, wie uns unsere gegenwärtige Geschichte und unsere emotionalen und psychischen Wunden blockieren, können wir unsere Geschichte und unsere Wunden von den mit ihnen verbundenen belastenden und schmerzlichen Gefühlen trennen. Wir lernen, uns selbst und andere sowie die auftauchenden Situationen mit größerer Distanz und mit mehr Mitgefühl zu beobachten. Dann können wir uns für die göttliche Stimme öffnen und neue Entscheidungen treffen, um in uns und unserem Alltag Klarheit zu finden und ins Gleichgewicht zu kommen.

Anderen dienen

Wenn wir in einer gegenseitigen Beziehung mit der göttlichen Quelle leben, sind wir mit der Unendlichkeit verbunden und spüren die Verpflichtung, anderen zu helfen. Die Vorstellung, anderen zu dienen, umfasst viele Aufgaben. Beispielsweise kann es bedeuten, in unseren Beziehungen authentisch zu sein, gut zuzuhören, freundlich zu den anderen zu sein, Dankbarkeit zu zeigen, freiwillig bei einer Tafel zu helfen oder Schüler auf einem Ausflug zu begleiten. Jedoch ist dabei Ausgewogenheit erforderlich. Denn es kann sein, dass wir anderen so viel von unserer Zeit widmen, dass wir andere Aspekte unseres Lebens vernachlässigen.

Das größte Geschenk, das wir durch den Dienst an anderen bekommen, besteht ganz einfach darin, in der Gegenwart anderer vollkommen präsent zu sein. Wenn wir ihnen unsere volle Aufmerksamkeit schenken und ihnen gut zuhören – ohne Bewertung, Voreingenommenheit oder Erwartungen –, bereichert dies nicht nur uns selbst, sondern kommt auch den anderen sehr zugute, ungeachtet dessen, ob sich die äußeren Bedingungen objektiv verändert haben. Vollkommen präsent zu sein erfordert, absolut offen zu sein und den anderen so weit wie möglich anzunehmen.

In tiefer Verbundenheit mit der göttlichen Quelle leben

Ein Ziel des Schamanismus besteht darin, unseren rationalen Verstand zu beruhigen, damit wir die göttliche Stimme in uns vernehmen können. Wir kommen in eine größere Harmonie mit dem Kosmos, wenn wir die göttliche Quelle ehren. Dies gelingt uns, indem wir ihrer Kommunikation Aufmerksamkeit schenken und auf unsere Intuition hören. Wenn wir innerlich still werden, befreien wir uns von angesammeltem körperlichen, geistigen und emotionalen Ballast. Dann sind wir besser in der Lage, die göttliche Stimme zu vernehmen und zuzulassen, dass sie unsere Entscheidungen beeinflusst. Das Ziel besteht nicht darin, unseren freien Willen aufzugeben und zu erwarten, dass uns die göttliche Quelle alles abnimmt, sondern vielmehr darin, die in jedem Augenblick bestmögliche Wahl zu treffen, indem wir der Führung der göttlichen Quelle und unserer inneren Weisheit folgen und dann die Verantwortung für unsere Handlungen übernehmen.

Transformation

Ein Grundprinzip der spirituellen Praxis
besteht darin zu lernen, wie wir Entscheidungen treffen,
frei von unserem Band zu den Ahnen und karmischen Bindungen,
frei von Fesseln, die wir nicht beachten,
die unsere Handlungsfreiheit beschränken.
Liegt das Ziel darin, alles der göttlichen Quelle zu überlassen?
Nein. Vielmehr geht es darum, immer aufs Neue zu entscheiden,
im Einklang mit der wahren Reise unserer Seele
und dem Drängen der göttlichen Quelle nachzugeben,
während wir die Verantwortung übernehmen
im Wissen um unseren Platz im Kosmos.
Warum verpuppen sich die Menschen in einem Kokon?
Was löst die Metamorphose einer Seele aus?

Um das Ziel zu erreichen, gegenwärtiger im Augenblick zu sein und die göttliche Stimme zu hören, müssen wir die Situationen erkennen, in denen unsere Gedanken, Gefühle und Rollen in den Vordergrund treten und uns zwingen, unbewusst nach einem sich wiederholenden Muster zu handeln. Es ist nötig, dass wir uns von unseren gewohnten Reaktionen, Gedanken, Gefühlen und Handlungen freimachen. Wenn wir zwischen den Auslösern unserer Gewohnheitsmuster und unserer Reaktion eine Pause einlegen können, wird es uns möglich, im Augenblick präsenter zu sein. Dann wird es uns besser gelingen, unsere Perspektive zu erweitern und Erfahrungen zu machen, die uns sonst entgehen. Wenn wir unsere normale Wirklichkeit unterbrochen haben, fällt es uns leichter zu erkennen, wie wichtig es ist nachzudenken, bevor wir handeln, wenn wir unser Leben und unsere Geschichte verändern wollen.

Vor vielen Jahren hatte ich spät nachts das ungute Gefühl, mein Herz würde nicht richtig schlagen, was auf eine behandelbare Krankheit, genannt Vorhofflimmern, zurückzuführen war, wie ich heute weiß. Ich wollte meine Frau nicht wecken und beunruhigen und beschloss, ein paar Qigong-Übungen zu machen und abzuwarten, ob sie helfen würden. Ich schlich aus dem Schlafzimmer und begann mit Qigong, als ich plötzlich eine Stimme hörte: »Sei ruhig in dem Wissen, dass ich Gott bin.« In dem Moment erkannte ich, dass ich mich zu sehr unter Druck setzte, mir zu viel auflud und versuchte, alles allein zu schaffen, anstatt auf die Hilfe der göttlichen Quelle in mir zu vertrauen. Ich erkannte, dass sie mir sagte, dass ich offener für Gottes Stimme und seinen Plan und nicht nur für meinen eigenen sein würde, wenn ich aufhörte, etwas zu »tun« – sogar Qigong für meine augenblickliche Gesundheit.

Wir alle haben eine göttliche Stimme in uns und können sie hören, wenn wir das geistige Geschnatter einstellen und uns in einen anderen Bewusstseinszustand begeben. Wir hören aber auch Stimmen aus unserem Unbewussten und es kann schwierig sein, sie von der göttlichen Stimme zu unterscheiden. Mit Übung können wir den Unterschied zwischen den inneren Stimmen erkennen, die uns helfen, unser Selbstbewusstsein zu erhöhen, anderen zu dienen und mehr Mitgefühl zu entwickeln. Wenn dies geschieht, wissen wir, dass es die göttliche Stimme ist, die durch uns und zu uns spricht.

Vorschläge für Fragen

Wie kann das Teilchen das Ganze enthalten?
Wie kann die Zelle die Blaupause des Organs sein?
Ist es Magie oder Gott?

Ist Gott das Gleiche wie das Leben oder die göttliche Quelle?
Würde die göttliche Quelle über die Definitionen des Unaussprechlichen lachen?
Warum den Mount Everest besteigen?

Was ist, wenn wir das, was bleibt, richtig erklären?
Wird sich die göttliche Quelle neu erfinden oder werden wir uns beide transformieren?
Sollen wir Anfang und Ende kennen?

Einmal verbrachte ich einige Zeit in Abadiania in Brasilien in der *Casa* von João de Deus (oder Johannes von Gott), einem mächtigen Geistheiler. Dort hatte ich am Morgen meines letzten Tages plötzlich eine Vision, wie ich meine Küche in einem Landhaus putzte, weil ich einen Gast erwartete. Es war eine einfache mit Blumen geschmückte und von Licht durchflutete Küche. Das Haus war von einem Garten mit noch mehr Blumen umgeben. Der Gast traf ein – es war Jesus – und ich servierte ihm ein einfaches Mahl in der Küche. Dann gingen wir nach draußen und ich zeigte Jesus meinen Garten. Er war aufrichtig dankbar. Ich war voller Demut, weil er mich wie einen ihm Ebenbürtigen, wie einen Bruder behandelte. Ich weinte.

Dieses Erlebnis zeigte mir intuitiv und sehr emotional, dass die Quelle »Agape« oder bedingungslose Liebe ist und dass es wichtig ist, einen Ort für den Besuch des Göttlichen vorzubereiten, sodass wir unsere Küche, unseren Garten, unser Labor und deren Früchte als Geschenke anbieten können. Ich lerne immer noch, wie ich still werde und einfach offen für die Visionen und Botschaften der göttlichen Quelle bleibe. Ich weiß, wenn ich Geduld übe, wird mir mit der Zeit der Sinn dessen, was ich sehe, klar werden. Selbst nach jahrelanger schamanischer Unterweisung kann ich diejenigen immer noch gut verstehen, die gerne schnelle Antworten finden möchten.

Die göttliche Quelle verspricht uns, dass wir in jedem Augenblick neu anfangen und etwas Neues erschaffen können. Vielleicht sind wir wirtschaftlichen, körperlichen oder anderen scheinbar unüberwindlichen Zwängen unterworfen, aber wenn wir unsere Einstellung zu diesen Umständen verändern und erkennen, dass jeder Augenblick das Einzige ist, was wir jemals wirklich haben, sehen wir unser Leben mit einem viel positiveren Blick. Wir sind nicht unser Schmerz. Vielmehr sind wir Teil einer viel größeren Geschichte, an der wir alle teilhaben.

In jedem Moment atmen wir ein und aus, denken, fühlen und handeln oder auch nicht. Unsere Einstellung, unser Vertrauen in unsere Fähigkeit, in jedem Augenblick neue Ideen, Gefühle und Hoffnung hervorzubringen, macht den Unterschied, wie wir unsere Gegenwart erleben.

Alles, was ist

Nur jeder einzelne Augenblick,
einatmen, ausatmen,
Gedanken und Gefühle kommen,
Gedanken und Gefühle gehen,
manche haften an uns, manche wiederholen sich,
doch immer mit der Chance,
eine neue Welt
der Einstellungen, Gedanken, Gefühle und Handlungen
zu erschaffen
aus den Abermillionen Möglichkeiten
unseres Seins.

Die Entscheidungen, die wir heute treffen, sind dafür verantwortlich, welche von vielen möglichen Bestimmungen wir erfahren werden. Wenn wir erst einmal eine starke Verbindung zur göttlichen Quelle haben, können wir die Bestimmung finden, die uns und der göttlichen Quelle in diesem Leben am besten dient. Es ist nicht unbedingt die Berufung, die sich unser

Ego wünscht, aber wir können unser Leben gemeinsam mit der göttlichen Quelle erschaffen. Anders als das Schicksal, das uns ereilt, wenn wir unbewusst durchs Leben gehen, können wir unsere Bestimmung durch bewusstes Bemühen mitgestalten. Wenn wir uns auf einem Weg befinden, der stimmig für uns ist, beziehen wir aus unseren Entscheidungen ein Gefühl der Richtigkeit und fühlen uns damit sehr wohl. Wir sind erfüllt und fühlen, dass wir an einer größeren, reicheren, umfassenderen und sinnvollen Existenz teilhaben. Dann können wir solche Entscheidungen treffen und so handeln, dass wir uns entsprechend dieser Bestimmung entwickeln.

Ayni oder Gegenseitigkeit leben

Um ein Ziel schamanischen Wirkens zu erreichen, ist es zunächst erforderlich, gegenseitige Hilfe oder Ayni (sprich »Eini«) zu praktizieren, ein Begriff aus der indigenen Quechua-Sprache, die hauptsächlich in den Anden gesprochen wird. Ayni bedeutet, sich gegenseitig zu helfen und in einer guten und harmonischen Beziehung mit dem Universum und allen Aspekten unseres Seins zu leben. Im Verlauf unserer Heilung und Veränderung unseres Lebens müssen wir die vielen Einzelteile von uns ins Gleichgewicht – oder Ayni – bringen. Dazu gehören unser Körper und Geist, unsere Emotionen, Absichten und unsere spirituelle Ausrichtung. Ayni heißt, im richtigen Augenblick und im rechten Maß das Richtige zu tun. Die Außenwelt spiegelt unser Innenleben wider. Deshalb finden wir Harmonie im Außen, wenn unser Inneres im Gleichgewicht ist. Wenn wir mit Begeisterung und Leidenschaft leben, wird dies immer mehr von außen auf uns reflektiert.

Vor einigen Jahren verlosch mir bei einem schamanischen Ritual das Feuer. Ich dachte über meine Berufung nach, den Weg eines Schamanen zu gehen, und darüber, was er für mich bedeutete. Ich kam zu dem Ergebnis, mein Leben diesem Weg zu widmen. In dem Moment, als ich dies dachte, loderten Flammen aus dem zuvor verloschenen Feuer auf. Es glühten nicht nur ein oder zwei Briketts auf, sondern es fing an, sich wieder vollständig neu zu entzünden. Das überzeugte mich davon, dass ich in meiner Entscheidung unterstützt wurde. Ich befand mich im Ayni, und das Feuer spiegelte mir, was sich energetisch in mir abspielte.

Wenn wir die drei Quechua-Zustände – Yachay, Munay und Llankay – leben, befinden wir uns im Ayni. Diese Begriffe bedeuten »harmonische Gedanken«, »harmonische Liebe« und »harmonisches Handeln«. Unser Denken, Fühlen und Verhalten stehen nicht miteinander in Konflikt.

Mit unserem Intellekt und unserem Geist gelangen wir an das Wissen, mit dem wir erforschen können, was wir zu verstehen imstande sind. Mit unserer Intuition und unserer Körperweisheit (oder unserem Körperbewusstsein) können wir das erforschen, was sich dem Verstand entzieht. Die Unbegreifliche (die göttliche Quelle) können wir niemals verstehen, aber wir können ihr begegnen und eine Verbindung zu ihr herstellen, eine Verbundenheit, die seit unserer Geburt besteht. Oder wir können ganz einfach daran glauben, dass sie der Ursprung unserer einzigartigen Wesensessenz ist. Um ins Gleichgewicht oder Ayni zu kommen, sollten wir uns in vielfacher Weise mit der göttlichen Quelle verbinden.

Wenn wir uns selbst nicht kennen, auch nicht unsere Schattenseiten, sodass wir anderen vorschnell böse Absichten unterstellen, ist dies ein Zeichen dafür, dass wir auf der Ebene der Persönlichkeit nicht im Ayni leben. Ebenso, wenn wir anderen oder unserer Gemeinschaft nichts geben und uns nicht von der Natur oder Kunst berühren lassen. Auf der kollektiven Ebene zeigt sich dies darin, dass schwächere Mitmenschen schlecht behandelt werden, unsere Umwelt gering geschätzt wird, ein erschwingliches Gesundheitssystem fehlt und Schulen die Kinder und Jugendlichen nicht zu reifen, produktiven Erwachsenen erziehen. Wenn wir unsere Verbindung mit der göttlichen Quelle nicht pflegen, fallen wir aus dem Ayni. Wenn wir die Spiritualität aus unserer kollektiven Kommunikation aussparen, entgeht uns die Bedeutung des rationalen Denkens oder wir schätzen unsere Gefühle und intuitiven Fähigkeiten nicht.

Auf der persönlichen Ebene kommen wir ins Gleichgewicht, wenn wir Gewohnheiten aufgeben und uns aus Situationen und von Beziehungen befreien, die uns nicht mehr von Nutzen sind, und sie durch nützlichere ersetzen – und indem wir Ayni in allen Aspekten unseres Selbst erfahren, sogar denjenigen, die wir ablehnen. Wir nähren das Ayni, wenn wir der göttlichen Stimme lauschen. Auf kollektiver Ebene nähern wir uns dem Ayni, wenn wir andere und den Planeten, auf dem wir leben, respektieren.

Wenn wir in Harmonie mit uns und der göttlichen Quelle sind, geschieht Heilung. Manchmal bedeutet dies, dass emotionale oder körperliche Symptome auftauchen. Wir können jedoch sogar dann im Gleichgewicht bleiben und heilen, wenn die körperlichen Symptome andauern. Heilung kann auch bedeuten, dass wir den Sinn einer Krankheit oder der Symptome erkennen und dann die Angst und die negative Energie loslassen, sodass wir uns mit feinerer, weniger dichten Energie aufladen können, die auf der Ebene von Körper und Geist mehr Wohlbefinden bewirkt.

Die vier Wahrnehmungsebenen

Schamanen sprechen davon, dass wir unser Sein in der Welt anders erleben, wenn wir unsere Wahrnehmung ändern.

Wir befinden uns ständig in unendlich vielen wechselseitigen Beziehungen. Wir nehmen wahr und sammeln in unterschiedlicher Weise Fakten über diese Verbindungen und unser Leben. Unser Körper nimmt diese Informationen, die wir über unsere Sinneswahrnehmungen erlangt haben, auf und verarbeitet sie. Unser Geist denkt darüber nach und reagiert mit Gefühlen darauf, während wir versuchen, den Sinn unserer Erfahrungen zu verstehen. Auch unsere Seele nimmt sie wahr und offenbart uns den Sinn unseres Lebens, indem sie Themen und archetypische Energien erkennt, die uns beeinflussen.

Wenn wir auf einer höheren Bewusstseinsebene wahrnehmen, der Ebene der reinen Energie, löst sich unser Ego auf. Die Grenze zwischen unseren individuellen Erfahrungen und der Erfahrung der gesamten Schöpfung verschwindet. Auf dieser höchsten Bewusstseinsebene nehmen wir alles, was ist, nur noch als unterschiedliche Wellenlängen und nicht mehr als Materie wahr und fühlen uns nicht mehr getrennt von der göttlichen Quelle und der Schöpfung. Diese vier Wahrnehmungsebenen – die körperliche, mentale (oder psychologische), seelische und die der reinen Energie – sind der Kern der schamanischen Weltsicht.[3]

Gemäß den Schamanen hat die körperliche, materielle Dimension die niedrigste Schwingungsenergie und die Dimension der reinen Energie die höchste. Wenn wir von einem höheren Bewusstseinszustand aus wahrnehmen, sind die Informationen, die wir dort erlangen, und die Bedeutung, die wir ihnen geben, eher abstrakter und universeller Natur. Dies bedeutet nicht, dass ein höherer Bewusstseinszustand besser ist als ein niedriger. Jeder enthält Elemente des anderen und alle sind Manifestationen des Göttlichen.

Obwohl wir die Dinge von der höchsten Perspektive aus betrachten können, sind wir auch Seelen, die sich verkörpern. Es gibt Zeiten, wo es am besten für uns ist, wenn wir auf einer niedrigen Schwingungsebene wahrnehmen. So bereichernd es auch sein mag, uns als Teil eines größeren, geheimnisvollen Ganzen zu betrachten – zu erkennen, dass sich jeder von uns auf einer sinnvollen Seelenreise befindet –, es ist besser, unsere Körperwahrnehmung einzusetzen, wenn wir bei der Gartenarbeit eine Muskelzerrung vermeiden wollen. Wenn wir danach bei einer Tasse Kaffee sitzen und über die getane Arbeit nachdenken, können wir über den Wechsel der Jahreszeiten sinnieren, unsere Gefühle und Gedanken in uns aufsteigen lassen, uns mit unserem Schicksal beschäftigen und uns fragen, wie das jährliche wiederkehrende Laubrechen in das große Ganze passt.

Um ein erfülltes Leben zu führen, ist es wichtig, alle Wahrnehmungsebenen in angemessener Weise zu achten. Die Wahrnehmungsebene wirkt sich auf die Entscheidungen aus, die Sie treffen, oder darauf, wie Sie Probleme lösen. Wenn Sie sich beispielsweise auf der Stufe der Körperwahrnehmung befinden, denken Sie in diesem Kontext. Sie erkennen einen steifen, schmerzenden Nacken als Zeichen dafür, dass Sie auf dem falschen Kissen schlafen oder in einer schlechten Haltung vor dem Computer sitzen. Sie werden glauben, dass es die richtige Behandlung ist, wenn Sie ein

---

3 Viele Weisheitstraditionen sprechen von vier (oder fünf) Energiekörpern oder Wahrnehmungsebenen. Mehr über die vier Wahrnehmungsebenen siehe bei Dr. Alberto Villoldo: *»Die vier Einsichten: Weisheit, Macht und Gnade der Erdenwächter«*

entzündungshemmendes Medikament nehmen, für mehr Schlafkomfort und einen besseren ergonomischen Arbeitsplatz sorgen. Auf der Ebene des Verstandes werden Sie den steifen Nacken gedanklich und gefühlsmäßig so einordnen, dass er auf emotionale oder mentale Erstarrung hinweisen könnte. Sie halten ihn auch für ein Zeichen dafür, dass Sie am Arbeitsplatz darauf achten sollten, was »hinter Ihrem Rücken« passiert. Als Gegenmaßnahme denken Sie vielleicht daran, den Job zu wechseln, Probleme nicht mit nichtvertrauenswürdigen Kollegen zu lösen oder andere Möglichkeiten zu suchen, wie Sie Stress in der Arbeit reduzieren können.

Von der Perspektive der mystischen Seelenreise aus betrachtet spiegelt die Nackensteifheit womöglich eine innere Spannung, die aus einem unerfüllten Leben resultiert: Sie gehen »halsstarrig« durchs Leben und sind nicht bereit, Neues auszuprobieren oder ein Risiko einzugehen. Vielleicht sehen Sie das Heilmittel darin, Wege zu einem sinnerfüllten Leben zu finden. Aus der Sicht der reinen Energie könnte Ihre Seele einen Mangel an Harmonie mit der göttlichen Quelle verspüren, was zur Nackensteife führt. Die Heilung läge dann vielleicht darin, sich durch Rituale, Zeremonien und innere Versenkung mehr mit der göttlichen Quelle zu verbinden, um ihre Stimme vernehmen zu können.

Alle Wahrnehmungsebenen unterstützen sich. Obwohl sich ein steifer Nacken letztlich als Symptom für eine tiefere psychische oder spirituelle Problematik herausstellen kann anstatt nur als körperliche Erkrankung, könnten auch ein ergonomischer Stuhl oder eine bessere Beziehung zu den Kollegen hilfreich sein!

Wenn Sie sich als ein energetisches Wesen auf einer mythischen Seelenreise betrachten, hält die Welt eine Fülle von magischen Möglichkeiten für Sie bereit. Wenn Sie sich für etwas entscheiden, sind Sie weniger in das Drama Ihrer Vergangenheit verstrickt.

Schamanen haben gelernt, bewusst ihre Wahrnehmung der Welt zu verändern, sodass Sie auf diese Weise eine Veränderung ihrer Wirklichkeit herbeiführen können. Schamanen reisen an die Orte der noch nicht manifestierten Möglichkeiten, sodass sie sich dort an die Energie anschließen können, die eine Reise zu einem bestimmten Ziel unterstützt.

Auch Sie können das lernen. Wenn Sie mühelos von einer Wahrnehmungsebene zur anderen wechseln können, werden Sie Ihre Erfahrungen besser verstehen. Wenn Sie entspannt sind und keinen Zeit- und Arbeitsdruck haben, können Sie jede der vier Wahrnehmungsebenen erreichen und leichter zwischen ihnen t und, um besser zu verstehen, was vor sich geht. Wenn Sie mit den höheren Bewusstseinsebenen verbunden sind und Ihr Leben von einer Metaperspektive aus betrachten, können Sie die Ereignisse auf den niedrigeren Ebenen beeinflussen. Während Sie von einer Ebene zur nächsthöheren gelangen, gewinnen Sie mehr Handlungsfreiheit und Veränderungen fallen Ihnen leichter. Ihre Fähigkeit, sich bewusst zu einem bestimmten Zeitpunkt für eine Wahrnehmungsebene zu entscheiden, ist ein Grundprinzip des Schamanismus. Ihre Wahrnehmung beeinflusst Ihre Lebensgeschichte und Ihre Erfahrungen. Daher ist es wichtig zu begreifen, dass die Wahrnehmung vielschichtig ist.

Die untere, mittlere und obere Welt

Schamanen gehen von der Vorstellung aus, dass wir in drei Welten gleichzeitig leben und diese sowohl in uns existieren als auch außerhalb von uns. In der südamerikanischen Tradition nennen die Schamanen die Mittelwelt oder die Welt unserer alltäglichen Erfahrungen »Kai Pacha«. Je nachdem, wo wir uns in der Mittelwelt befinden, können wir mit »Uku Pacha«, der Unterwelt, oder mit »Hanan Pacha«, der Oberwelt, in Kontakt treten. Uku Pacha ist die Welt unseres Unbewussten, unserer psychischen Verletzungen, unserer Ahnen, unserer vergangenen Leben und unserer bisher noch nicht verwirklichten Potenziale. Hanan Pacha ist die Welt unserer Zukunft, die viele Schicksalsvarianten für dieses Leben enthält. Es ist die Welt, die alles umfasst, was ist oder jemals sein wird.

Ewigkeit

Nicht für immer
ist alles
Nichts ist für immer
Anhäufung ist nicht
die Essenz ist
Dinge sind nicht
Muster existieren –
oder sind sie?

Unter-, Mittel- und Oberwelt enthalten Urenergien, die unserem physischen Körper und dem Energiefeld, das ihn umgibt, Kraft und Orientierung schenken. Sie können sich an diese Energien und die Informationen in den drei Welten anschließen. Dies ermöglicht Ihnen, Ihren neuen Lebensplan zu entwerfen.

Die Stille und die Matrix

Vor der Entstehung unserer Schöpfung, vor dem Urknall, gab es den leeren Raum, den ich »die Stille« nenne. Sie ist der Ursprung des Universums und von allem, was erschaffen wurde. Die Stille ist ein Energiezustand, den es immer geben wird. Schamanen glauben, dass sie die Energie des reinen Lichts ist oder der Ursprung aller Dinge. Reines Licht, so sagen sie, habe die höchste Schwingung aller Energien und sei die Vorstufe des Lebens, das es hervorbringt. Nur durch das Leben kann sich die Liebe dieses Lichts entfalten. Seine Energie ist zu gewaltig und daher unbegreiflich und unzerstörbar. Sie kann nur transformiert werden. Das Licht, das wir sehen, ist nur ein Abbild des reinen Lichts.

Die Stille durchdringt die Matrix, ein Netz von Energiebahnen, die alles miteinander verbinden. In unserer Alltagswirklichkeit nimmt sie die Form von Sonne, Mond, Felsen, Pflanzen, Menschen, anderen Lebewesen und der Elemente der Natur wie Erde, Luft, Wasser und Feuer an. Sie spiegeln die Urenergie, das Licht. Wir wissen nicht, warum Licht, das keine Masse besitzt, Materie hervorbringen kann. Unser wachsendes Verständnis der subatomaren Welt, wie die Entdeckung des Higgs-Bosons, liefert uns den Schlüssel zur Lösung dieses Rätsels.

Alle Energiezustände entstammen diesem Ursprung. Das Licht durchdringt jede Wirklichkeitsebene und jede Wirklichkeit wird daraus erschaffen. Wie bereits erwähnt ist das Wesen dieses ursprünglichen Lichts die bedingungslose Liebe oder Agape, die gemäß den Schamanen allen Lebewesen und Dingen geschenkt werden sollte.

Wir können aus der Stille heraus bewusst auf unsere Zukunft und die der Welt einwirken. In ihr erkennen wir neue Möglichkeiten und lassen sie zu einem Gedanken werden. Wenn sich dieser mithilfe unseres Wünschens und unserer Aufmerksamkeit erst einmal herausgebildet hat, erzeugen wir einen Funken zwischen unserem Unbewussten und der Urenergie. Eine Idee taucht so in uns auf, wie wir sie visualisiert haben – mit Abwandlungen von der göttlichen Quelle.

Während die Stille in unzähligen Formen und Energiezuständen Gestalt annimmt, können wir die unterschiedlichen Energien, die Aspekte dieser großen Kraft darstellen, für uns nutzen, damit sie uns Kraft und Erkenntnis schenken. Die Übungen in diesem Buch dienen dazu, mit diesen Energien in Verbindung zu kommen und mit ihnen zu gestalten.

Die Matrix enthält alle Fakten und Informationen – die Vergangenheit, Gegenwart und Zukunft. Wenn wir dorthin reisen, erfahren wir die wechselseitige Verbundenheit aller Dinge und gelangen an ein Wissen, das unserem Bewusstsein ansonsten verborgen bliebe.

Meine erste bewusste Verbindung mit der Matrix geschah im peruanischen Urwald in der Nähe des Muttergottesflusses, einem Nebenfluss des Amazonas. Damals war ich über 60 Jahre alt und hatte noch nie eine andere bewusstseinsverändernde Substanz außer Koffein, Nikotin oder Alkohol zu mir genommen. Dennoch überlegte ich, ob ich eine Dosis von der heiligen Pflanze Ayahuasca einnehmen sollte, die seit Jahrtausenden bei Heilungszeremonien und anderen spirituellen Ritualen der südamerikanischen Schamanen verwendet wird, um den Übergang von der Alltagswelt in andere Dimensionen und Energiezustände zu erleichtern.

Während ich darüber nachdachte, den Ayahuasca-Trank zu mir zu nehmen, beunruhigte mich der Gedanke irgendwie. Ich hatte gehört, dass der Trank heftige Übelkeit und erschreckende Erlebnisse hervorrufen kann, und fragte mich, ob die Einnahme eines Halluzinogens das Richtige für mich sei. Schließlich entschied ich mich dafür, die Erfahrung zu machen.

Am Abend der Zeremonie ging ich mit der Gruppe, die mich begleitete, in eine Hütte im Urwald und bereitete mich auf das Erlebnis vor. Bald begann der *Ayahuasquero*, Don Ignacio, sein *Icaros* zu singen, Gesänge an die Ayahuasca-Pflanze und andere Naturgeister, um sie um Unterstützung bei der Heilung und um Schutz zu bitten und ihnen dafür zu danken. Dann nahm jeder Einzelne den Ayahuasca-Trank von ihm entgegen.

Während ich in einer meditativen Haltung saß, spürte ich erst einmal nichts Ungewöhnliches. Dann sah ich allmählich, wie sich die farbigen Muster vor meinen geschlossenen Augen veränderten. Ich hatte unterschiedliche Erlebnisse, manche waren bedrohlich, andere nicht, und währenddessen nahm ich weiterhin die geometrischen Formen vor mir wahr, die sich wie Bilder in einem Kaleidoskop ständig neu zusammensetzten. Plötzlich hörte ich einen lauten Knall. Es hörte sich an, als ob die Hülle des Universums zerplatzen würde. Danach fand ich mich in der Dunkelheit wieder, die von unendlich vielen Lichtern übersät war und die alle miteinander verbunden waren. Ich wusste sofort, dass ich mich in der Matrix aufhielt. Ich erkannte, dass sie lebendig und bewusst ist und das Bewusstsein aller Dinge, die jemals waren oder sein werden, enthält und miteinander verknüpft. Dazu gehört nicht nur das menschliche Bewusstsein, sondern auch das der Tiere, Ozeane, Pflanzen und des gesamten Kosmos. Wir alle sind Teil der Matrix und alles in ihr beeinflusst sich gegenseitig. Das war nicht nur eine Vorstellung, über die ich nachdachte, sondern eine Gewissheit, die ich als inneres Wissen erlangte.

Viele Menschen haben während der Meditation, im Traum oder bei einer geführten Fantasiereise außergewöhnliche Erfahrungen gemacht, oder als sie sich in einem wachen und scheinbar normalen Bewusstseinszustand befanden und Synchronizitäten erlebten oder spontane Bilder empfingen. Bei schamanischen Ritualen ist es noch wahrscheinlicher, dass solche

Erfahrungen auftreten. Ein Mann, der an einigen schamanischen Workshops teilgenommen hatte, erzählte mir folgendes Erlebnis:

»Drei Tage nachdem mein Vater verstorben war, joggte ich im Wald in der Nähe meines Hauses. Es war an einem Freitag spätnachmittags. Mein Vater hatte es besonders gemocht, jeden Freitagabend zum Essen zu mir zu kommen. Als ich fast an der Stelle angekommen war, wo ich gewöhnlich immer umkehre, kam ein großer Rehbock aus dem Unterholz und blieb ungefähr drei Meter von mir entfernt stehen. Er hätte mich eigentlich hören müssen, weil ich schwer atmete. Er strahlte Ruhe und Frieden aus. Obwohl ich so oft durch diese Wälder gelaufen war, hatte ich noch niemals Rotwild am Wegrand gesehen – und sicherlich noch keinen Rehbock mit einem beachtlichen Geweih. Wir blickten uns scheinbar minutenlang in vollkommener Stille an. Schließlich verabschiedete ich mich von ihm und lief zurück nach Hause. Seither ist mir in diesem Waldgebiet niemals mehr ein Reh begegnet. Obwohl ich glaube, dass es Zufälle gibt, konnte nicht einmal der Skeptiker in mir diese Begegnung einfach als Zufall abtun. Ich bin davon überzeugt, dass mir die Seele meines verstorbenen Vaters in der Gestalt des Rehbocks erschienen war und mir auf diese Weise mitteilte, dass es ihm gut ging. Dieses Erlebnis werde ich niemals vergessen.«

Zufällige Begebenheiten wie diese erinnern uns daran, dass wir in einer Welt leben, die unsere Vorstellungskraft übersteigt – die unendlich viele Informationen und Lektionen für uns bereithält. Manchmal nehmen wir die Energien in unserer Umgebung wahr oder erhaschen einen kurzen Einblick in andere Dimensionen, die uns normalerweise nicht bewusst sind. Solche Erfahrungen faszinieren uns vielleicht, aber wir wissen nicht, was wir mit ihnen anfangen sollen, und tun sie als seltsames Erlebnis ab. Wenn Sie die Übungen aus diesem Buch machen – seien es die Schamanenreisen, die Rituale oder Zeremonien mit den ursprünglichen Energien in der Natur –, werden Sie allmählich erkennen, dass sogar die kleinsten Botschaften einen Sinn haben. Sie werden Metaphern, Symbolen, Zufällen und Synchronizitäten mehr Aufmerksamkeit schenken und sie nutzen, um etwas über sich selbst und Ihr gegenwärtiges und zukünftiges Leben zu erfahren.

Ein kurzer Einblick, der die Perspektive erweitert

Ein Hologramm ist eine zweidimensionale Oberfläche, die alle Informationen enthält, um ein dreidimensionales Bild zu erzeugen. Darüber hinaus enthält jedes winzige Teil eines Hologramms das gesamte holographische Bild mit all seinen Informationen. Wie bei einem Hologramm enthält auch alles im Universum einschließlich uns selbst die Essenz des Ganzen und spiegelt das Ganze wieder. Ein kurzer Einblick in die Leere enthüllt das größere Ganze und all seine Eigenschaften samt der wechselseitigen Verbundenheit von allem. Durch die Wahrnehmung eines kleinen Teils können wir auch das größere Ganze erfassen und eine weitere Perspektive erlangen. Um es mit den Worten des Visionärs, Dichters und Künstlers William Blake auszudrücken: »Um eine Welt in einem Sandkorn zu sehen / und einen Himmel in einer wilden Blume, / halte die Unendlichkeit in deiner flachen Hand / und die Ewigkeit in einer Stunde.«

Schamanen versuchen mit so vielen Aspekten der universellen Energie wie möglich in Verbindung zu kommen, indem sie die Bereiche in ihrem eigenen Energiefeld aktivieren, das ihren Körper umgibt. Dadurch kommen sie in Berührung mit ähnlichen Energiefeldern außerhalb und treten damit in eine Interaktion. Jeder von uns besitzt eine Aura, die uns wie ein Hologramm Zugang zu allen Geheimnissen der Unendlichkeit verschafft. Unser individuelles Bewusstsein spiegelt das allumfassende, allen gemeinsame Bewusstsein der göttlichen Quelle wider.

Wenn Schamanen davon sprechen, die göttliche Quelle zu ehren, meinen sie damit nicht, dass sie sich einem höheren, übernatürlichen Wesen unterordnen. Das Göttliche zu ehren heißt vielmehr, die Heiligkeit unserer Verbundenheit mit der Leere und der Matrix anzuerkennen und unsere Verbindung mit allem, was ist oder was jemals sein wird. Es bedeutet, die Schönheit, Großartigkeit, Größe und das Unbegreifliche der göttlichen

Quelle ehrfürchtig anzuerkennen. Schamanen bringen die Bewusstheit ihrer Beziehung zur Leere zum Ausdruck, wenn sie bekräftigen, was sie gerne manifestieren würden, während sie gleichzeitig akzeptieren, dass das Göttliche vielleicht andere Vorstellungen davon hat, was erschaffen werden soll.

Jedes Mal, wenn Schamanen ein Ritual verwenden, um Informationen zu erlangen oder Energie zu erhalten, bringen sie dem Göttlichen dabei auch Achtung entgegen. Im nächsten Kapitel wird es darum gehen, als Teil der Analyse Ihrer gegenwärtigen Lebenssituation Ihre Einstellungen, Vorstellungen und Gefühle gegenüber der göttlichen Quelle und Ihre Beziehung zu ihr zu ergründen. Wenn Sie diese und die damit verbundenen Themen kennen, können Sie herausfinden, wie Ihr neuer Lebensplan aussehen soll.

Denken Sie daran, Sie sind nicht Ihre Lebensgeschichte. Wenn Sie sich zu sehr damit identifizieren, können Sie sie nicht verändern. Wenn Sie sich davon distanzieren und sie objektiv betrachten, können sie neue Erkenntnisse gewinnen. Die im folgenden Kapitel beschriebenen Übungen dienen dazu, Ihre Gegenwart und die Rollen, die Sie darin spielen, zu erforschen und besser zu verstehen, sodass sie frei werden, um ein neues, befriedigenderes Drehbuch zu schreiben, womit Sie in Kapitel 4 beginnen können. Dann werden Sie die Rituale und Übungen aus der schamanischen und jungianischen Tradition anwenden, um ein besseres Gefühl dafür zu bekommen, welchen Vorteil Sie haben, wenn Sie sich mit einer Praxis beschäftigen, die Ihr Unbewusstes erweckt. Dadurch werden Sie auch transpersonale Erfahrungen besser einordnen können.

Kapitel 3
Die Erforschung der Gegenwart

Was ist Ihre Lebensgeschichte? Um diese Frage zu beantworten, wollen Sie vielleicht zuerst die bedeutsamen Ereignisse in Ihrem Leben aufzählen. Wenn Sie Ihre Biografie jedoch auf diese Weise beschreiben, erkennen Sie Ihre Eigenverantwortung wahrscheinlich nicht. Viel eher erscheint es so, dass Ihnen die Dinge widerfahren sind, ohne dass Sie die Kontrolle darüber hatten.

Um Ihre Rolle als Drehbuchautor für Ihr Leben zu behaupten, ist die Beobachtung hilfreich, dass Ihre Geschichte von Mustern und Themen durchzogen ist. In diesem Kapitel werden Sie mit Übungen arbeiten, mit denen Sie die Lebensthemen entdecken können, die den Ereignissen in Ihrem Leben zugrunde liegen.

Schamanen blicken über den Ablauf der Geschehnisse hinaus. Sie erkennen die Themen im Leben eines Menschen als energetische Fäden, die zu einem Stoff gewebt sind, und ziehen bestimmte Fäden heraus, sodass sie durch neue ersetzt werden können. Auf diese Weise wird die Gegenwart und Zukunft des Betreffenden neu gesponnen. Wenn Sie die Themen in Ihrem Leben finden, werden Sie sich besser vorstellen können, wie sie Ihr Leben energetisch beeinflussen. Ein Faden, der mit Fürsorglichkeit, Kampf, Führung oder Neugierde zusammenhängt, kann in Ihrem Stoff verwoben sein, ohne dass Sie es erkennen.

Eine Frau fand bei der Analyse Ihrer Biografie heraus, dass das herausragende Thema in ihrem Leben die Angst war, verschlungen oder unterdrückt und gezwungen zu werden, in alte Muster zu verfallen. Wenn Sie Ihre Geschichte von verschiedenen Blickwinkeln aus betrachten und erzählen, werden Sie solche Themen leichter erkennen.

In diesem Kapitel werden Sie viele Aufzeichnungen machen und viele Fragen beantworten, die Sie dabei unterstützen. Anhand der dadurch gewonnenen Erkenntnisse können Sie herausfinden, welche Energien Sie in Ihrem Leben manifestieren möchten, und Sie verstehen die Erfahrungen besser, die Sie machen werden, wenn Sie mit den Übungen beginnen, die später erklärt werden.

Jede Übung dient dazu, Ihre Geschichte zu erforschen, weil Ihnen jede davon zu einer unterschiedlichen Perspektive verhilft. Beginnen Sie mit denjenigen, die Ihnen am meisten zusagen. Nehmen Sie sich Zeit dafür. Nachdem Sie mit den schamanischen und jungianischen Übungen begonnen haben und sich auf Schamanenreisen begeben, sollten Sie unbedingt alle Übungen in diesem und den folgenden Kapiteln gemacht haben. Es wird einige Zeit in Anspruch nehmen, aber Sie werden feststellen, dass sie Ihre Visionsreisen und anderen schamanischen Rituale vertiefen und umgekehrt.

Manche Übungen können sehr aufwühlend sein. Wenn eine Übung zu schwierig für Sie wird, unterbrechen Sie sie und denken Sie ein oder zwei Tage lang darüber nach, bevor Sie damit fortfahren. Beantworten Sie die Fragen so gut wie möglich. Nach einer Weile sollten Sie noch einmal nachlesen, was Sie aufgeschrieben haben, und überlegen, ob Ihnen noch etwas anderes dazu einfällt oder ob Sie im Anschluss daran neue Einsichten gewonnen haben.

Der Wissenschaftler und Philosoph Alfred Korzybski erklärte: »Eine Landkarte ist nicht das Gebiet, das sie abbildet.«[4] Ihr Leben ist mehr als eine Abfolge von Ereignissen, die Ihnen in seinem Verlauf widerfahren sind. Vielmehr ist es eine Geschichte mit Themen und Mustern. Wie Sie Ihre Geschichte erzählen, liegt an Ihnen, aber wenn Sie sich ihr ehrlich stellen und bereit sind, sich mit den Energien auseinanderzusetzen, die in Ihrem persönlichen Energiefeld wirken, können Sie ein ganz neues Drehbuch mit neuen Themen und Ereignismustern verfassen. Es kann viel aufbauender und erfüllender sein als das jetzige, selbst wenn Sie die Geschehnisse aus der Vergangenheit nicht rückgängig machen können. Sie werden

---

4 Alfred Korzybski: *»Science and Society: An Introduction to Non-Aristotelian Systems and General Semantics«*; 3. Auflage 1949, S. 61

jedoch Ihre Einstellung dazu verändern und die Art und Weise, wie Sie davon beeinflusst werden. Die emotionale Last der Verletzungen wird leichter und Ihre Erfahrungen werden von neuen emotionalen Energien durchdrungen, wie zum Beispiel vom Stolz darauf, schwierige Situationen überstanden zu haben, oder von der Freude, dem Leid etwas Gutes abgewonnen zu haben. Die Überzeugungen und Gefühle, die Ihre Geschichte färben, können sich zeigen und während der Analyse sogar verändern.

Stellen Sie sich vor, Sie sind ein Schauspieler in einem Stück, das jemand anderer geschrieben hat. Sie haben sich an das Drehbuch gehalten und waren sich nicht bewusst, dass Sie es jederzeit hätten ändern können. Jetzt sind Sie dabei, sich zum Drehbuchautor, Regisseur und gleichzeitig zum Schauspieler zu entwickeln. Ein Teil Ihres Bewusstseins kann die Bühne verlassen oder hinter der Kamera stehen, um das Schauspiel von außen zu betrachten. Sie können »Schnitt!« rufen und die Szene neu gestalten. Sie fordern Ihre Eigenmacht zurück, um die Geschichte, die Sie erlebt haben, zu erzählen und zu bestimmen, in welcher Richtung sie sich ab jetzt weiterentwickelt.

Bis jetzt waren Sie nicht der einzige Regisseur Ihres Stücks. Ihre Eltern, Freunde, Chefs, Lehrer, Partner und sogar die Zeit und die Trägheit sind nur ein paar Ihrer Regieassistenten. Es ist schwierig, sein eigener Regisseur zu sein, aber wenn Sie sich immer mehr daran gewöhnen, dafür Verantwortung zu übernehmen und zu beeinflussen, was in Ihrem Leben passiert, werden Sie merken, dass Sie Ihre Eigenmacht nicht mehr verlieren wollen. Wenn Sie Ihre Geschichte von außen betrachten, werden viele Gefühle auftauchen, und wenn Sie bewusst darauf achten, gewinnen Sie vielleicht auch neue Erkenntnisse. Sie sollten sich unbedingt Zeit nehmen, um sich auf die Aufzeichnungen in diesem Kapitel konzentrieren zu können.

Was ist Ihre Geschichte?

Um Ihre Geschichte zu erforschen, schreiben Sie zunächst eine kurze Autobiografie. Ein paar Seiten genügen. Notieren Sie die bedeutenden Ereignisse, die Sie erlebt haben, die Menschen, denen Sie begegnet sind, und Ihre Kämpfe, Niederlagen und Siege. Nennen Sie auch die Orte, wo Sie gewohnt haben und wohin Sie gereist sind, und die beruflichen Tätigkeiten, die Sie ausgeübt haben.

Nachdem Sie Ihre Notizen aufgeschrieben haben, lesen Sie sie noch einmal durch und achten dabei darauf, ob Sie in der ersten Person (»Ich tat dies und dann tat ich das«) oder in der dritten Person (»Er/sie hat dies und jenes erlebt«) geschrieben haben. Dann schreiben Sie Ihre Autobiografie noch einmal aus der Sicht des anderen. Danach lesen Sie den Text erneut, um herauszufinden, ob Sie Ihre Geschichte nun anders erzählt, bestimmte Details ausgelassen oder anders formuliert haben?

Untersuchen Sie nun beide Versionen auf unterschiedliche Muster. Haben Sie erwähnt, wie Sie sich in Ihren platonischen, beruflichen und Liebesbeziehungen verhielten? Haben Sie Ihre Gefühle, die Sie dabei erlebten, zum Ausdruck gebracht? Wenn ja, welche waren es? Haben Sie Ihre Träume und Ziele genannt und was daraus geworden ist? Waren Sie überrascht darüber, dass bestimmte Ereignisse zufällig zusammentrafen? Vielleicht finden Sie beispielsweise heraus, dass Ereignisse in Ihren Beziehungen mit Veränderungen Ihres Gesundheitszustands, Ihrer Stimmungen oder Verhaltensweisen einhergingen und die sich auf andere Lebensbereiche auswirkten, wie zum Beispiel auf Ihre Karriere, Ihr Engagement für Ihre Mitmenschen usw. Manche Phasen sind von einem Auf und Ab gekennzeichnet, dessen Zusammenhang Sie vorher nicht erkannt hatten – Phasen, in denen Sie sehr glücklich oder nicht sehr glücklich waren, oder solche, in denen Sie sehr aktiv waren, und andere, in denen Sie sich eher passiv verhalten haben.

Während Sie über den tatsächlichen Ablauf der Geschehnisse in Ihrem Leben nachdenken, werden Sie vielleicht auf einige Probleme stoßen, die gelöst werden müssen, oder Dinge vorhersehen, die Ihr Leben in eine völlig unerwartete Richtung lenken. Vielleicht entdecken Sie eine Serie schwerer Verluste in einem kurzen Lebensabschnitt, lange Perioden, in denen nichts Besonderes passiert ist, oder einige plötzliche berufliche Veränderungen.

Achten Sie auf bestimmte Muster, die Sie erkennen. Sowohl bewusste als auch unbewusste Verhaltensmuster beeinflussen Ihre Erfahrungen. Wenn Sie oftmals verärgert sind, werden Sie Ihren Ärger leben und Überzeugungen entwickeln, die Ihre Wut oder Gereiztheit rechtfertigen. Diese Einstellung führt dazu, dass Sie noch mehr Ärger verspüren, was wiederum den Kreislauf von Gedanken, Gefühlen und Handlungen aufrechterhält, die mit Ärger verbunden sind. Wenn Sie ein Muster manifestieren, mit dem Sie Situationen vermeiden, könnte es daran liegen, dass Sie unter Unzulänglichkeitsgefühlen leiden oder Angst davor haben, bloßgestellt zu werden, oder die Einstellung haben: »Ich darf in Beziehungen kein emotionales Risiko eingehen.«

Betrachten Sie diese Version Ihres gegenwärtigen Lebens als erste Fassung. Während Sie die anderen Übungen in diesem Kapitel machen, können Sie weitere Details und Ergänzungen hinzufügen.

Eine Zeitleiste erstellen

Um sich an wichtige Ereignisse in Ihrem Leben zu erinnern, kann es sehr nützlich sein, eine Zeitleiste zu erstellen. Sie können ein bestimmtes Intervall wie Fünf-Jahres-Abschnitte wählen, oder Sie können sich besser erinnern, wenn Sie an bestimmte Daten denken oder daran, wie alt Sie zu dem Zeitpunkt waren. Sie können auch einen Zeitstrahl mit Stichpunkten versehen wie »Geburt und frühe Kindheit in Kansas City« oder »Schulzeit«. Dann tragen Sie auf der Linie ein, was in den Jahren zwischen diesen Lebensabschnitten passiert ist. Dabei sollten Sie folgende wichtige Ereignisse berücksichtigen:

1. *Ihre Gesundheit.* Beschreiben Sie zum Beispiel Gesundheitskrisen oder einschneidende Veränderungen Ihres Gesundheitszustands einschließ-

lich der körperlichen Veränderungen in der Adoleszenz oder nach einer körperlich aktiven Phase (wie der Aufgabe eines Schulsports).

2. *Ihre Beziehungen.* Dazu zählen Liebesbeziehungen, Freundschaften, Veränderungen in der Familie wie Scheidung, Wiederverheiratung, Geburt und Tod.
3. *Ihre Stimmung und Lebenseinstellung.* Beschreiben Sie beispielsweise depressive, verbitterte oder optimistische Phasen.
4. *Ihre Berufung.* Notieren Sie alle beruflichen Tätigkeiten, die Sie mit Begeisterung ausgeübt haben.
5. *Ihre spirituellen Erfahrungen.* Schreiben Sie religiöse Rituale und Zeremonien auf, die zu einem bestimmten Zeitpunkt in Ihrem Leben eine Rolle gespielt haben wie die Teilnahme am Katechismus-Unterricht oder ein spirituelles Retreat, das eine große Wirkung hinterlassen hat usw.
6. *Ihr soziales Engagement.* Beschreiben Sie Ihr soziales Engagement in Ihrer Gemeinde oder Stadt wie ehrenamtliche Tätigkeiten in einem Wohlfahrtsverband, einer gemeinnützigen Organisation, in der Nachbarschaftshilfe, im öffentlichen Sozialdienst oder in der Schule Ihres Kindes.

Wenn Sie Ihre Zeitleiste betrachten und sich besser an Ihre Erfahrungen erinnern und daran, wann die Ereignisse stattgefunden haben, werden Ihnen auch unwichtigere Geschehnisse einfallen, die dennoch eine wichtige Rolle in Ihrem Leben gespielt haben, weil Sie zu einem bestimmten Muster gehören.

Die Erforschung Ihrer emotionalen Geschichte

Zusätzlich zur Analyse der Abfolge der Ereignisse in Ihrem Leben können Sie Ihre Geschichte in Hinblick auf Ihre Gefühle untersuchen. Welche emotionalen Höhepunkte und Tiefschläge fallen Ihnen auf? Wie die meisten Menschen haben Sie wahrscheinlich emotionale Erfahrungen gemacht, die immer noch nachwirken. Dazu zählen solche Erlebnisse, die Gefühle wie Freude, Traurigkeit, Trauer, Wut, Verbitterung, Zufriedenheit, Unzufriedenheit usw. hervorrufen, wenn Sie sich daran erinnern.

Emotionale Erfahrungen, die Sie belasten, beeinflussen Ihre tägliche Wahrnehmung. Sie sind wie ein Klebstoff, der Sie an bestimmte Gewohnheiten bindet. Sie färben Ihre Sichtweise und beeinflussen, wovon Sie angezogen werden, mit wem Sie zu tun haben und was Sie vermeiden. Um sich weiterzuentwickeln, brauchen Sie neue Möglichkeiten, damit Sie mit den emotionalen Erlebnissen der Vergangenheit anders umgehen können.

Um sich von den Gefühlen aus der Vergangenheit zu befreien, schreiben Sie als Erstes Ihre Geschichte auf und konzentrieren sich diesmal nur auf Ihre emotionalen Erlebnisse. Beginnen Sie mit der frühesten guten oder schlechten Erfahrung, an die Sie sich erinnern können, und fahren Sie dann bis in die Gegenwart fort. Vielleicht hilft es Ihnen auch, diese Ereignisse in Ihre Zeitleiste einzutragen, um später noch einmal darauf zurückzukommen.

Wenn Sie Ihre Gefühlserlebnisse aufschreiben, notieren Sie Ihre Auslöser und die Ereignisse, die emotionale Reaktionen auslösen, deren Ursprünge in der Vergangenheit liegen. Haben Ihnen andere etwas angetan – oder Sie ihnen –, was eine Gefühlsreaktion in Ihnen hervorgerufen hat? Ist ein geliebter Mensch unerwartet verstorben oder haben Sie eine Naturkatastrophe wie eine Überschwemmung oder einen Tornado erlebt? Wurden Sie gemobbt oder verspottet oder schämen Sie sich, weil Sie sich unzulänglich und minderwertig fühlen? Woher stammt dieses verletzte Selbstbild?

Finden Sie Muster in Ihren emotionalen Erfahrungen, die sich wiederholen? Sind Sie beispielsweise wiederholte Male zum Mobbing-Opfer oder Opfer eines anderen Übergriffs oder zum Retter geworden? Tauchen schmerzhafte Gefühle regelmäßig wieder in Ihnen auf? Welche Auslöser sind daran schuld? Welche Rolle haben Sie dabei gespielt, welche emotionalen Erfahrungen haben Sie hervorgerufen und beibehalten? Finden Sie Verhaltens- und Denkmuster, die schmerzhafte Gefühle auslösen oder verstärken wie Wut, Angst, Scham oder Kummer?

Einzelne Kapitel anlegen

Nun arbeiten Sie Ihre Geschichte aus, indem Sie für jeden einzelnen Lebensbereich ein eigenes Kapitel anlegen. Orientieren Sie sich an den von mir vorgeschlagenen Stichwörtern, damit Sie körperliche, emotionale und gedankliche Muster und Verhaltensweisen erkennen können. Wenn Ihnen die Beantwortung mancher Fragen schwerfällt, kann dies ein Zeichen dafür sein, dass Sie kurz davor sind, etwas Neues zu entdecken, das Ihr Leben verbessern wird. Nehmen Sie den Widerstand an, aber überwinden Sie ihn. Die Fragen dienen einem besseren Verständnis Ihrer gegenwärtigen Situation und zeigen auf, wie Sie Ihr Leben verändern möchten. Denken Sie daran, es ist immer Ihre eigene Entscheidung, ob Sie etwas verändern oder nicht.

Die sechs Kapitel haben folgende Themen:

1. Ihre Gesundheit und Ihre Einstellung zu Ihrem Körper
2. Ihre wichtigen Beziehungen
3. Ihr psychisches Befinden einschließlich Ihrer Gefühlslage und Gestimmtheit
4. Ihre Arbeit oder Karriere, Erfahrungen als Hausfrau oder wie Sie Ihre Zeit als Rentner gestalten
5. Ihre Beziehung zum Göttlichen, zu Gott oder einer höheren Macht
6. Ihr soziales Engagement

Kapitel 1 Ihrer Geschichte: Ihre Gesundheit und Ihre Einstellung zu Ihrem Körper

Zunächst schildern Sie Ihr körperliches Befinden im Laufe Ihres Lebens bis heute. Wie haben Ihre Ernährungsweise, Sport, Stressbewältigung, Krankheiten und Ihr Gewicht Ihr Leben beeinflusst? Wenn Sie älter sind, fällt Ihnen vielleicht auf, dass Sie in jüngeren Jahren sportlich aktiv waren oder Wert auf Ihr Aussehen gelegt haben, sich mit der Zeit jedoch mehr um Ihr Herz, Ihre Hüfte und Knie oder Ihren Blutdruck gekümmert haben.

Lesen Sie nun bitte die folgenden Fragen durch und beantworten Sie sie, falls Sie dies nicht bereits getan haben:

- Wie viel Energie haben Sie in Ihrem Leben darauf verwendet, sich mit Ihrer Gesundheit zu beschäftigen oder sich um sie zu sorgen?
- Wie bewusst gehen Sie mit der Ernährung und ihren kurz- und langfristigen Auswirkungen auf den Körper um? Achten Sie darauf, was und wie viel Sie essen? Essen Sie zu viel oder zu oft? Essen Sie schnell oder langsam und mit Genuss? Spüren Sie, wann Sie Hunger haben oder satt sind?
- Was wissen Sie über Ernährung, körperliche Gesundheit und Gewicht? Woher haben Sie dieses Wissen – von der Familie, Freunden, aus den Medien oder von jemand anderem oder aus einer anderen Quelle? Haben Sie diese Ratschläge befolgt?
- Leiden Sie unter einer Essstörung oder einer anderen Abhängigkeit wie zum Beispiel der Abhängigkeit von Alkohol, Koffein, Zucker oder Nikotin? Welche Wirkung haben diese Substanzen auf Ihre Stimmung und Energie? Vermeiden Sie sie oder leben Sie abstinent?
- Welchen Sport treiben Sie? Machen Sie genug Sport, um Ihren Körper fit und in Bestform zu erhalten? Wenn nicht, warum machen Sie nicht mehr Sport? Gibt es emotionale Gründe dafür? Was ist der Grund, warum Sie Sport treiben oder nicht? Haben Sie früher Sport getrieben und dann damit aufgehört? Wenn ja, warum?
- Wie gut funktioniert Ihre Verdauung? Haben Sie Verdauungs- oder Ausscheidungsprobleme? Wenn ja, was ist in Ihrem Leben passiert, als diese Beschwerden zum ersten Mal auftraten? Wann tauchen sie auf und werden stärker? Wie halten Sie sie unter Kontrolle?
- Welche Einstellung haben Sie zur Sexualität und wie leben Sie sie? Haben Sie sexuelle Probleme? Sind Sie mit der Häufigkeit und Qualität Ihrer sexuellen Erfahrungen zufrieden?
- Wie stark ist Ihr Immunsystem? Hat es in der Vergangenheit gut funktioniert? Hat sich seine Funktionsweise verändert und wenn ja, warum?

- Wie wirkt sich Stress auf Ihr körperliches Befinden aus? Welche körperlichen Symptome entwickeln Sie bei Stress?
- Haben Sie genug Schlaf und Erholung? Was ist der Grund für Ihre Schlaf- oder Ruhelosigkeit? Was geschieht, wenn Sie nicht genug Schlaf oder Erholung bekommen haben?

Kapitel 2 Ihrer Geschichte: Ihre wichtigen Beziehungen

In diesem Kapitel schreiben Sie über Ihre Beziehungen zu Ihren Eltern, Geschwistern, Partnern, Kindern und Freunden. Vielleicht möchten Sie mit ein paar wichtigen Beziehungen beginnen und die weniger wichtigen wie Zufallsbekanntschaften erst später analysieren. Manchmal verbergen sich in scheinbar unbedeutenden Kontakten wichtige Lernerfahrungen für Sie.

Nachdem Sie Ihre Beziehungen geschildert haben, beantworten Sie bitte noch folgende Fragen, falls Sie dies nicht bereits getan haben:

- Mit welchen Menschen sind Sie am vertrautesten und zu wem haben Sie am meisten Vertrauen? Wie lange bestehen diese Beziehungen schon? Haben sie sich im Laufe der Zeit verändert? Wie haben sie sich verändert?
- Sind Sie isoliert oder pflegen Sie enge Beziehungen zu vielen Menschen? Was hat Ihren Wunsch nach engen Beziehungen und Ihre Fähigkeit, diese herzustellen, beeinflusst? Woher kommt Ihr Wunsch nach Isolation? Fühlen Sie sich wohl mit Ihrer Verbindung mit anderen?
- Behandeln Sie die Menschen, die Ihnen nahestehen, so, wie Sie möchten? Suchen Sie bei anderen, was Sie sich selbst geben könnten, wie zum Beispiel Bestätigung oder Fürsorge?
- Wie steht es mit dem Gleichgewicht von Geben und Nehmen in Ihren Beziehungen? Besteht beispielsweise ein Ungleichgewicht darin, wie oft Sie anderen zuhören und andere Ihnen? Erwarten Sie, in gleichem Maß zurückzubekommen? Fühlen Sie sich unwohl dabei, Geschenke oder Aufmerksamkeit von anderen zu erhalten? Wenn ja, warum?

- Was fesselt Sie an Ihre Eltern oder andere Familienmitglieder, die Ihnen nicht mehr guttun? Was bindet Sie an alte Freunde, die nicht mehr gut für Sie sind? Warum brauchen Sie diese Beziehungen nicht mehr? Warum halten Sie daran fest?
- Haben Sie ähnliche Wünsche wie Ihre Freunde? Fühlen Sie sich wohl damit, dass sich Ihre Ziele unterscheiden? Warum oder warum nicht?
- Machen Sie sich klein, wenn Sie mit anderen zu tun haben oder abwertend über sich selbst sprechen? Welche Reaktion erwarten Sie dabei von anderen?
- Fühlen Sie sich sozial unzulänglich, anders als andere oder haben Sie das Gefühl, nicht dazuzugehören? Meinen Sie, andere halten Sie für einen Außenseiter?
- Wenn Sie erwarten, von anderen Aufmerksamkeit oder Hilfe zu bekommen, fühlen Sie sich wohl mit dieser Hoffnung? Was ist der Vorteil, wenn es diesen überhaupt gibt, an diesen Erwartungen festzuhalten?
- Versuchen Sie, andere an sich zu binden? Wenn ja, wie reagieren andere auf Ihre Bemühungen?
- Welche Erwartungen stellen Sie an das Leben und andere Menschen? Sind Sie vernünftig und realistisch? Wie beurteilen Sie andere Personen oder Gruppen?
- Sind Sie auf bestimmte Personen eifersüchtig oder hegen Sie Bitterkeit gegen jemanden? Gibt es vergangene Beziehungen, die immer noch Wut oder Bitterkeit in Ihnen auslösen?
- Was halten Sie davon, wenn Sie Klatsch hören oder Gerüchte in die Welt setzen? Empfinden Sie anders, wenn der Betroffene Ihnen nahesteht oder wenn es sich um eine fremde Person handelt? Wenn Sie tratschen, warum tun Sie es? Welchen Nutzen haben Sie davon?

Kapitel 3 Ihrer Geschichte: Ihr psychisches Befinden

Das dritte Kapitel Ihrer Geschichte handelt von Ihrem psychischen Befinden – das heißt Ihren Gedanken, Empfindungen, Einstellungen und Stimmungen. Hier graben Sie tief, um herauszufinden und zu erkennen, wie Sie in Ihrem Unterbewusstsein denken und fühlen, in dem sich die Wunden der Vergangenheit und die Wesensanteile verbergen, die Sie nur schwer akzeptieren können.

Danach denken Sie über folgende Fragen nach und achten dabei darauf, ob es irgendwelche psychischen Themen gibt, die Sie vermieden haben, als Sie dieses Kapitel niedergeschrieben haben (vielleicht sind Sie nur auf die Zeiten emotionaler Kämpfe eingegangen und nicht auf die Phasen, als es Ihnen gut ging, oder es ist Ihnen schwergefallen, Ihre Gefühle wahrzunehmen):

- Wie viel Erfüllung fanden Sie im Leben?
  Im Vergleich dazu: Wie viel Schmerz, Sehnsucht oder Verlangen haben Sie erfahren?
- Wie ist Ihr überwiegendes psychisches Befinden? Sind Sie für gewöhnlich glücklich, traurig, gereizt, deprimiert oder ängstlich? Welche Gefühle überwiegen in Ihrer Geschichte? Möchten Sie sie seltener und weniger intensiv spüren?
- Was macht Sie froh?
- Wodurch werden Sie ärgerlich, verbittert oder aufgebracht? Wovor haben Sie Angst oder wovor fürchten Sie sich?
- Wie reagieren Sie, wenn Sie kritisiert werden? Können Sie Kritik annehmen und konstruktiv nutzen? Welchen Nutzen hatten Sie von Ihrer Reaktion auf Kritik?
- Sind Sie ein Perfektionist? Wenn ja, welche Ereignisse wirken sich auf Ihren Perfektionismus aus?
- Worüber grübeln Sie gern nach?
- Welche Muster wiederholen sich in Ihren Selbstgesprächen? Hegen Sie pessimistische, optimistische, unrealistische, hoffnungsvolle oder andere Gedanken? Sind diese Denkmuster nützlich für Sie oder möchten Sie sie gern ändern?
- Verschwenden Sie eine Menge Energie für heftige Gefühlsreaktionen auf bestimmte Angelegenheiten wie das Problem eines anderen Menschen oder die Leistung Ihrer Lieblingssportmannschaft? Lenken Sie

diese Gefühle von anderen Lebensbereichen ab, die wichtiger sein sollten, und ziehen Ihre Energie dafür ab?

- Identifizieren Sie sich übertrieben mit bestimmten Ideologien, weshalb Sie übermäßig viel emotionale Energie für Ihre Meinungen und Urteile aufwenden?
- Beruhigen sich Ihre Gefühle, wenn Sie aktiv werden? Warum handeln Sie nicht öfter als bisher?

Kapitel 4 Ihrer Geschichte: Ihre Arbeit, Karriere oder Erwerbsquelle

Schreiben Sie in Ihrem vierten Kapitel über Ihre bezahlte und unbezahlte Arbeit – Ihre beruflichen Tätigkeiten, Ihre Karriere, falls Sie Karriere gemacht haben, und Ihr Lebenswerk, an dem Sie arbeiten, auch wenn Sie kein Geld dafür bekommen. Wenn Ihre Berufung darin besteht oder bestand, Kinder groß zu ziehen, oder wenn Sie Lehrer sind, sich selbst aber als Schriftsteller sehen, schenken Sie diesem Umstand hier Beachtung. Wenn Sie bereits in Rente gegangen sind oder mehrere Berufe ausgeübt oder mehrere Karrieren oder Unternehmen begonnen haben, sollten Sie diese unbedingt mit in dieses Kapitel aufnehmen.

Denken Sie nun bitte über folgende Fragen nach und beantworten Sie sie, falls Sie dies noch nicht getan haben:

- Wie sehr haben Sie sich von den Erwartungen anderer in der Wahl oder Gestaltung Ihres Berufes oder Ihrer Erwerbsquelle beeinflussen lassen?
- Fühlen Sie sich in Hinblick auf Ihre Leistung nicht wertgeschätzt oder missachtet?
- Sind Sie eine Führungspersönlichkeit oder ein Mitläufer?
- Mögen Sie Ihre Arbeit und wie verbringen Sie Ihre Zeit?
- Mögen Sie Ihre Kollegen, Mitarbeiter oder Vorgesetzen? Wie haben die Beziehungen zu Ihren Kollegen, Mitarbeitern oder Vorgesetzen Ihre Lebensgeschichte beeinflusst? Welche Themen gab es in diesen Beziehungen?

- Wie lange üben Sie Ihre gegenwärtige Beschäftigung bereits aus? Wie lange möchten Sie diese Tätigkeit noch ausüben?
- Haben Sie das Gefühl, dass ein Gleichgewicht zwischen Ihrer Berufung und der Arbeit besteht, die Sie nur ausüben, um Ihren Lebensunterhalt zu verdienen?
- Wenn Sie sich beruflich verändern möchten, was hält Sie davon ab?
- Verdienen Sie genug Geld oder werden Sie für Ihre Leistungen in irgendeiner Weise ausreichend belohnt?

Kapitel 5 Ihrer Geschichte: Ihre Beziehung zum Göttlichen

Das fünfte Kapitel Ihrer Geschichte handelt von Ihrer Beziehung zum Göttlichen, zu Gott oder einer anderen höheren Macht – wie auch immer Sie sich die schöpferische Kraft im Universum vorstellen.

Wenn Sie keine besondere Beziehung zu einer höheren Macht haben, schreiben Sie darüber.

Denken Sie nun bitte über folgende Fragen nach und beantworten Sie sie, falls Sie dies noch nicht getan haben:

- Wie stellen Sie sich eine höhere Macht vor?
- Welche Auswirkung hatten Ihre Glaubensvorstellungen von Gott oder einer höheren Macht auf Ihr Leben?
- Können Sie sich mit einer höheren Macht verbinden und fühlen Sie sich durch diese Verbundenheit gestärkt und getröstet?
- Nehmen Sie an den Gottesdiensten oder Riten Ihrer Religionsgemeinschaft teil? Sehen Sie einen Sinn darin? Wenn ja, welcher Art sind diese Rituale und Zeremonien? Wie oft nehmen Sie daran teil? Was bringt Ihnen die Ausübung dieser religiösen Praxis?
- Kommunizieren Sie bewusst mit der göttlichen Quelle? Wenn ja, wie und wie oft? Spricht die göttliche Quelle zu Ihnen? Wann und wie spricht sie zu Ihnen?
- Bitten Sie die göttliche Quelle um etwas und danken ihr oder beides? Wie empfinden Sie die Art Ihrer Kommunikation mit der göttlichen Quelle? Möchten Sie sie in irgendeiner Weise verändern?

- Welche Gefühle tauchen in Ihnen auf, wenn Sie über die göttliche Quelle nachdenken? Wie gehen Sie damit um?

Kapitel 6 Ihrer Geschichte: Ihr soziales Engagement

Im sechsten Kapitel Ihrer Geschichte schreiben Sie auf, ob und in welcher Weise Sie sich in der Welt engagieren. Wir können anderen Gutes tun, weil wir wissen, dass dies richtig ist, oder damit wir von anderen Menschen Anerkennung dafür bekommen. Die Qualität unseres Engagements hängt jedoch stark davon ab, ob unser Herz und unsere Seele dem Ruf folgen, anderen zu dienen, anstatt dass wir von dem egoistischen Wunsch getrieben sind, als »guter Mensch« zu gelten.

Denken Sie nun bitte über folgende Fragen nach und beantworten Sie sie, falls Sie dies noch nicht getan haben:

- Wie engagieren Sie sich in der Welt? Fühlen Sie sich beispielsweise aufgerufen, anderen zu dienen?
- Wie viel Zeit verwenden Sie auf den Dienst am Nächsten? Hat Ihr soziales Engagement Priorität für Sie?
- Glauben Sie, genug Zeit und Kraft für das soziale Engagement zu haben? Sind Sie frustriert, weil Sie nicht mehr tun? Sind Sie frustriert, weil Sie das Gefühl haben, mehr zu tun, als Sie eigentlich bewältigen können?
- Wie fühlen Sie sich dabei, wenn Sie etwas Gutes tun? Tun Sie es, weil Sie sich dazu verpflichtet fühlen oder weil es Ihnen Freude macht, oder liegt der Grund dafür irgendwo dazwischen?
- Was ist die Motivation für Ihren Dienst am Nächsten? Welchen Lohn bekommen Sie dafür? Wie tragen Ihre sozialen Projekte zur Verbesserung der Welt bei?

Nach den hier beschriebenen sechs Kapiteln wollen Sie vielleicht noch weitere Kapitel über folgende Themen hinzufügen:

- Ihr Umgang mit Zeit

- Ihr Umgang mit Geld
- Ihre Einstellung zur Sexualität
- Ihre Einstellung zu Autorität und Macht
- Ihr Umgang mit anderen aktuell wichtigen Themen in Ihrem Leben

Der Umgang mit unserer Zeit ist ein besonders wichtiges Thema, da es spiegelt, wie intensiv wir unsere Pläne verfolgen. Wenn Ihnen die Zeit davonläuft, sind Sie in Ihrem Leben nicht in der Rolle des Drehbuchautors.

Manchmal sind uns unsere Gewohnheiten nicht bewusst. Um festzustellen, ob das bei Ihnen so ist, machen Sie Notizen zu jeder Stunde eines für Sie typischen Tages. Wenn sich die Tage am Wochenende stark von Ihren Arbeitstagen unterscheiden, schildern Sie den Verlauf eines typischen freien Tags und eines typischen Arbeitstags. Stimmt Ihre Geschichte mit Ihren Aktivitäten überein? Glauben Sie beispielsweise, keine Zeit für Abenteuer und Entdeckungen zu haben, weil Sie sich um Ihre Familie kümmern müssen, doch an einem typischen Tag bleibt nur wenig Zeit für Ihren Ehepartner oder Ihre Kinder? Manchmal erkennen die Menschen nicht, wie viel Zeit sie auf eine bestimmte Tätigkeit verwenden, weil Ihre Tage in kleine Zeitabschnitte unterteilt sind. Sie glauben vielleicht, zehn Minuten für dies und jenes aufzuwenden, das Sie gar nicht wertschätzen, doch tatsächlich brauchen Sie für diese Aufgabe zehnmal pro Tag zehn Minuten, was auffallend viel ist. Sind Sie zufrieden damit, wie Sie Ihre Zeit verbringen?

- Wie viele Stunden pro Woche verbringen Sie mit Ihrem Computer, Telefon oder anderen elektronischen Geräten? Bereichern diese Aktivitäten Ihr Leben oder verschwenden Sie Zeit, die Sie besser für etwas anders nutzen könnten?
- Welche Sendungen sehen Sie im Fernsehen? Wie oft und wie lange sehen Sie fern? Welchen Vorteil bringt Ihnen das Fernsehen? Entspannen Sie sich dabei oder lenkt es Sie von anderen, lohnenswerteren Beschäftigungen ab?

- Wie viele Stunden pro Woche verwenden Sie für Kinobesuche oder kulturelle Veranstaltungen, Musikhören, Lesen, Familienaktivitäten, Arbeit, Essen, Sport, Tagträumen, Schlafen, Sex und anderes? Sind Sie unzufrieden mit der Zeit, die Sie diesen Aktivitäten widmen?
- Wie oft machen Sie verschiedene Dinge gleichzeitig wie Reden, Schreiben und Musikhören? Können Sie sich bei diesem Multitasking voll und ganz auf jede einzelne dieser Beschäftigungen konzentrieren?

Vielleicht schätzen Sie bestimmte Beschäftigungen oder Dinge, geben aber Geld für andere Sachen aus, so als hätten Sie ganz andere Prioritäten. Es ist häufig der Fall, dass uns unser Konsumverhalten nicht bewusst ist, was unbewusste Überzeugungen und Gefühlsmuster spiegelt. Sie könnten sich folgende Fragen dazu stellen:

- Geben Sie mehr Geld aus, als Sie verdienen?
- Wie viel geben Sie für Dinge aus, die keinen dauerhaften Wert für Sie haben?
- Wie viel Geld investieren Sie in Reisen und Erfahrungen, die Sie nie vergessen werden?
- Fällt es Ihnen schwer, Geld für sich selbst auszugeben?
- Welche Themen tauchen in Hinsicht auf Geld leihen oder Geld verdienen, annehmen, ausgeben und investieren in Ihrer Geschichte auf? Sind Sie zufrieden damit?

Setzen Sie sich auf den Regiestuhl

Üben Sie keine Selbstkritik, wenn Sie darüber nachdenken, was Sie bisher aufgeschrieben haben und wie Sie die Fragen beantwortet haben, die Ihnen gestellt wurden. Nehmen Sie wahr, ohne zu urteilen, wie Ihr Leben bis jetzt verlaufen ist. Sich selbst zu verurteilen lähmt und ist selten ein Ansporn für positive Veränderung. Darüber hinaus fällt es Ihnen vielleicht schwer, Alternativen zu Ihrer gegenwärtigen Lebenssituation in Betracht zu ziehen, wenn Sie sich vor der Kritik anderer verschließen oder in die Offensive, Defensive oder Verleugnung gehen. Wenn Sie sich beispielsweise als Opfer fühlen, aber Ihnen nahestehende Menschen vielleicht sehen, dass Sie Chancen hatten, die Sie nicht genutzt haben.

Nur wenn Sie Ihre Geschichte ehrlich erforschen, werden Sie einen besseren Lebensplan entwerfen können. Wenn Sie sich objektiv betrachten, Kritik annehmen und erkennen können, dass Sie konstruktiv sein kann, können die daraus gewonnenen Erkenntnisse dazu beitragen, dass Sie Ihr Leben aktiv verändern, anstatt nur von einem besseren Leben zu fantasieren.

Es ist wichtig, unterscheiden zu lernen, wann Selbstkritik oder die Kritik anderer berechtigt, zutreffend und nützlich ist oder nur abwertend oder sogar destruktiv. Wenn Sie sich aufrichtig wertschätzen können und nicht zu hart gegen sich selbst sind, können Sie die emotionale Distanz zu Ihren Erfahrungen gewinnen, die Ihnen dazu verhelfen wird, neue Erfahrungen ins Auge zu fassen und neue Schritte zu unternehmen. Sie werden sich der Rolle bewusst, in die Sie als Schauspieler geschlüpft sind, aber Sie treffen die Entscheidung, in dieser Rolle nicht mehr auf die Bühne zu treten und das Drama weiterzuspielen. Stattdessen setzen Sie sich in den Regiestuhl, beobachten das ganze Stück und erkennen, wie sich die Ereignisse in Ihrem Leben zu einem größeren Bild zusammenfügen und wie die einzelnen Kapitel in Ihrem Drehbuch miteinander verwoben sind.

Vielleicht erkennen Sie, dass Sie nicht genug Energie für die Veränderungen in Ihrem Leben haben, wenn Sie nicht auf Ihren Körper achten. Oder dass Sie Ihre alten emotionalen Muster, die in einigen Kapiteln Ihres Lebens auftauchen, wiederholen werden, wenn Sie sich in Ihren Beziehungen nicht anders verhalten. Oder dass Sie keinen Sinn in Ihrem Leben sehen oder keine Verbindung zu einer kreativen, nährenden göttlichen Kraft fühlen können, wenn Sie eine unbefriedigende Geschichte nicht ändern.

Um ein Gefühl für Ihren Lebenssinn zu entwickeln, müssen Sie aufrichtig zu sich selbst sein, was vielen Menschen schwerfällt. Ihre Wahrnehmung und ihre Überzeugungen werden von Bildern aus den Medien verzerrt. Es kann schwierig sein, dem Versuch zu widerstehen, Gefühlen auszuweichen – das heißt, auf Situationen zu reagieren, indem man die Reaktion eines anderen wiederholt, anstatt sich die Zeit zu nehmen und sich damit auseinanderzusetzen, was man eigentlich tun sollte. Mit der Zeit spaltet man sich womöglich von den eigenen Gefühlen und Überzeugungen ab und verliert die Fähigkeit auszusprechen, was man wirklich sagen möchte. Bei der Erforschung Ihrer Lebensgeschichte sollten Sie also dafür sorgen, dass Ihre Antworten authentisch sind.

Wenn Sie sich mit den verschiedenen Kapiteln Ihrer augenblicklichen Lebenssituation befassen, schenken Sie auch den Details Beachtung, um zu erkennen, wie die Einzelteile zusammenpassen. Betrachten Sie beispielsweise alle Körpersysteme, wenn Sie sich mit Ihrer Gesundheit beschäftigen. Wenn Sie sich mit Ihrem psychischen Befinden befassen, untersuchen Sie Ihr gesamtes Verhalten und Ihre allgemeine Stimmungslage einschließlich der Trigger-Faktoren. In Hinblick auf Ihre Berufung berücksichtigen Sie alle Tätigkeiten, die Sie ausgeübt haben.

Betrachten Sie Themen, die sich durch die einzelnen Kapitel ziehen, ebenso wie diejenigen, die in mehreren Kapiteln auftauchen. Wenn Sie zum Beispiel bei der Analyse Ihrer Psyche feststellen, dass Sie bezüglich Ihrer Gefühle nicht ehrlich zu sich sind, könnten Sie erkennen, dass Sie in Ihren Verhaltensweisen zu Ihrem Körper, in Ihren Beziehungen oder an Ihrer Arbeitsstelle ebenso unaufrichtig sind. Vielleicht essen Sie, wenn Sie gar nicht hungrig sind, um unangenehme Gefühle zu betäuben, anstatt sich damit auseinanderzusetzen. In wichtigen Beziehungen wie zu Ihren Eltern oder Ihrem Ehepartner schlucken Sie Ihre Unzufriedenheit vielleicht herunter, anstatt Ihre wahren Gedanken oder Gefühle auszusprechen. Vielleicht behalten Sie Ihre Vorschläge für Verbesserungen an Ihrem Arbeitsplatz für sich, weil Sie glauben, Ihre Meinung oder Ihre Ideen seien nichts wert. Vielleicht haben Sie Angst, dass andere, wie zum Beispiel Ihr Arbeitgeber, Ihre Vorschläge für wertlos halten.

Denken Sie darüber nach, das unbefriedigende Thema der Unterdrückung schwieriger Gefühle durch ein anderes zu ersetzen wie Authentizität oder Vertrauen.

Nehmen Sie sich einen Augenblick Zeit, um folgende Fragen zu beantworten, da sie dazu dienen, Verhaltensmuster und sich wiederholende Themen in Ihrem Leben zu erkennen:

- Wie würden Sie sich selbst als die Hauptperson in Ihrer Geschichte charakterisieren? Sind Sie gütig, großzügig oder selbstbezogen? Sind Sie reserviert, halten Sie Gefühle zurück oder verwirren Sie Ihre Gefühle?
- Wie stark wurde Ihr Leben von den Erwartungen anderer beeinflusst – den Erwartungen Ihrer Familie, Autoritätspersonen in Ihrem Leben oder Ihrer Kultur? Wie stark war der Einfluss medialer Suggestionen? Fühlen Sie sich wohl damit, wie sehr andere Ihre Lebensthemen prägen, oder möchten Sie mehr Eigenmacht als Drehbuchautor haben?
- Haben Sie Ihre gegenwärtige Lebenssituation aufrechterhalten, weil Sie einem anderen Menschen nicht schaden möchten? Wer hat davon profitiert, dass Sie immer so weitergemacht haben? Welchen Vorteil bringt es Ihnen, wenn Sie Ihr Leben verändern? Welchen Vorteil bringt es Ihnen, wenn Sie Ihr Leben nicht ändern? Welcher Vorteil wiegt mehr?
- Welche Erfolge haben Sie angetrieben? Haben diese Erfolge Sie in irgendeiner Weise daran gehindert, immer mehr Sie selbst zu sein?
- Sind Sie damit zufrieden, wie viel Zeit Sie darauf verwenden, sich über Ihr Leben zu beklagen im Vergleich mit der Zeit, die Sie nutzen, um es zu verbessern?
- Suchen Sie Befriedigung durch Stimulanzien und Abwechslung – wie zum Beispiel sexuelle Abenteuer, Drogen- und Alkoholmissbrauch oder das Herbeiführen von Beziehungsdramen oder die Beschäftigung damit? Welchen Nutzen ziehen Sie daraus?
- Wie viel Stille, Ruhe und Entspannung gibt es in Ihrem Leben? Wie hoch ist Ihr Medienkonsum oder wie hoch ist die Sinnesstimulation in Ihrem Leben? Bekommen Sie viel intellektuelle oder emotionelle Anregung? Sind Sie mit der Menge und Art dieser Anregungen zufrieden? Welche Methoden, falls es welche gibt, haben dazu beigetragen, einen Ausgleich zwischen Ruhe- und Erholungszeit zur Selbst-

betrachtung und zur Zerstreuung und Beschäftigung zu finden? Wenden Sie diese Methoden regelmäßig an? Warum oder warum nicht?

- Erlauben Sie sich, einfach den Moment zu genießen, ohne etwas zu tun? Oder müssen Sie Ihre Zeit ständig mit Beschäftigungen füllen? Vermeiden Sie dadurch, mit sich allein zu sein?
- Sind Sie ehrlich zu sich selbst und können Sie sich Schwächen oder Fehler eingestehen, ohne dass es Ihnen peinlich ist oder Sie sich schämen? Sind Sie zu selbstkritisch? Ist es Ihnen schwergefallen, Ihre Stärken anzuerkennen? Wenn ja, warum?
- Haben Sie das Gefühl, anderen Menschen im Allgemeinen vertrauen zu können? Welche Ereignisse haben Ihr Vertrauen zu anderen Menschen geprägt?
- Wenn Sie die Lebensbereiche betrachten, die problematisch für Sie sind, wo liegt Ihrer Meinung nach die Ursache für diese Probleme? Fühlen Sie sich dafür verantwortlich, die Probleme verursacht zu haben, oder geben Sie jemand oder etwas anderem die Schuld dafür? Warum?
- Haben Sie das Gefühl, dass der Vorteil, gegenüber anderen die Wahrheit auszusprechen, die möglichen Nachteile überwiegt? Was hat Ihre Einstellung zur Aufrichtigkeit geprägt?
- Mit welchem Adjektiv würden Sie Ihr Leben beschreiben? War es zum Beispiel glücklich, traurig, bittersüß, tragisch oder faszinierend?
- Was ist die Hauptthematik in jedem einzelnen Kapitel Ihrer Geschichte? Hat jedes ein eigenes Thema oder erkennen Sie das gleiche Thema, das als Organisationsprinzip mehr als ein Kapitel durchzieht? Welche Themen waren von Vorteil für Sie und welche nicht?
- Was hat in Ihrem bisherigen Leben gut funktioniert und was nicht?
- Wann möchten Sie die Verantwortung übernehmen und wann möchten Sie lieber von anderen gesagt bekommen, was Sie zu tun haben?
- Wann möchten Sie im Mittelpunkt stehen und wann halten Sie sich lieber heraus oder bleiben im Hintergrund?
- In welchen Lebenskapiteln tauchen Gefühle der Angst und Furcht auf? In welchen Ärger? Heiterkeit? Freude?

- Sind Sie sich über Ihre Träume und Ziele im Klaren?
- Gibt es ein bestimmtes Hindernis, das in jedem Lebensbereich aufzutauchen scheint?
- Wenn andere Ihrer Meinung widersprechen, wie fühlen Sie sich und wie reagieren Sie darauf? Sind Sie offen dafür, Ihre Meinung zu ändern, wenn Sie mit neuen Ideen und Informationen konfrontiert werden?
- Interessieren Sie sich für sich selbst? Was müsste sich ändern oder was könnten Sie tun, damit Sie sich mehr für sich selbst interessieren?
- Haben Sie sich damit abgefunden, dass Ihr Leben so ist, anstatt Veränderungen zu wagen? Fühlen Sie sich schlecht mit den Kompromissen, die Sie eingegangen sind?

Energien nutzen, die Lebensthemen erschaffen

Schamanen behaupten, dass eine Seelenreise bestimmte Energien hervorbringt, die sich als Themen in Ihrem Leben manifestieren und einen großen Einfluss darauf haben, welche Menschen, Ereignisse und Situationen Sie anziehen. Wie Sie noch erfahren werden, passt die Vorstellung von der archetypischen Energie, die aus der jungianischen Psychologie stammt, sehr gut zu den schamanischen Vorstellungen von Energien, die in unserem Leben wirken. Obwohl es viele Energien gibt – wie die Schwerkraft oder den Elektromagnetismus –, konzentriere ich mich in diesem Buch auf die archetypischen Energien, die in Form von Themen oder Organisationsprinzipien wirksam werden.

Wenn Sie schamanische oder jungianische Übungen machen, können Sie mit archetypischen Energien praktizieren und einige davon manifestieren oder verstärken, während Sie andere loslassen oder ihren Einfluss abschwächen. Diese Energien können sich sowohl in der Intensität als auch darin unterscheiden, wie sie in Ihrem Leben zum Ausdruck kommen. Wenn Sie die Wirkung einer Energie verringern und dafür eine andere manifestieren – wie zum Beispiel die Energie des Kämpfers loslassen und die Energie des Diplomaten manifestieren –, fangen Sie an, Ihre Geschichte zu verändern. Vielleicht wollen Sie auch andere Ereignisse in Ihrem Leben bewirken in der Hoffnung, Gewicht zu verlieren und mehr körperliche Kraft zu bekommen, eine bessere Arbeitsstelle oder Beziehung zu finden oder sich weniger deprimiert oder elend zu fühlen. Diese Veränderungen können Sie leichter herbeiführen, wenn Sie die Energien in Ihr Leben fließen lassen, die Ihre Bemühungen unterstützen.

Wenn Sie die archetypischen Energien nutzen, die Sie beeinflussen, können Sie auch die Wahrnehmung der gegenwärtigen und vergangenen Situationen verändern. Vielleicht haben Sie sich mit der archetypischen Energie der Sinnlosigkeit abgeplagt, in der klassischen griechischen Mythologie symbolisiert durch den Charakter des Sisyphos, der sich abmühte, einen riesigen Felsbrocken den Berg hinaufzurollen, nur damit er kurz vor dem Gipfel wieder herunterrollte. Diese Energie hat vielleicht dazu geführt, dass Sie Gelegenheiten verpasst haben und Ihre Mühe umsonst war. Wenn Sie eine andere, mächtige Energie manifestieren, die Ihre Bemühungen unterstützt – zum Beispiel Abenteuerlust –, werden Sie die Ereignisse in Ihrem Leben aus einer anderen Perspektive betrachten. Die »gescheiterten« Beziehungen oder verlorenen Arbeitsstellen werden nun zum Teil eines Abenteuers, zu dem Risiko, Wagnis und Ausdauer gehören. Wenn sich neue Gelegenheiten bieten, weicht die Angst vor einer erneuten Sisyphos-Arbeit dem Gefühl der Aufregung vor dem Abenteuer und dem Gefühl des Vertrauens, dass Sie nicht so schnell aufgeben werden.

Vielleicht möchten Sie auch Ihre Seelenreise anders gestalten, nicht weil sie unbefriedigend geworden ist, sondern ganz einfach deshalb, weil Sie aus der bisherigen herausgewachsen sind. Es kann sein, dass Sie Ihre wichtigste Rolle im Leben nicht mehr darin sehen, ein Vater zu sein, der für die Sicherheit und das Wohlergehen seiner Kinder sorgt, sondern vielmehr eine erfahrene Vaterfigur, die sie auf ihrer Reise zu Weisheit und Harmonie begleitet. Vielleicht haben Sie sich für Überlebende bestimmter Krankheiten oder traumatischer Erfahrungen eingesetzt und möchten nun einen neuen Sinn in einer neuen Rolle finden.

Wenn Sie sich zu sehr mit Ihrer Geschichte identifizieren, kann Sie die Persona (oder Maske), die Sie angenommen haben, fesseln. Ein General, der nicht mehr auf dem Schlachtfeld kämpft, bewahrt zwar die Energie des Kämpfers in sich, wenn er sie jedoch in die Beziehung zu seiner Ehefrau, seinen Söhnen oder Töchtern einbringt, kann sich dies sehr ungünstig auswirken. Der Film »Der große Santini« mit Robert Duvall zeichnet sehr deutlich einen solchen Mann nach, der in dieser Rolle feststeckt. Denken Sie über die Rollen nach, die Sie im Lauf Ihres Lebens gespielt haben. Halten Sie schon zu lange daran fest?

Stellen Sie sich Ihre Geschichte nun als mythische Reise vor, die universelle Themen widerspiegelt. Wie würden Sie sie zusammenfassen? Handelt sie von »dem Verlierer, der über die Feindseligkeit triumphiert« oder von »der unkonventionellen Abenteurerin, die sich verirrt und den Mut verloren hatte und dann durch eine Offenbarung ihren Schneid und ihr Ziel wiederfand«? Hat Ihre Geschichte einen einfachen Handlungsstrang?

Sie haben bereits einige Lebensthemen erkannt. Dazu gehören vielleicht folgende:

- Ich war die meiste Zeit meines Lebens müde.
- Ich hatte oft gesundheitliche Probleme, die mich schachmatt gesetzt haben.
- Menschen, denen ich vertraue, enttäuschen mich durchweg.
- Wenn alles wirklich gut läuft, sabotiere ich mich immer selbst.
- Ich kann mehr als andere, aber niemand erkennt es.
- Ich kann weniger als andere und jeder bemerkt es.
- Ich trete immer ins Fettnäpfchen und sage oder mache das Falsche oder Unangebrachte.
- Manche Menschen sind unter einem glücklichen Stern geboren, aber ich gehöre nicht dazu.

Wie Sie sehen, gibt es viele Möglichkeiten, Ihr Lebensthema zu beschreiben. Sie können es aus der psychologischen Perspektive betrachten und die allgemeine emotionale Erfahrung erkennen oder es metaphorisch beschreiben in Anlehnung an antike oder moderne Mythen. Überlegen Sie im Anschluss, wie Sie diese Themen von der energetischen Ebene aus schildern würden. Werden Sie von der Energie der Sabotage oder vielleicht von der Energie der Tollpatschigkeit beeinflusst?

Die folgenden Fragen werden Ihnen dabei helfen, die Themen Ihrer Lebensgeschichte noch besser zu erkennen, die alle zusammen Ihre Seelenreise ausmachen. Denken Sie bitte bei der Beantwortung daran, welche Energie oder Kraft mit den jeweiligen Themen verbunden ist. Wenn Sie sich beispielsweise als »Neuanfänger« wahrnehmen, könnten Sie dies mit der Energie der Neufindung in Zusammenhang bringen.

- Mit welchen Figuren aus der populären Kultur, Geschichte, Literatur oder Film identifizieren Sie sich? Warum?
- Welche Marken oder Rollen sprechen Sie an, weil Sie Stolz und Zugehörigkeitsgefühle in Ihnen auslösen (Beispiele: Mutter, Vater, Lehrer oder Student).
- Mit welchen klassischen Dramen in der Literatur oder im Film identifizieren Sie sich? (Beispiele: Der arme Junge, der das Mädchen aus reichem Haus erobert; Romeo und Julia, deren Liebe unter einem schlechten Stern stand; der triumphierende Verlierer oder die verlorene Seele, die sich erhebt und diejenigen, die sie daran gehindert haben, ihre Kraft zu erkennen und zu leben, hinter sich lässt.)
- Mit welchen berühmten Mythen (griechischen, römischen, nordischen, asiatischen, afrikanischen, indianischen oder anderen) identifizieren Sie sich? (Beispiele: Prometheus – der griechische Titan, der nahm, was ihm nicht rechtmäßig gehörte, und dafür auf ewig bestraft wurde; oder Achilles, der ein großer griechischer Krieger war, dessen Verletzbarkeit ihn aber zu Fall brachte.)
- Wie haben Sie sich charakterisiert? Zum Beispiel als Gewinner oder Verlierer? Als jemand, der stoische Ruhe bewahrt, oder jemand, der sich ständig beklagt? Sind Sie eher verrückt oder genial? Sind Sie eine Kämpfernatur oder ein Heiler?
- Wann haben Sie sich am stärksten in Einklang und am wohlsten gefühlt mit dem, was Sie getan oder erlebt haben?

- Wann in Ihrem Leben haben Sie die meiste Kraft, Leidenschaft und Begeisterung gespürt?
- Wann hatten Sie das Gefühl: »Dafür bin ich geboren.«

Noch mehr Möglichkeiten, Ihre Lebensgeschichte zu betrachten

Bis jetzt haben Sie hart daran gearbeitet, Ihre Lebensgeschichte und ihre Themen zu erforschen. Trotzdem kann es sein, dass Sie einige Aspekte übersehen oder als unwichtig abgetan haben, die Ihnen zu Erkenntnissen verhelfen könnten, die Sie noch nie zuvor hatten und von denen Sie sogar enorm profitieren könnten. Vielleicht fangen Sie an, ungeahnte Möglichkeiten zu entdecken, wie Sie Ihr gegenwärtiges Leben und den Verlauf Ihrer Zukunft ändern können.

Im folgenden Abschnitt finden Sie verschiedene Übungen, die dazu dienen, ein tieferes Verständnis Ihrer Geschichte zu erlangen, und viele Möglichkeiten, Sie zu erzählen.

Die Muster auf Ihrer Zeitleiste entdecken

Weil Sie bereits über die unterschiedlichen Kapitel und Themen in Ihrem Leben nachgedacht haben, kann es zu neuen Erkenntnissen hinsichtlich der Themen und sich wiederholender Muster führen, wenn Sie noch einmal die wichtigen Erlebnisse in linearer Reihenfolge betrachten. Nehmen Sie die Zeitleiste, die Sie angefertigt haben, noch einmal zur Hand. Stellen Sie sich nun folgende Fragen:

- Gab es eine Phase der Freiheit und Selbsterforschung oder eine Phase der Angst und Anpassung? Wenn ja, wann tauchte sie auf? Was geschah zu diesem Zeitpunkt noch?
- Gibt es eine zeitliche Übereinstimmung von bestimmten Ereignissen und gesundheitlichen Problemen?

- Gab es Phasen, als sich Ihre Stimmung oder Lebenseinstellung geändert hat? Was führte dazu? Welche Veränderungen traten ein, nachdem sich Ihre Stimmung oder Lebenseinstellung verändert hatte?
- Gab es Zeiten, wo Sie sich der göttlichen Quelle näher fühlten, und wenn ja, was passierte zu dieser Zeit?
- Welche Ereignisse waren am bedeutsamsten für Sie – Verluste oder Veränderungen?
- Was sind Ihre frühsten Erinnerungen? Vielleicht erinnern Sie sich an Themen wie »Keiner war da, der mich umsorgt hat«, »Ich stehe immer im Mittelpunkt des Dramas« oder vielleicht »Ich wusste, dass es im Leben Gewinner und Verlierer gibt, und war dazu bestimmt, um jeden Preis zu den Gewinnern zu gehören«. (Bestimmte Kindheitserinnerungen bleiben erhalten, weil sich darin ein Thema verbirgt, das unser Leben beherrscht.)

Während Sie Muster und Zusammenhänge erkennen, denken Sie darüber nach, wie Sie sie entsprechend des Themas beschreiben würden. Achten Sie darauf, welche Themen oder Kapitel Ihres Lebens in den verschiedenen Phasen vorherrschend waren.

Achten Sie auf Ihre Tagträume

Eine weitere Möglichkeit, hinter die nüchternen Fakten Ihrer Lebensgeschichte zu blicken und die darin verborgenen Themen zu entdecken, besteht darin, Ihr Gedankenkarussell zu beobachten. Wenn Sie zukünftige Szenarien entwerfen, sehen Sie sich als Gewinner oder als jemand, der andere Menschen unterwirft, damit er als überlegen gesehen wird, oder sehen Sie sich als jemand, der missverstanden oder übersehen wird? Tagträume können angenehm, aber auch unangenehm sein. Sie verschaffen Ihnen Einblick in Aspekte Ihrer Gegenwart, die Sie ändern möchten, und zeigen Ihnen, welche archetypischen Energien Sie in Ihrem Leben manifestieren wollen – die Energie eines Helden, Liebhabers, Retters usw.

Tagträume enthüllen auch, welche Seelenreise sie machen wollen. Sie können Ihnen helfen zu visualisieren, wie Sie Ihre Geschichte verändern möchten. Achten Sie jedoch darauf, nicht in Tagträumen stecken zu bleiben. Schamanische Reisen können Ihnen dabei helfen, die Angst vor dem Risiko loszulassen und die attraktivsten Alltagsszenarien zu manifestieren.

Betrachten Sie Ihre Lebensgeschichte objektiv

Manchmal können wir wie der sprichwörtliche Vogel Strauß sein und unseren Kopf in den Sand stecken. Wir sind uns nicht bewusst, was in unserem Leben los ist und wie andere uns sehen. Manchmal wollen wir es auch gar nicht wissen. Wir haben Angst, dass die anderen eine schlechte Meinung von uns haben, und möchten die schmerzhafte Wahrheit lieber nicht wissen.

Eine hilfreiche Übung besteht darin, sich ab und zu so zu betrachten und der inneren Stimme zuzuhören, als wären Sie ein objektiver, außenstehender Beobachter. Stellen Sie sich vor einen Spiegel und beobachten Sie, was Sie sehen. Wer blickt Sie aus dem Spiegel an? Ihre äußere Erscheinung besteht nicht nur aus körperlichen Merkmalen. Vielmehr wird Sie auch davon geprägt, wie Sie sich verhalten. Seien Sie absolut ehrlich und sehen Sie sich so, wie Sie sind, nicht so, wie Sie von anderen gesehen werden möchten. Ergänzen Sie folgende Gedanken: »Diese Person ist eine/ein ________«, »Wenn ich in diese Augen schaue, sehe ich ________« und »Das ist das Gesicht eines Menschen, der ________.«

Lauschen Sie einer Aufzeichnung Ihrer Stimme (zum Beispiel auf Ihrer Voicemail) oder schauen Sie sich ein Video an, auf dem Sie sprechen. Mögen Sie den Klang Ihrer Stimme? Was kennzeichnet Ihre Stimme? Wirken Sie selbstbewusst oder verzagt? Klingt Ihre Stimme hart und unangenehm oder natürlich und authentisch? Wenn ja, warum ist das so? Gehen Sie sorglos und humorvoll oder ernst durchs Leben? Seien Sie ehrlich. Setzen Sie Ihre Stimme ein, um den Beifall anderer zu erlangen, oder so, wie es Ihnen selbst gefällt und spiegelt, wer Sie wirklich sind?

Wenn Sie sich von außen betrachten, kann es sein, dass Ihnen so manches, was Sie entdecken, nicht gefällt. Vielleicht finden Sie heraus, dass Sie das Gefühl haben, nicht gesehen und gehört werden, und vielleicht ist das tatsächlich so, weil Sie schüchtern und zaghaft auftreten. Vielleicht können Sie auch Teile von sich selbst nur schwer akzeptieren, weil andere sie für unattraktiv halten. Die meisten Eigenschaften können entweder positiv oder negativ sein, je nachdem wie Sie sie betrachten. Vielleicht halten Sie Durchsetzungsvermögen für Aggressivität oder umgekehrt. Was Sie früher als »Taktlosigkeit« bezeichnet hätten, nennen Sie nun vielleicht »erfrischend ehrlich sein«. Anstatt die Eigenschaften und Themen zu bewerten, die Sie in Ihrer Geschichte entdecken, nehmen Sie sie an, damit Sie sie entdecken und lernen können, sie positiv in Ihr Leben zu integrieren.

Wenn Sie Ihre Lebensgeschichte aufschreiben oder aufnehmen und sie später noch einmal durchlesen oder anhören, können Sie sie objektiver betrachten. Sie können auch ein Video von sich drehen, auf dem Sie Ihr Gesicht während der Aufzeichnung betrachten können. Jede dieser Methoden führt zu einer unterschiedlichen erzählerischen Erfahrung. Spulen Sie das Video zurück bis zu der Stelle, wo Sie »auf dem Regiestuhl Platz nehmen«, und beobachten Sie Ihren Gesichtsausdruck, Ihre Stimmfarbe, Körpersprache, Ihr Zögern usw.

Der nicht bewertende, beobachtende Regisseur erkennt, was der Schauspieler nicht kann. Wenn Sie Ihre Geschichte noch einmal durchlesen oder anhören, können Sie sich ohne die Vorurteile des Egos wahrnehmen. Es kann jedoch sein, dass es Ihnen schwerfällt anzunehmen, was Sie sehen. Vielleicht hielten Sie sich für tolerant und liebevoll, doch wenn Sie sich hören, stellen Sie vielleicht fest, dass Sie sehr negativ über bestimmte Personen, Berufe, Religionen, politische Parteien, Geschlechter, sexuelle Orientierungen, Rassen oder Menschen mit einem bestimmten sozialen Status denken. Um sich selbst zu erkennen und die eigene Lebensgeschichte zu analysieren, müssen Sie Ihre Gedanken und Gefühle objektiv betrachten, was Mitgefühl für sich selbst erfordert. Sonst kann es leicht passieren, dass Sie in die Verleugnung ausweichen. Gefühle, Gedanken und Reaktionen wie defensives Verhalten, Angst, sich lächerlich zu machen, Minderwertigkeitsgefühle oder Existenzangst verbirgt das Ego meist vor dem Bewusstsein, weil es diese Gefühle nicht akzeptieren kann. Wenn sie erst einmal an die Oberfläche gedrungen sind, können Sie bewusst entscheiden, was mit ihnen geschehen soll.

Versetzen Sie sich in die Perspektive anderer

Stellen Sie sich vor, Sie erzählen Ihre Lebensgeschichte aus der Perspektive eines anderen. Wenn Ihr Sohn oder Ihre Tochter eine kurze Biografie über Sie schreiben sollte, was würden sie über Sie sagen? Was würde Ihr engster Freund/Ihre engste Freundin über Sie schreiben? Schreiben Sie ein oder zwei Absätze aus der Sicht von Menschen, die in Ihrem Leben wichtig sind oder waren. Denken Sie darüber nach, was folgende Personen sagen würden, wenn sie Sie und Ihre Lebensgeschichte beschreiben sollten:

- Ihre Mutter
- Ihr Vater
- Ihre Geschwister
- Ihre Kinder
- Ihre Partnerin/Ihr Partner
- eine gute Freundin/ein guter Freund
- eine frühere Freundin/ein früherer Freund
- eine Mentorin/ein Mentor
- die göttliche Quelle

Danach überlegen Sie, welche Erkenntnisse Sie daraus erlangt haben. Warum haben Sie diese Aspekte Ihrer Geschichte Ihrer Meinung nach nicht wahrgenommen oder für unwichtig gehalten? Wenn Sie die Absätze noch einmal lesen, dann achten Sie darauf, wie sehr Ihre Geschichte von den Erwartungen Ihrer Eltern oder Autoritätspersonen geprägt wurde, von anderen Menschen, denen Sie begegnet sind, oder der Kultur, in der Sie leben.

Lesen Sie nun erneut, was Sie notiert haben, und achten Sie dabei nicht nur auf die Fakten, sondern auch auf Themen, Metaphern und Organisationsprinzipien. Worauf wird Ihre Aufmerksamkeit und Energie gelenkt? Auf welche Aspekte Ihrer Gesundheit und Ihres Körpers konzentrieren Sie sich? In welche Beziehungen stecken Sie Energie? Macht Sie die Alltagssituation, in der Sie sich befinden, blind für das zusammenhängende Bild Ihres Lebens?

Flüchtige Erscheinungen und Ewigkeit

Vor dem Hintergrund des Lebens
kommen Gebäude, Gegenstände, Dinge und Menschen
und gehen schließlich wieder.
Ideen und Ideale bleiben länger bestehen,
aber auch sie verschwinden wieder.
Osymandias[5] *verharrt in Stein*
und wird vom Wüstensand begraben.
Nur die Liebe überdauert ewig –
die göttliche Essenz.

Verwenden Sie kreative Symbolisierungen

Sie können Ihr Leben von einer neuen Perspektive aus betrachten und dessen Themen besser erkennen, wenn Sie Ihre Geschichte in Symbolen aus Kunst und Poesie ausdrücken, die sowohl die rationalen als auch die nicht rationalen Teile des Gehirns ansprechen. Wenn Ihr Leben eine Farbe oder Form hätte, welche wäre das? Haben Sie eine »blaue« oder »rosa Phase« erlebt? Wäre Ihr Leben ein Tanz, wie sähe seine Choreografie aus?

Wie riecht, schmeckt und fühlt sich Ihre Gegenwart an? Welches Tier symbolisiert Ihre gesamte Lebensgeschichte am zutreffendsten? Welches Bild taucht in Ihnen auf, wenn Sie an Ihre Beziehung zur göttlichen Quelle denken oder an Ihre Arbeit und Ihre Karriere? Welche Lieder, Melodien oder Rhythmen hören Sie, wenn Sie an Ihre Gefühlslagen oder Stimmungen denken oder an Ihr soziales Engagement? Ist die Musik, die Ihr Leben charakterisiert, eher mystisch oder aggressiv? Was ist Ihr Titelsong?

Zusätzlich dazu, dass Ihnen Ihr Unbewusstes Bilder und Vorstellungen schickt, die das Wesen Ihrer Erfahrungen spiegeln, können Sie mit künstlerischem Material arbeiten, um Ihr Leben zu beschreiben. Nehmen Sie Papier und Bleistift zur Hand und schreiben Sie ein Gedicht über Ihr gegenwärtiges Leben oder einen Aspekt Ihrer Geschichte. Zeichnen oder malen Sie ein Bild von Ihrem Leben. Sie könnten auch einen Song schrei-

5 Gedicht von Percy Bysshe Shelley aus dem Jahr 1817 (Anm. d. Übers.)

ben, der Ihre Seelenreise ausdrückt. Wenn Sie Fantasiebilder oder Kunst verwenden, können Sie weitere Erkenntnisse erlangen.

Metaphern entschlüsseln

Nachdem Sie die oben beschriebenen Übungen gemacht und die Themen und Symbole, die sich darin verbergen, gefunden haben, beschäftigen Sie sich noch mehr mit diesen Symbolen. Welche metaphorische Bedeutung haben sie? Wenn bei der Betrachtung eines Lebensaspekts – vielleicht Ihre Interaktion mit anderen Menschen – ein Tier in Ihnen aufgetaucht ist, was symbolisiert es? Wenn sich bei der Analyse Ihrer Karriere das Bild von einem stillen Teich gezeigt hat, was sagt es Ihnen? Ist Ihre Gesundheit so gut, dass Sie »Bäume ausreißen könnten«, oder geht es mit Ihren Beziehungen »bergab«? Fühlen Sie sich wie ein Reh, das von Scheinwerfern geblendet erstarrt, oder haben Sie den Eindruck, als ob Sie mit einem führerlosen Zug fahren würden? Haben Sie das Gefühl, den Verstand zu verlieren oder wie eine Marionette zu tanzen?

Überlegen Sie auch, was die Metaphern bedeuten könnten, die für Ereignisse oder Lebensumstände stehen. Wie hängt zum Beispiel die Beeinträchtigung Ihrer Bauchspeicheldrüse, die den Blutzucker reguliert, damit zusammen, wie Sie die »Süße« Ihres Lebens empfinden? Je nachdem, wie Ihr Gesundheitszustand ist, könnten Sie sich fragen, wo Ihr Körper oder unterschiedliche Lebensbereiche im Ungleichgewicht, entzündet, verstopft, steif oder verfestigt sind. Danach können Sie die Symbole, Bilder und Eindrücke, die aufgetaucht sind, in Worte fassen.

Denken Sie daran, dass wir alle als Co-Autoren der göttlichen Quelle unsere Geschichte schreiben und sie immer um Führung bitten können, wenn es darum geht, unser Leben zu verstehen und unser Drehbuch neu zu entwerfen. Wir drücken uns in Worten aus, die göttliche Quelle in Symbolen und Gefühlen, manchmal auch mit auf den einzelnen zugeschnittenen Wörtern, Sätzen oder Sprüchen. Die göttliche Quelle gibt keine ausführlichen Erklärungen oder auch nicht immer klare Anweisungen. Um mit ihr zu kommunizieren, müssen wir uns auf die Sprache in Bildern und Symbolen einstellen. Dann können wir den übergeordneten Sinn in unseren Erfahrungen erkennen.

Darüber hinaus können Sie sich mit den Symbolen in Ihren Träumen und deren Bedeutung beschäftigen. Symbole und Metaphern in Träumen können zu der Erkenntnis beitragen, wie Sie sich in Situationen angepasst haben und wie Ihr Unbewusstes Sie in verschiedene Richtungen lenkt. Später werde ich erklären, wie Sie mit den Symbolen und Metaphern kommunizieren können. Diese Dialoge helfen Ihnen dabei, die Qualität der Energie, die mit einem Aspekt Ihrer Geschichte verbunden ist, zu analysieren und sich mit ihr auseinanderzusetzen. Sie können beispielsweise die Angst loslassen, die sich durch ihr Leben zieht. An ihre Stelle könnte vielleicht Mut oder Mitgefühl treten und ihren Platz einnehmen und Sie mit einer neuen Energie beleben. Ihre Erinnerungen können Sie anders erfahren.

Gemäß der schamanischen Weltanschauung wirkt sich Ihre Beziehung zum Göttlichen auf alle Kapitel Ihrer Lebensgeschichte aus. Wenn Sie sich Ihrer spirituellen Beziehung und der Themen Ihrer Seelenreise bewusst sind, können Sie Ihr Leben bewusst verändern und dadurch die Ereignisse transformieren, die darin stattfinden. Dann sind Sie ein bewusster Drehbuchautor geworden, der die archetypischen Energien wirkungsvoll einsetzt, und Sie können die unvermeidlichen Lebenskrisen meistern, wenn sie auftauchen.

Weil Sie nicht alleine an Ihrer Geschichte arbeiten, müssen Sie akzeptieren, dass einige Lektionen und Erkenntnisse während Ihrer Seelenreise nicht genau dann eintreten, wenn Sie es erwarten. Sie können nicht immer wissen, warum Sie eine Erfahrung machen müssen oder warum sich manche Chancen manchmal nicht mehr ergeben und auch nie mehr wiederkehren.

Bei einer meiner Schamanenreisen kam ich dem Geheimnis des Allerheiligsten sehr nahe. Ich hatte eine Vision, wie ich über eine jahrtausendealte Stadt flog. Ich hatte das Gefühl, dass es eine mykenische Stadt war, weil ihre Architektur von Quadraten in Kreisen geprägt war, die wiederum von Quadraten umschlossen waren, wie in einem Mandala. Als ich die Stadt von oben betrachtete, wurde mein Bewusstsein unter die Oberfläche gelenkt, tiefer und tiefer bis an einen Ort, den ich als das Allerheiligste erkannte. Kurz bevor ich ihn erreichte, wurde ich abgelenkt und befand mich plötzlich wieder im Alltagsbewusstsein. Als ich die Reise kurz darauf fortsetzte, befand ich mich außerhalb der Kammer, die von Tempelrittern bewacht wurde. Ich wusste, dass darin das Geheimnis des Heiligen Grals verborgen war. Als ich die Tür öffnete, wurde ich wiederum abgelenkt und kehrte ins Alltagsbewusstsein zurück. Beinahe wäre ich in Frustration und Enttäuschung verfallen. Doch ich musste akzeptieren, was passiert war. Wir haben während einer Fantasiereise keine völlige Kontrolle über die Geschehnisse.

Jahre später begegnete ich dem Allerheiligsten wieder und erfuhr etwas über die Bedeutung, die es für mich hat. Dazu gehört die Bewusstheit des Einsseins mit der göttlichen Quelle. Es bedeutet, in jedem Augenblick vollkommen bewusst zu sein und die Besonderheit unserer menschlichen Lebenserfahrung zu erkennen: Beziehungen zu leben, zu lernen und zu geben. Die Erfahrung des Allerheiligsten war außergewöhnlich und geschah unerwartet. Die göttliche Quelle zeigt sich dann, wenn sie es für richtig hält und die oder der Suchende bereit dafür ist.

Der Besuch

Das Allerheiligste,
kein Ort, sondern eine Erfahrung,
erträumt, aber unbekannt, bis es geschieht,
in der Gegenwart des Göttlichen zu sein,
dem ich würdig und respektvoll begegne.
Selbst jemand, der im Universum so gering ist wie ich,
möchte das Göttliche als Gast ehren,
ihm eine Mahlzeit bereiten und mit ihm teilen,
ihm meinen Garten zeigen
und meine Ergebenheit.

Mit etwas abschließen

Beim Betrachten Ihrer Lebensgeschichte sollten Sie immer daran denken, dass es nicht nötig ist, jedes Problem oder jedes Gefühl zu lösen. Manchmal ist es am besten, einem anderen zuzustimmen oder ihm zu widersprechen oder eine Stimmung anzunehmen, anstatt sie verändern oder aufrechterhalten zu wollen. Mit etwas abzuschließen – das heißt, das mit Ihren Problemen verbundene Drama loszulassen – ist wichtig, weil es Ihnen ermöglicht, Ayni zu erfahren und sich mit der Tatsache auszusöhnen, dass Sie nicht perfekt sein können. Ohne diese Loslösung werden Ihre ungelösten Probleme zu eitrigen Wunden, die Gefühle hervorrufen, die den Kreislauf von Wut, Verletzung, Frustration und Ohnmacht in Gang halten. Können Sie sich vorstellen, ohne Ihre Neigung abgelegt zu haben, z.B. den Mund zu halten, wenn Sie besser etwas hätten sagen sollen, oder ohne Ihre Gewohnheit überwunden zu haben, sich von unangenehmen Themen und Situationen abzulenken? Können Sie sich also vorstellen, mit Ihrem Leben Frieden zu schließen, obwohl es darin viel Leid gibt?

Um Ihre negativen Gefühle gegenüber vergangenen Ereignissen und gegenwärtigen Situationen zu verändern, müssen Sie aufhören, sie zu bewerten. Es kann sehr schwierig sein, die Vorstellung aufzugeben, Ihnen oder einem Ihnen nahestehenden Menschen sei Unrecht geschehen. Vielleicht möchten Sie gerne vergeben, aber es gelingt Ihnen nicht, sich damit abzufinden, dass Sie von einem Kollegen, Verwandten oder einem ehemaligen Liebespartner betrogen worden sind. Sie möchten Ihre Urteile darüber gerne loslassen, doch Sie schaffen es einfach nicht, wenn es um die Beurteilung bestimmter Menschen oder Gruppen geht, die Überzeugungen oder Wertvorstellungen teilen, die im Widerspruch zu Ihren eigenen stehen.

Natürlich müssen wir manchmal kritisch sein und anderen gesunde Grenzen setzen, wenn wir uns gegen unethisches Verhalten zu Wehr setzen. Wir sollten es jedoch vermeiden, harte, negative Urteile über Menschen und Situationen zu fällen.

Es kann eine große Herausforderung sein, Ihr gewohntes Verhalten, Denken und Fühlen aufzugeben. Es fällt Ihnen vielleicht sehr schwer, Eifersucht, Selbstgefälligkeit, Macht oder Besitz loszulassen. Sich von Ihrer gegenwärtigen Geschichte zu verabschieden kann so schmerzhaft sein wie der Verlust oder Tod eines anderen Menschen. Sie fragen sich womöglich, wer Sie sein werden, wenn Sie sich anders verhalten. Doch erst müssen Sie loslassen, um sich weiterentwickeln zu können.

Es ist von wesentlicher Bedeutung, Ihre augenblickliche Situation zu respektieren, indem Sie die Bedeutung erkennen, die sie in Ihrem Leben gespielt hat. Wenn Ihnen dies gelingt, werden Sie eine Befreiung spüren. Dann können Sie in Ihre neue Lebensgeschichte einsteigen, selbst wenn es noch ungelöste Probleme gibt, weil Sie innerlich zur Ruhe gekommen sind. Wenn Sie mit Ihrer Vergangenheit Frieden geschlossen haben, vergeuden Sie nicht mehr so viel Zeit darauf, in Erinnerungen daran zu leben, was war und was hätte sein können.

In einer möglicherweise apokryphen Geschichte aus Südostasien fangen die Leute Affen, indem sie eine Banane in eine Kiste mit einer Öffnung am Boden legen, die sie in einen Baum hängen. Der Affe greift hinein und kann seine Hand dann nicht mehr herausziehen. Die Faust, in der er die Banane hält, ist zu groß für die Öffnung. Um sich zu befreien, müsste der Affe die Banane nur loslassen. Manchmal halten die Affen die Banane zu lange fest und werden daraufhin gefangen. Allzu oft geben Menschen ihre Freiheit auf, indem sie zu lange an etwas festhalten. Wenn wir loslassen, was uns nicht mehr nützlich ist, und erkennen, wie wir uns selbst darin verfangen haben, können wir uns anders entscheiden und uns einem besseren Schicksal überlassen. Wenn wir dies nicht tun, kann es sein, dass uns die göttliche Quelle die Dinge so lange wegnimmt, bis wir sie selbst aufgeben.

Welche Last in Ihrem Leben könnten Sie abwerfen, um mehr inneren Frieden und Bewegungsfreiheit zu erlangen? Können Sie die Vergangenheit aufgeben, die Sie fesselt, und sich eine Zukunft mit mehr Glück und innerem Frieden vorstellen?

Wer die Freude an sich bindet

Wer die Freude an sich bindet,
stutzt dem Leben die Flügel.
Doch wer die vorbeifliegende Freude küsst,
lebt im Sonnenaufgang der Ewigkeit.[6]

Von einer anderen Perspektive aus betrachtet hat jeder Aspekt Ihres gegenwärtigen Lebens einem bestimmten Zweck gedient. Selbst wenn Sie bei näherer Betrachtung wünschten, Sie können Ihre augenblickliche Situation ändern, ist es sehr wichtig, sie anzunehmen, ebenso wie die damit verbundenen Ereignisse und Themen. Obwohl Sie Ihre Eltern, Verletzungen oder vergangenen Erfahrungen nicht zu ändern, können Sie aufhören, an Ihren Erinnerungen und deren energetischer Wirkung festzuhalten. Sie können die Banane in der Kiste loslassen.

Zu einem späteren Zeitpunkt werden Sie zwei archetypische Energien kennenlernen – den Tod und die Einweihung –, die Ihnen helfen werden, Ihre Vergangenheit loszulassen und sich voll und ganz auf die Zukunft zu konzentrieren. Sie werden Zeremonien und Rituale erlernen, die Sie verwenden können, um die Energien zu verwandeln, die Sie bisher beeinflusst haben. In der Zwischenzeit denken Sie daran: Wie schmerzlich eine bestimmte Erfahrung oder ein bestimmtes Ereignis auch gewesen sein mag, es könnte sich herausstellen, dass dadurch eine wichtige Wahrheit ans Licht kam oder Sie in eine Richtung geführt wurden, die Sie an einen besseren Ort brachte als den, an dem Sie sich bisher aufgehalten haben. Wenn Sie eine Situation annehmen können, weil sie zu Ihrem inneren Wachstum beigetragen hat, und sich dann von ihr verabschieden, schaffen Sie die Voraussetzungen für die Geburt eines gelingenden Neubeginns.

---

6 Gedicht von William Blake (1757 – 1827)

Frieden
Da-Sein
Stille
Heiterkeit
ungetrübt
von Bedauern oder Sorge
flüchtig
schwer fassbar
erfordert anzunehmen
und Urteil und Erwartung loszulassen.

Nachfolgend finden Sie zwei Beispiele dafür, wie wir uns von der Vergangenheit befreien können, wenn wir uns mit unserem bisherigen Leben auseinandersetzen:

»Als ich meine bisherige Lebensgeschichte aufschrieb, flossen mir die Ereignisse aus meiner Jugend und Adoleszenz mühelos aus der Feder und fügten sich zu einem Bild zusammen, sodass ich mich wie ein unbeteiligter Beobachter von außen betrachten konnte. Die Geschichte handelte zwar von mir, aber ich las Sie wie jemand anders. Von diesem Standpunkt aus konnte ich die einzelnen Aspekte meines Lebens besser erkennen als je zuvor. Ein Erlebnis im Alter von dreizehn Jahren betraf meine beste Freundin. Bei einem Autounfall erlitt sie Verbrennungen, die sie schrecklich entstellten. Als ich dieses Ereignis aus der Sicht eines Außenstehenden schilderte, erkannte ich, dass meine große Empathie für andere Menschen sowie mein starkes Pflicht- und Verantwortungsgefühl für deren Glück und Wohlergehen durch den Schock und das Trauma dieser Erfahrung ausgelöst worden waren.
Indem ich Erfolge und Besitztümer anhäufte, fand ich zwar Trost und Befriedigung, aber ich lebte auch in der Illusion. Glück und Sicherheit rührten zum größten Teil aus dem Besitz von Gegenständen und daher, genug Geld auf der Bank zu haben. Nachdem ich diesen Lebensstandard erreicht hatte, merkte ich im Alter von 50 Jahren, dass mir trotzdem immer noch das Glück und der wahre innere Frieden fehlten. Durch die Schilderung meiner Kindheit

und Jugend verstand ich viel besser, dass meine Werte und Ziele als Erwachsener auf die Unsicherheit zurückzuführen waren, die durch die finanziellen Kämpfe meiner Eltern und meine Beschämung darüber hervorgerufen worden war, dass wir weniger besaßen als andere. Mein Ehrgeiz diente dazu, die Unsicherheiten zu überspielen, die ich eigentlich nicht haben musste.
Durch das Aufschreiben meiner Biografie und das Lesen meiner Geschichte konnte ich meine Lebenserfahrung aus der Distanz wahrnehmen. Dies zeigte mir, wie die Erfahrungen bis heute in mir nachwirkten, was ich annehmen und loslassen musste, bevor ich den Schritt in ein neues Leben tat. Es gewährte mir Einsichten, warf Fragen auf und enthüllte die Teile, die geheilt werden mussten. Doch was am wichtigsten ist, ich gelangte zu einem besseren Verständnis meines bisherigen Lebens, die Voraussetzung für die Erschaffung einer neuen Geschichte.«

In der zweiten Geschichte wird folgende Erfahrung bei einer Übung beschrieben, die innerer Dialog heißt, über den Sie später mehr erfahren werden:

»Ich hatte meine Lebensgeschichte vorher schon oft aufgeschrieben, doch zu meiner Überraschung tauchte diesmal etwas Neues auf: ein starkes Gefühl, dass ich durch den Alkohol- und Tabakkonsum meiner Mutter in der Gebärmutter vergiftet worden war (ich habe einen angeborenen Herzfehler, der in verschiedenen Studien in Zusammenhang mit dem Rauchen der Mutter gebracht wird). Ich begriff auch, dass die Pneumonie, an der ich als Kind zweimal gelitten hatte, ein Zeichen dafür war, dass ich seit meiner frühesten Kindheit um mein Überleben kämpfte.
Ich dachte an eine Erscheinung, die Menschen köpfte und der ich im Traum begegnet war (Gabriel). Ich fragte ihn, warum er so viele Menschen tötete. Er erwiderte, er müsse das tun, weil ich es nicht täte. Ich dachte: »Natürlich nicht! Wie könnte ich einen Menschen töten? Ich habe selbst zu sehr um mein Überleben gekämpft.« Doch ich verstand auch, dass mir uneingeschränktes Mitgefühl fehlte – die Fähigkeit, mich und andere mitfühlend objektiv und ohne Sentimentalität zu sehen. Gabriel war gekommen, um mir dies zu geben –

> und noch viel mehr –, und ich sollte diese Erkenntnis auch brauchen (als Impuls), um die Teile von mir selbst »zu eliminieren«, die sich ausgebildet hatten, um mich vor der Rücksichtslosigkeit in mir und anderen zu schützen, vor der ich mich insgeheim fürchtete.«

Wenn Sie mit Ihrer bisherigen Geschichte arbeiten, werden Sie die Motivation und Objektivität finden, um sie neu zu schreiben. Im folgenden Kapitel kommen wir noch einmal auf Übungen zurück, die Sie gerade gemacht haben, und fangen damit an, eine neue und bessere Geschichte zu erfinden. Danach werden Sie erfahren, wie Sie sie mithilfe von schamanischen und jungianischen Ritualen energetisch manifestieren können.

Kapitel 4
Schreiben Sie eine neue und bessere Lebensgeschichte

Nachdem Sie sich nun mit Ihrer gegenwärtigen Geschichte auseinandergesetzt haben, ist es Zeit, über das neue Drehbuch nachzudenken, das Sie verfassen wollen. Welche Geschichte wäre besser für Sie und die göttliche Quelle als die bisherige?

Was eine »gute« neue Geschichte betrifft, gibt es keine allgemeingültigen Regeln. Jeder von uns ist einzigartig – wir haben verschiedene Persönlichkeiten, Neigungen und Lebensumstände –, weshalb auch unsere Vorstellung davon, was zu einem befriedigenden Leben beiträgt, einmalig ist. Ein befriedigendes Leben umfasst jedoch gewöhnlich eine gute Gesundheit, wenig psychischen Stress, relative Ruhe und Ausgeglichenheit angesichts der Herausforderungen des Lebens; auf Gegenseitigkeit beruhende, zufriedenstellende Beziehungen; eine einigermaßen befriedigende Arbeit sowie einen guten Verdienst; eine erfüllende Verbundenheit mit einer göttlichen Kraft und Gelegenheiten, sich für andere einzusetzen und in gewissem Maß etwas im Leben zu bewirken.

Wenn Sie beginnen, eine neue Geschichte für sich zu schreiben, machen Sie die Übungen in diesem Kapitel, die für Sie im Augenblick am besten geeignet zu sein scheinen. Nehmen Sie sich Zeit dafür und, wenn Sie nicht weiterkommen und eine Übung nicht zu Ende machen können, machen Sie einen oder zwei Tage Pause und kommen dann darauf zurück. Sie können all diese Übungen erledigen, bevor Sie zur schamanischen und jungianischen Praxis übergehen, oder einige von ihnen erledigen, dann regelmäßig schamanisch und jungianisch praktizieren und später mit den Übungen fortfahren. Tatsächlich können die Erkenntnisse und Energien, die Sie infolge dieser Praxis gewinnen werden, das Drehbuch für Ihr erwünschtes neues Leben entscheidend beeinflussen.

Bevor Sie mit der Manifestation Ihrer neuen Lebensgeschichte beginnen, stellen Sie sicher, dass sie in Einklang mit den Wünschen Ihrer Seele ist. Sie sollte die bewussten und unbewussten Bedürfnisse berücksichtigen, die Sie erkennen werden, wenn Sie mit diesem Buch arbeiten. Bald werden Sie verstehen, wie mächtig Ihre unbewussten Sehnsüchte, Gefühle und Glaubensvorstellungen sind. Sie werden lernen, wie Sie sie bewusst machen und wie Sie sich heilen können. Dann wird es keinen Konflikt mehr zwischen Ihrem Bewusstsein und Ihrem Unbewussten geben oder zwischen Ihren bewussten und unbewussten Wünschen.

Die Themen und Ereignisse in Ihrem Leben werden sich in Übereinstimmung mit diesem neuen Drehbuch und unter Mitwirkung der göttlichen Quelle entwickeln. Obwohl Sie nicht allein für Ihre Lebensumstände verantwortlich sind, werden Sie überrascht sein, wie leicht diese sich verändern, wenn Sie eine neue Geschichte schreiben, die von den neu gewonnenen Erkenntnissen gespeist wird, und andere Energien in Ihnen wirken.

Lassen Sie Ihrer Fantasie freien Lauf, während Sie sich mit den Übungen in diesem Kapitel beschäftigen. Machen Sie sich keine Sorgen, wenn bestimmte Bilder nicht auftauchen oder es Ihnen schwerfällt, sich neue Situationen und Menschen vorzustellen, zu denen Sie gehören möchten. Wenn Sie Ihre Geschichte gestalten, dann entwickeln Sie Ihre Fantasien so allgemein oder speziell, wie Sie möchten. Stellen Sie nur sicher, dass Sie nicht daran festhalten, wie und wann genau sie sich manifestiert, und dass Sie offen für die göttliche Führung bleiben.

Denken Sie daran, dass kleine Veränderungen an den Eckpunkten allmählich zu großen Umwälzungen führen können. Haben Sie Geduld, während Sie an der Manifestation Ihrer neuen Geschichte arbeiten. Es kann sein, dass Sie sich mit den Übungen aus diesem Buch öfter befassen müssen, bevor sich die Energien wandeln, die Ihre Lebensthemen gegenwärtig bestimmen.

Zu Beginn fassen Sie kurz zusammen, wie sich Ihre Geschichte von heute an entwickeln soll. Bilden Sie sich kein Urteil darüber, ob sie wahrscheinlich oder realistisch ist. Diese neue Biografie sollte in der Gegenwart beginnen und sich bis in die Zukunft erstrecken. Ein paar Seiten dafür genügen. Danach lesen Sie sie durch und denken darüber nach. Wenn Sie sie in der ersten Person geschrieben haben, schreiben Sie sie dann noch einmal in der dritten Person, und umgekehrt, sodass »Ich werde mich zur Wehr setzen, wenn ich nicht respektiert werde« jetzt »Sie / Er wird sich zur Wehr setzen, wenn sie / er nicht respektiert wird« lautet. Dabei stellen Sie vielleicht keinen Unterschied in den beiden Versionen fest. Oder Sie finden Abweichungen, die Sie überraschen und zeigen, was Sie erschaffen möchten und ob Sie sich dazu in der Lage – oder dazu berechtigt – fühlen.

Betrachten Sie diese Version Ihrer neuen Geschichte als erste Fassung. Während Sie mit den Übungen fortfahren, können Sie sie verbessern oder verändern. Während sie sich allmählich weiterentwickelt, können noch weitere Veränderungswünsche in Ihnen auftauchen. Sie haben die Macht des Drehbuchautors.

Eine Zeitleiste erstellen

Erstellen Sie eine Zeitleiste für die Zukunft, die Sie in Intervalle einteilen (zum Beispiel in Fünf-Jahres-Abschnitte). Beginnen Sie mit der Gegenwart und der nahen Zukunft. Wie stellen Sie sich die Erfahrungen der nächsten fünf Jahre vor? Was werden Sie in den kommenden fünf bis zehn Jahren machen? Wie werden Sie Ihre Rente oder Ihre »goldenen Jahre« verbringen? Welche Themen werden in diesen Phasen eine Rolle spielen? Welche Ereignisse werden Ihrer Meinung nach eintreten? Was müssen Sie jetzt tun, damit sich die erwünschten Situationen in der Zukunft verwirklichen können?

Denken Sie über Ihre Geschichte und die emotionalen Erfahrungen nach, die Sie bis heute beeinflussen, so wie Sie sie in Kapitel 3 beschrieben haben. Je bewusster Sie sich darüber werden, desto weniger Einfluss üben sie auf Sie aus. Sie können die Macht der auslösenden Faktoren vermindern, die vergangene Emotionen reaktivieren.

Schreiben Sie auf, wie Sie besser auf sogenannte Trigger reagieren. Nehmen Sie zum Beispiel an, Ihr Vater vergleicht Sie immer mit Ihrem Bruder und Sie schneiden schlecht dabei ab. Gewöhnlich reagieren Sie verletzt darauf und glauben, dass Ihr Vater Ihren Bruder mehr liebt als Sie. In Ihrem neuen Drehbuch könnten Sie beschreiben, wie Sie weniger emotional reagieren. Zum Beispiel könnten Sie notieren: »Wenn mein Vater sagt: ‚Warum kannst du nicht wie dein Bruder sein?', antworte ich: ‚Ich weiß, dass du sehr stolz auf ihn bist.' Ich erkenne die Angst meines Vaters, dass Leute, die keine Festanstellung in einem großen Unternehmen haben, keine Sicherheit haben werden, und ich übernehme seine Angst nicht, wenn er seine Sorge darüber ausdrückt, dass ich keine Stelle habe, die sich mit der meines Bruders vergleichen lässt.« In dieser neuen Szene könnten Sie sowohl Ihre Handlungsweise schildern als auch die Art und Weise, wie Sie die Erfahrung neu interpretieren und in einen neuen Zusammenhang bringen werden, damit Sie nicht in alte Reaktionsweisen, Denk- und Gefühlsmuster zurückfallen, die Sie nicht mehr brauchen.

Eine Möglichkeit, um die Fesseln Ihrer vergangenen Emotionen zu lockern, besteht in der Analyse, mit welchem Körperteil ein bestimmtes Gefühl korrespondiert. Denken Sie an eine bestimmte emotionale Erinnerung. Achten Sie darauf, ob es eine Stelle in Ihrem Körper oder im Energiefeld um Ihren Körper herum gibt, wo Sie dieses Gefühl spüren können, vielleicht als dichten, dunklen Fleck oder als Schmerz, der sich dort ausbreitet oder in den Körperteil hineinschießt. Richten Sie Ihre Aufmerksamkeit auf diesen Bereich und beobachten Sie ihn. Achten Sie darauf, ob und wie sich der Schmerz verändert, während Sie ihn beobachten. Wenn er sich nicht verändert, konzentrieren Sie sich weiter darauf. Beim Einatmen stellen Sie sich dann vor, dass Sie weißes, heilsames Licht einatmen. Beim Ausatmen schicken Sie dieses heilende Licht an die Stelle in Ihrem Körper oder Energiefeld, wo Sie den Schmerz empfinden, und lösen ihn auf, heilen ihn oder reinigen den Bereich. Wiederholen Sie dies so lange, bis sich das Gefühl verändert. Beobachten Sie, wie es sich verändert. Wenn die Stelle geklärt ist, kehren Sie zurück ins Alltagsbewusstsein.

Mit dieser Übung gewinnen Sie Distanz zu emotional aufgeladenen

Erfahrungen aus der Vergangenheit, sodass die gewohnten unbewussten Reaktionen schwächer und seltener werden. Sie werden mit Menschen und Situationen, die schmerzhafte Erinnerungen an vergangene Ereignisse auslösen, besser umgehen können. Sie werden auch bessere Entscheidungen für den gegenwärtigen Augenblick treffen können, unbeeinflusst von Ihrer alten emotionalen Konditionierung.

Einzelne Kapitel anlegen

Wie in Kapitel 3 erweitern Sie nun die Kurzfassung Ihrer Geschichte – diesmal die neue Geschichte, die jetzt in diesem Moment beginnt, und nicht mehr die, die Sie bis jetzt erlebt haben. Schreiben Sie einzelne Kapitel, wobei Sie sich auf die Aspekte konzentrieren, mit denen Sie sich bereits beschäftigt haben. Stellen Sie sich vor, wie Ihr neues Leben aussieht.

Wie bei Ihrer bisherigen Lebensgeschichte sollten Sie Ihre neue in sechs Hauptkapitel unterteilen:

1. Ihre Gesundheit und die Einstellung zu Ihrem Körper
2. Ihre wichtigen Beziehungen
3. Ihr psychisches Befinden einschließlich Ihrer Gefühlslage und Gestimmtheit
4. Ihre Arbeit, Erfahrungen als Hausfrau oder Ihre Beschäftigungen, wenn Sie bereits in Rente gegangen sind
5. Ihre Beziehung zum Göttlichen, zu Gott oder einer höheren Macht
6. Ihr soziales Engagement

Beginnen Sie mit dem Kapitel über Ihre Gesundheit und Ihren Körper. Schildern Sie, wie Sie mit Themen wie Ernährung, Sport, Gewicht, Stressbewältigung, Erkrankungen und chronischen Krankheiten, an denen Sie vielleicht leiden – wie Bluthochdruck oder eine Autoimmunerkrankung –, umgehen werden. Vielleicht haben Sie ein körperliches Problem und möchten, dass es sich anders auswirkt. Wie gehen Sie in Ihrer neuen Geschichte mit Ihrem Körper um? Was empfinden Sie für ihn? Welche Einstellung zu ihm möchten Sie behalten und welche aufgeben? Können Sie Ihren Körper so akzeptieren, wie er jetzt ist? Werden Sie ihn annehmen können, wenn er altert? Können Sie Ihren heutigen Gesundheitszustand oder Ihre Beeinträchtigungen so erhalten wie bisher oder sogar verbessern?

Schildern Sie nun in einem neuen Kapitel Ihre Beziehungen zu Ihren Eltern, Geschwistern, Partnern, Kindern, Freunden und Mitarbeitern. Wie wären Ihre Beziehungen, wenn Sie Ihnen Kraft gäben, anstatt sie zu rauben, oder wenn Sie sich selbst mehr annehmen würden? Wie wären Ihre Freundschaften, wenn Sie auf mehr Ausgewogenheit und Gegenseitigkeit basieren würden? Wie wäre es, wenn Sie gesündere Grenzen setzen würden? Möchten Sie weniger Erwartungen an Ihre Beziehungen haben oder erwarten Sie mehr von ihnen? Wenn es in Ihrer neuen Geschichte auch darum geht, mit inzwischen verstorbenen oder anderweitig von Ihnen getrennten Personen anders umzugehen, beschreiben Sie, wie diese Beziehungen von nun an sein sollen. Denken Sie daran, es geht in diesem Kapitel um Sie. Versuchen Sie nicht zu schildern, wie sich andere verändern werden. Darauf haben Sie wenig oder gar keinen Einfluss. Sie können jedoch neu entscheiden, wie Sie mit anderen umgehen und welche Einstellung Sie zu Ihren gemeinsamen Interaktionen haben.

Schreiben Sie nun ein weiteres Kapitel über Ihre Psyche einschließlich Ihrer Stimmungen. Wenn Sie mehr Glück erfahren wollen, wie würde sich Ihr Leben dadurch verändern? Wie wäre es, wenn Sie sich besser von Stress distanzieren könnten? Wie wäre es, wenn Sie weniger voreingenommen wären und unerwartete Ergebnisse besser annehmen könnten?

Als Nächstes schildern Sie, wie Sie Ihren Lebensunterhalt verdienen. Was könnten Sie tun, wenn Sie sich erfolgreicher oder erfüllter fühlen würden? Möchten Sie eine neue Berufung finden? Wenn es Ihnen nicht möglich ist, genug Zeit für Ihre Berufung aufzubringen, könnten Sie sich dann vorstellen, Ihre augenblickliche Situation anzunehmen und daran zu arbeiten, weniger Zeit fürs Geldverdienen aufzuwenden und mehr Zeit, um sich einer erfüllenden Aufgabe zu widmen? Wie wäre es, wenn Sie einer ganz anderen Tätigkeit als Ihrer augenblicklichen nachgingen? Wenn Sie Hausfrau sind oder ganztags Ihre Kinder oder andere Personen betreuen, möchten Sie diese Aufgabe fortsetzen oder beenden? Wie könnten Sie in Anbetracht Ihrer augenblicklichen Verpflichtungen eine neue Aufgabe finden? Wenn Sie in Rente oder arbeitslos sind oder es in Zukunft sein werden, wie werden Sie die Zeit verbringen, die Sie früher für Ihre Arbeit aufgewendet haben? Wie würde es sich anfühlen, morgens aufzuwachen und nicht zur Arbeit gehen zu müssen, weil Sie nun im Ruhestand sind?

Verfassen Sie nun ein Kapitel über Ihre Beziehung zur göttlichen Quelle, zu Gott oder einer höheren Kraft – oder wen auch immer Sie sich als kreative Kraft des Universums vorstellen. Möchten Sie diese Beziehung vertiefen? Wenn ja, wie? An welcher Praxis möchten Sie regelmäßig teilnehmen? Gibt es Rituale oder Zeremonien oder bestimmte Aktivitäten, die Ihnen dabei helfen würden, mit der göttlichen Quelle zu kommunizieren, und die Ihnen das Gefühl geben, gehört zu werden oder die göttliche Stimme zu vernehmen? Welche Veränderungen würden Sie wahrnehmen, wenn sich Ihre Beziehung zum Göttlichen vertiefen würde?

Schreiben Sie ein weiteres Kapitel über Ihr soziales Engagement in der Welt. Was werden Sie anders machen? Möchten Sie auf einem bestimmten Gebiet tatsächlich Veränderungen bewirken? Warum? Wie soll sich Ihre Einstellung zur Nächstenliebe verändern? Können Sie sich einfache Möglichkeiten vorstellen, die keine komplizierte Planung oder Vorbereitung erfordern, wie Sie sich engagieren könnten?

Ihre neue Geschichte könnte außerdem noch folgende Kapitel enthalten:

- Ihre Beziehung zu Geld
- Ihre Beziehung zu Sexualität
- Ihre Beziehung zu Autorität und Macht
- Ihr Umgang mit Zeit
- Ihr Umgang mit anderen Lebensbereichen, die Ihnen wichtig sind

Jede Veränderung, die Sie in Ihrer neuen Geschichte herbeiführen, erfordert, dass Sie Ihre Zeit anders einsetzen und allem, was Sie wertschätzen und erreichen möchten, Priorität einräumen. Legen Sie deshalb einen Stundenplan darüber an, wie Sie einen Tag in Ihrem neuen Leben gestalten möchten. Was würde im Lauf eines typischen Arbeitstages oder an einem typischen Wochenende passieren? Können Sie erkennen, ob Sie Ihren Prioritäten viel Zeit widmen? Können Sie sich vorstellen, den Bereichen, die Ihnen am wichtigsten sind, wenigstens einen kleinen Teil Ihrer Zeit zu schenken?

Wie im Kapitel über Ihre Gegenwart werden Sie sich in unterschiedlicher Weise mit Ihrer Zukunft beschäftigen, indem Sie beispielsweise Ihre rationalen und irrationalen Anteile notieren, um Erkenntnisse zu erlangen, die zu Ihrer neuen Geschichte beitragen können. Fangen Sie damit an, Themen oder Energien aufzuschreiben, die mit Ihrer Zukunft verbunden sein könnten.

Eine mythische Seelenreise

Ihre neue Lebensgeschichte kann eine mythische Seelenreise sein, die klassische, universelle Themen enthält, wie zum Beispiel Erfolg durch Ausdauer, wiedergewonnene Abenteuerlust oder eine neue Selbstfindung, indem Sie sich eine längst verlorene Eigenschaft wieder aneignen. Nehmen Sie sich Zeit zur Beantwortung folgender Fragen, um herauszufinden, welche Muster und Themen Sie in Ihre neue Geschichte integrieren möchten. Obwohl es sehr viele Fragen sind, kann jede Einzelne davon sehr hilfreich sein, um tiefer nachzuforschen und Themen zu entdecken, die Sie zufriedenstellen werden.

- Welche großen Veränderungen wünschen Sie sich für Ihre Geschichte? Welchen Themen würden Sie diese Veränderungen zuordnen?
- Wie würden Sie sich als die Hauptfigur in dieser neuen Geschichte charakterisieren?
- Werden Sie zum Beispiel freundlicher, großzügiger oder konzentrierter sein? Werden Sie anderen gesunde Grenzen setzen?

- Wie stark wurde Ihre neue Geschichte von den Erwartungen anderer beeinflusst – wie den Erwartungen Ihrer Familie? Fühlen Sie sich damit wohl, wie sehr sie Ihre Zukunftsvision beeinflusst haben?
- Wie stark waren die medialen und kulturellen Einflüsse auf Ihre neue Geschichte? Fühlen Sie sich wohl damit?
- Werden Ihre Erwartungen an das Leben und an andere Menschen die gleichen bleiben? Wenn nicht, wie werden sie sich verändern? Wie werden sich die Erwartungen an andere auf die Themen Ihrer neuen Geschichte auswirken? Wenn Sie beispielsweise erwartet haben, dass andere Ihnen Aufmerksamkeit schenken oder Sie retten und nun das Thema Eigenverantwortung integrieren, welche neuen Erwartungen haben Sie dann an andere und Ihre Beziehungen zu ihnen? Welche Anpassungen müssen Sie vornehmen, um andere Lebensgeschichten zu berücksichtigen, die sich mit Ihrer überschneiden? Wenn jemand, den Sie lieben, das Thema Fürsorge oder die Rolle eines verkannten Märtyrers lebt und Sie Eigenverantwortung übernehmen, wie wird das Ihre Beziehung verändern?
- Wenn Sie in der Vergangenheit Veränderungen vermieden haben, weil Sie das Leben eines anderen nicht dadurch beeinträchtigen wollten, warum sind Sie jetzt bereit dazu? Können Sie eine neue Geschichte akzeptieren, obwohl sie vielleicht Auswirkungen auf einen anderen hat? Wenn nicht, was müssen Sie tun, damit Sie Ihre Geschichte verändern und die Vermeidung aufgeben können?
- Welche Enttäuschungen und Verletzungen aus der Vergangenheit rufen immer noch starke Gefühle in Ihnen hervor? Welchen Vorteil und welchen Nachteil haben Sie davon, wenn Sie an Verbitterung, Enttäuschung, Wut oder Bedauern festhalten?
- Wie werden sich Ihre früheren Erfolge auf Ihre Zukunft auswirken? Werden Sie darauf aufbauen und wenn ja, wie? Fühlen Sie sich gut damit, Ihre Identifikation mit früheren Erfolgen loszulassen, sodass Sie für neue Ziele offen sind? Wenn nicht, warum nicht?
- Welche Maßnahmen würden Sie ergreifen, um Veränderungen Ihrer Lebensgeschichte herbeizuführen? Wie könnten Sie die Gewohnheit

ändern, sich zu beklagen, anstatt zu handeln? Um welche Themen drehen sich Ihre Maßnahmen zum Beispiel unter der Kategorie »kreative Problemlösung« oder »Geduld und Ausdauer«?

- Wenn Sie in der Vergangenheit durch Anregungen und neue Anreize Befriedigung gefunden haben – beispielsweise durch sexuelle Abenteuer, Drogen- und Alkoholmissbrauch oder die Inszenierung von Beziehungsdramen oder der Beschäftigung damit –, wird es in Ihrer Zukunft auch Dramen in Zusammenhang mit Sex, Drogen und Beziehungen geben? Wenn nicht, warum nicht? Was wird sich verändern?
- Wie viel Ruhe, Erholung und Entspannung wünschen Sie sich im Leben? Wie viel Zeit wollen Sie mit den Medien und sinnlichen, intellektuellen und emotionalen Stimulanzien verbringen? Möchten Sie Gewohnheiten entwickeln, die Ihnen helfen, eine Balance zwischen Ruhe, Meditation und Abwechslung zu finden?
- Wie werden Sie in Zukunft reagieren, wenn Sie bemerken, wie Sie mit Fehlern und Schwächen umgehen? Wie werden Sie reagieren, wenn Sie plötzlich ungeahnte Stärken in sich entdecken?
  Welche Themen sind mit dieser neuen Reaktion auf Stärken und Schwächen verbunden?
- Werden Sie anderen Menschen mehr oder weniger vertrauen? Warum?
- Wenn Sie die Möglichkeit haben, die Wahrheit auszusprechen, werden Sie es tun? Warum oder warum nicht?
- Welches Adjektiv würde Ihr neues Leben beschreiben?
- Was ist das übergeordnete Thema jedes einzelnen Kapitels Ihrer neuen Geschichte? Hat jedes ein unterschiedliches Thema oder erkennen Sie, dass das gleiche Thema in mehr als einem Kapitel als Organisationsprinzip dient?
- Was hat bisher gut in Ihrem Leben funktioniert? Wie werden Sie dies in Ihr neues Leben integrieren?
- Werden Sie mehr Möglichkeiten haben als in der Vergangenheit, um eigenverantwortlich handeln zu können? Werden Sie sich manchmal zurücklehnen und anderen das Steuer überlassen oder wird es Phasen

geben, wo Sie das nicht tun? Wann werden Sie vorpreschen und wann werden Sie sich zurückhalten?

- Sind Sie sich über Ihre Träume und Ziele im Klaren?
- Taucht in scheinbar jedem Lebensbereich ein Hindernis auf, das Sie gerne überwinden möchten? Warum werden Sie sich davon nicht mehr behindern lassen?
- Wenn zukünftig andere Menschen nicht Ihrer Meinung sind, wie werden Sie sich fühlen und wie werden Sie reagieren? Werden Sie offener sein, Ihre Meinung zu ändern, wenn Sie mit neuen Ideen und Informationen konfrontiert werden?
- Werden Sie in Ihrer neuen Geschichte mehr Interesse an sich selbst haben? Wenn ja, warum?
- Zu welchen Kompromissen sind Sie in Ihrem neuen Leben bereit und zu welchen nicht?
- Wie wird sich Ihre Einstellung zum Geldverdienen, Sparen und Geldausgeben verändern? Welche Themen hinsichtlich Reichtum und Finanzen möchten Sie Ihrer neuen Geschichte hinzufügen?
- Wie werden sich Ihre Verbundenheit mit der göttlichen Quelle und Ihre Fähigkeit, mit ihr zu kommunizieren, in Zukunft von früher unterscheiden? Wie würden Sie diese Beziehung beschreiben – zum Beispiel als ausgewogenes Geben und Nehmen? Ist sie von Dankbarkeit oder vielleicht von furchtlosem Respekt gekennzeichnet?
- Welche anderen Themen und Energien halten Sie für wichtig, um Ihr neues Leben zu erschaffen, damit es nicht nur ein Wunsch oder Traum bleibt?

Tryon Edwards, ein amerikanischer Theologe und Schriftsteller des 19. Jahrhunderts, sagte: »Gedanken führen zu Absicht, Absicht führt zu Handlungen, Handlungen werden zu Gewohnheiten, Gewohnheiten bilden den Charakter aus und der Charakter bestimmt unser Schicksal.« Dieses Zitat zeigt, wie wir unser Leben gestalten, indem wir unsere Aufmerksamkeit auf bestimmte Aspekte lenken. Wie haben sich Ihre Gedanken auf die Gegenwart ausgewirkt? Welche Gedanken passen zu Ihrer neuen

Geschichte? Finden Sie sich in einem Thema oder einer Energie wieder, die eine starke, positive Wirkung auf Ihre Gedanken und Denkmuster ausübt?

Der Regiestuhl

Um Ihre neue Geschichte besser und detailliert zu überblicken, können Sie die Übungen aus dem vorangegangenen Kapitel verwenden: das Erstellen und Arbeiten mit einer Zeitleiste, Ihren Tagträumen und die objektive Betrachtung Ihrer neuen Geschichte, die Verwendung kreativer Symbolisierungen und der Blickwinkel anderer. Dabei könnten Sie entdecken, dass Sie alte Muster und Rollen in Ihr neues Drehbuch übernommen haben. Wenn sie Ihnen nach wie vor nützlich sind, können Sie sie beibehalten. Doch bevor Sie Ihre neue Geschichte fertigstellen, sollten Sie diese Rollen und Muster noch einmal aus der Distanz betrachten, um Sie einfühlsam, aber klar beurteilen zu können. Wenn Sie zu dem Schluss kommen, dass Ihnen einige Muster und Rollen nicht mehr dienen, können Sie sich anders entscheiden. Achten Sie darauf, ob Ihre Geschichte Sie im Griff hat, und denken Sie daran, dass es Ihre Aufgabe ist, sich davon zu befreien, sodass Sie sich frei für ein neues Leben entscheiden und es verwirklichen können.

Arbeiten Sie mit den Themen auf der Zeitleiste

Betrachten Sie Ihre Zeitleiste noch einmal. Welche Ereignisse werden Ihrer Meinung nach in der Zukunft eintreten? Welche Themen verbergen sich darin? Welche Lebensabschnitte liegen in Ihrer Zukunft? Welche archetypischen Energien oder Themen müssen Sie manifestieren, um Ihre neue Geschichte leben zu können? Welche archetypischen Energien müssen schwächer werden?

Achten Sie auf Ihre Tagträume

Tauchen Sie noch einmal in einen früheren Tagtraum ein. Hat er sich verändert? Denken Sie über die Themen in einem typischen Tagtraum nach. Gefallen sie Ihnen? Wären Sie wirklich glücklich, wenn sich dieser Traum verwirklichen würde? Unterscheiden sich Ihre neuen Tagträume von den bisherigen und wenn ja, warum ist das Ihrer Meinung nach so? Seltsamerweise träumen viele immer noch weiter von dem, was sie sich am meisten wünschen, auch wenn sie es bereits erreicht haben. Vielleicht liegt es in der Natur des Menschen, immer nach Neuem zu streben und nie ganz zufrieden zu sein!

Tauchen Sie nun in einen Tagtraum ein, der von neuen Themen, Energien und den Vorstellungen durchdrungen ist, die Sie in Ihr neues Leben integrieren wollen. Wie fühlt es sich an, in diesen Traum einzutauchen? Möchten Sie die Gefühle, die er in Ihnen auslöst, verändern?

Betrachten Sie Ihre Lebensgeschichte objektiv

Eine Übung, die Ihnen hilft herauszufinden, ob Ihr neues Leben die Gefühle in Ihnen hervorruft, die Sie sich wünschen: Stellen Sie sich vor einen Spiegel und bestätigen Sie Ihr zukünftiges Ich, indem Sie beispielsweise sagen: »Diese Person wird ________ (ergänzen Sie die passende Beschreibung)«, »Wenn ich in diese Augen schaue, sehe ich ________« und »Das ist das Gesicht eines Menschen, der ________.« Wenn Sie sich dabei nicht wohlfühlen, überlegen Sie, welche Energien Sie dabei unterstützen könnten, um Ihre Gefühle zu verändern. Lassen Sie beispielsweise die Vorstellung zu, dass Sie ein Mensch mit gesunden Beziehungen sind anstatt jemand, der immer für die emotionalen Bedürfnisse der anderen sorgt, oder jemand, der keine Anerkennung für seinen wichtigen Dienst am Nächsten braucht.

Sie könnten auch ein Video von sich machen, während Sie Ihre neue Geschichte erzählen. Bewerten Sie es nicht, wenn Sie es noch einmal ansehen, und bleiben Sie wie ein beobachtender Regisseur, der Dinge erkennen kann, die der Schauspieler nicht sieht. Lassen Sie Ihr Ego beiseite und seien Sie mitfühlend sich selbst gegenüber, während Sie beobachten, was Sie sagen und wie Sie es sagen: den Klang Ihrer Stimme, Ihren Gesichtsausdruck, Ihr Zögern, Ihre Körpersprache usw.

Betrachten Sie jeden Teil der neuen Geschichte, der in Ihnen Gefühle der Verbitterung, Frustration, Verwirrung, Widerstand, Angst oder Traurigkeit in Ihnen auslöst, ohne ihn zu bewerten.

Während Sie sich mit Ihrer neuen Lebensgeschichte beschäftigen, sollten Sie daran denken, dass es Konflikte zwischen dem, was Sie erschaffen möchten, und dem Widerstand Ihres Unbewussten geben kann. Erinnern Sie sich, dass defensives Verhalten, die Angst, sich lächerlich zu machen, die Sorge über den sozialen Status und Ähnliches sich meist unserem Bewusstsein entzieht, das diese Gedanken und Gefühle nicht akzeptieren will. Wenn Sie mithilfe von schamanischen und jungianischen Ritualen neue Energien hervorbringen, können Sie die archetypischen Energien loslassen, die mit Themen wie »der pflichtbewusste Sohn, der sich niemals beklagt«, »der Blender« u. Ä. verbunden sind.

Stellen Sie sich die Perspektive anderer vor

Betrachten Sie Ihre Lebensgeschichte nun aus der Perspektive anderer. Überlegen Sie, welche Menschen in Ihrem Leben wichtig sind oder waren. Was würden folgende Personen zu Ihrer neuen Lebensgeschichte sagen:

- Ihre Mutter
- Ihr Vater
- Ihre Geschwister
- Ihre Kinder
- Ihre Partnerin/Ihr Partner
- eine Ex-Partnerin/ein Ex-Partner, von der oder dem Sie sich im Streit getrennt haben
- eine gute Freundin/ein guter Freund
- eine ehemalige Freundin/ein ehemaliger Freund
- eine Mentorin/ein Mentor
- die göttliche Quelle

Wenn Sie aufgeschrieben haben, wie diese Personen Ihre neue Geschichte sehen könnten, spüren Sie nach, wie Sie deren Sichtweise und Reaktionen empfinden. Fühlen Sie sich zum Beispiel verunsichert, angeregt, eingeschränkt oder eingeschüchtert?

Denken Sie darüber nach, ob Sie in Geschichten gefangen sind, die Ihnen von Ihren Eltern, Freunden oder der Gesellschaft über Sie erzählt wurden und die bestimmen, wie Sie im Leben sein sollten. Diese Geschichten beinhalten womöglich Themen wie »der Goldjunge, der die Ehre der Familie wiederherstellt« oder »die treulose Tochter, die ihr Leben nicht für die Pflege der Eltern opfert«. Sie sollten sich von unerwünschten und einschränkenden Geschichten und Mustern aus der Familie und der Gesellschaft befreien, bevor Sie sich frei für eine neue Geschichte oder ein neues Verhaltensmuster entscheiden können. Überlegen Sie, inwieweit Ihre Geschichte den Erwartungen anderer entspricht – den Erwartungen Ihrer Eltern, der Gesellschaft oder Autoritätspersonen – und wie Sie versuchen, sich von diesen Einflüssen unabhängig zu machen. Behauptet Ihre Mutter, Sie seien unpraktisch, oder meint Ihr Mentor: »Das ist eine verrückte Idee. Dieser Weg ist völlig falsch für dich!«? Können Sie sich vorstellen, dass Sie es ertragen, wenn andere Ihre neue Geschichte ablehnen, ohne dass Sie sich von ihr abwenden und wieder zu Ihrer alten Geschichte zurückkehren? Wenn Sie glauben, andere akzeptierten Ihre neue Geschichte nicht, malen Sie sich aus, wie Sie auf deren Ablehnung reagieren könnten. Wie werden Sie sich in Zukunft verhalten, wenn Sie keine Unterstützung finden?

Denken Sie nun darüber nach, wie Ihre Zukunft aussehen würde, wenn die göttliche Quelle das Drehbuch dazu geschrieben hätte. Welche ungeahnten Möglichkeiten würden sich auftun? Welche Wunder könnten darin geschehen?

Verwenden Sie kreative Symbolisierungen

Wie bei der Aufzeichnung Ihrer Gegenwart können Sie Ihre neue Lebensgeschichte und ihre Kapitel in Symbolen ausdrücken – Farben, Formen, Bilder, Bewegung und Klänge. Wie sieht Ihre neue Geschichte aus, wie klingt, riecht, schmeckt sie und wie fühlt sie sich an? Wenn Sie Ihre Sinne benutzen, während Sie darüber nachdenken, kommen Sie mit den Energien in Verbindung, die zur Verwirklichung Ihrer Geschichte beitragen. Die Vorstellungskraft kann tatsächlich archetypische Energien anziehen, die Ihnen helfen können, mehr Selbstvertrauen zu bekommen und zu heilen.

Welches Tier oder welche Tiere symbolisieren Ihre neue Lebensgeschichte und ihre Kapitel? Wie würde sie sich in einem Tanz oder einer anderen körperlichen Bewegung ausdrücken? Malen Sie ein Bild von ihr.

Schreiben Sie ein Gedicht oder ein Lied darüber. Wenn Sie das Gefühl haben, Ihre Karriere sei wie ein Rinnsal, das im tiefen Unterholz versickert, wie sollte Sie Ihrem Wunsch nach aussehen? Was fällt Ihnen dazu ein? Ein ruhiger Fluss mit fruchtbaren Ufern, an denen Menschen stehen, die Ihre Klarheit, Kraft und Bewegung bewundern?

Welche neuen Eindrücke gewinnen Sie durch die visuellen Symbolisierungen Ihrer Zukunft? Ähneln die Symbole denen in Ihrer Vergangenheit oder unterscheiden sie sich davon? Hilft es Ihnen bei der Gestaltung Ihrer neuen Geschichte, wenn Sie diese Vergleiche anstellen?

Ein Bild oder eine Botschaft über die Inhalte Ihrer neuen Geschichte taucht meist dann auf, wenn Sie es am wenigsten erwarten: Wenn Sie dem Rauschen der Wellen lauschen oder ihren Rhythmus beobachten, wenn Sie in die Schönheit eines Vogelgesangs, Nebelhorns oder das Pfeifen eines Zugs in der Ferne, in den Sonnenaufgang oder -untergang, einen Traum oder in Ihre Fantasie versunken sind. Bleiben Sie offen für die Botschaften der göttlichen Quelle.

Sie können verschiedene Verhaltensweisen ändern, indem Sie sich und Ihr Leben mit anderen Metaphern beschreiben. Wenn Sie gewöhnlich von sich behaupten: »Ich kämpfe mich ständig durch den Sumpf«, können Sie dieses Selbstbild ändern in »Ich gleite durch meinen Tag«. »Ich bin total im Stress« wird zu »Ich bin beschäftigt und voller Begeisterung«. Wie wirken sich diese Beschreibungen auf Ihr altes Leben aus und welche neuen Metaphern passen besser zu Ihrer neuen Geschichte?

Fangen Sie an, Ihre neue Lebensgeschichte zu verwirklichen

Die Verwirklichung Ihrer neuen Lebensgeschichte beginnt damit zu handeln. Wie ich bereits sagte, sind die Veränderungen an den Eckpunkten nur der Anfang. Durch die Übungen in diesem Buch werden Sie Ihr persönliches Energiefeld und die Zielrichtung Ihrer Zukunft tatsächlich anders gestalten, selbst wenn die Wunden der Vergangenheit gleichzeitig noch heilen. Auch die neue Version Ihrer Geschichte auf der geistigen oder psychischen Ebene ist nur ein Anfang. Während Sie sie umschreiben und neue Mythen für sich visualisieren, wird Ihre Geschichte zu einer Seelenreise, auf die Sie sich bewusst begeben. Sie können Themen wie Sorgen, Selbstbetrug oder fehlende Authentizität loslassen. Sie können Themen wie Stärke, Vertrauen und Authentizität entwickeln. Diese thematischen Energien können wie ein starker Magnet wirken und die entsprechenden Menschen, Gelegenheiten und Situationen anziehen. Auf diese Weise wird Ihre Geschichte durch die Ereignisse, die Sie erleben, buchstäblich lebendig.

Wenn Sie, wie an früherer Stelle beschrieben, geringfügige Veränderungen an den Eckpunkten vornehmen, achten Sie darauf, wo sich Ihre neue Geschichte gut anfühlt und wo nicht. Ein gut funktionierendes Leben kann verändert werden, wenn Sie sich darüber hinaus entwickelt haben. Es ist kein starrer Rahmen, an den Sie sich anpassen müssen. Seien Sie flexibel und offen für die Ideen, die die göttliche Quelle zu Ihrer Geschichte beiträgt.

Im Augenblick haben Sie vielleicht nur eine verschwommene Vorstellung davon, wie es sein wird, wenn Sie Ihre neue Geschichte zu leben beginnen. Wo werden Sie eine Möglichkeit finden, Ihren Wunsch zu leben, sich für andere Menschen zu engagieren oder die verspielte Seite Ihrer Persönlichkeit zu verwirklichen? Sie können vorher nie genau wissen, wie Sie auf neue Situationen reagieren werden oder welche Gefühle, Erkenntnisse oder Bedürfnisse auf Ihrem neuen Weg auftauchen werden. Seien Sie kreativ und bereit für die Überraschungen, mit denen Sie konfrontiert werden, wenn Ihre neue Geschichte ins Rollen kommt.

Loslassen

Der unaufhörliche Kampf,
keine Bewegung, keine Erlösung.
Plötzlich Loslassen.
Hingabe
an die göttliche Quelle, aus der alles entspringt.
Mit unbekanntem Ausgang,
aber annehmend und voller Vertrauen, was auch immer geschieht.
Wann lasse ich endlich los
und du wirkst?

Hindernisse überwinden, um Ihre neue Geschichte zu verwirklichen

Um Ihre Chancen zu erhöhen, Ihre neue Lebensgeschichte auch ganz zu verwirklichen und das Risiko zu vermindern, dass Sie Widerstände gegen die Transformation aufbauen, müssen Sie sich von den Ängsten freimachen, wie andere Menschen Sie wahrnehmen werden. Stattdessen müssen Sie sich aus ganzem Herzen und ohne Rechtfertigung zu den wahren Bedürfnissen Ihrer Seele bekennen. Praktizieren Sie »bedingungsloses Mitgefühl«, wie ich es nenne: Lassen Sie nicht zu, dass Ihnen irgendetwas im Weg steht, wenn Sie die Wünsche Ihrer Seele einfühlsam annehmen. Ihr Mitgefühl für sich selbst sollte weder von Schuld noch Scham beeinträchtigt werden, sodass Sie sich und andere klar erkennen können.

Wenn Sie Ihre neue Geschichte aufschreiben oder erzählen, achten Sie darauf, ob irgendwelche Hindernisse auftauchen, die ihre Verwirklichung erschweren. Vielleicht haben Sie bewusst oder unbewusst das Gefühl, Sie hätten etwas davon, wenn Sie Ihr augenblickliches Leben beibehalten. Obwohl Sie diesen Vorteil vielleicht nicht verlieren möchten, kann der Preis, daran festzuhalten, viel höher sein, als Ihnen lieb ist. Den Preis des Festhaltens vergisst man leicht, weil einem die alte Geschichte vertraut ist und einen darüber hinwegtröstet. Wenn Sie bedingungsloses Mitgefühl für sich selbst üben, sehen Sie allmählich, welchen Preis Sie zahlen, wenn Sie sich der Transformation widersetzen.

Womöglich stellen Sie fest, dass sich eine Veränderung in einem Lebensbereich auf andere Bereiche in einer Weise auswirkt, die Ihnen gefällt oder auch nicht. Wenn Sie beispielsweise Gewicht verlieren und Ihre körperliche Fitness steigern, könnten Sie entdecken, dass Sie mehr Energie und Selbstvertrauen haben, Ihre Freunde sich jedoch anders verhalten. Mit dieser unvorhersehbaren Reaktion fühlen Sie sich vielleicht nicht wohl. Sie könnten darauf so reagieren, dass Sie sich neue Freunde suchen, die Ihr neues Leben unterstützen. Zum Beispiel Menschen, die gemeinsame Aktivitäten und Gespräche bevorzugen, anstatt sich mit dem Thema Essen zu beschäftigen. Sie könnten auch überlegen, wie Sie anders mit den Freunden umgehen könnten, die Sie jetzt, wo Sie gesundheitsbewusster leben, anders behandeln. Wenn Sie sich gegen die Verhaltensänderung Ihrer Freunde auflehnen und sich nicht damit auseinandersetzen, könnte es schwierig werden, die Veränderung beizubehalten, die Sie in Ihrem Leben herbeigeführt haben.

Ein weiteres Hindernis für Ihre neue Geschichte könnte die fehlende Akzeptanz und Vertrautheit mit Ihrer Vergangenheit sein. Sie müssen sich emotional von ihr distanzieren und erkennen, dass Sie zu dieser Zeit Ihr Bestes getan haben. Wie dysfunktional Ihre alte Lebensgeschichte auch gewesen sein mag, Sie möchten nicht an Schuld und Scham festhalten, die der Veränderung im Weg stehen. Sie können sich durch Rituale und Zeremonien von den alten Energien befreien, worüber Sie später noch mehr erfahren werden.

Außer der Schwierigkeit, sich von Ihrer alten Geschichte zu distanzieren, halten Sie vielleicht zu sehr an Ihrer Vorstellung fest, wie Sie Unterstützung bekommen, um Ihr neues Leben entsprechend einem festgelegten Zeitplan zu verwirklichen. Eine Frau sagte dazu beispielsweise: »Wenn ich mir eine Antwort vom Göttlichen am meisten wünsche, bekomme ich keine. Ich kann sagen, dass sich meine eigenen Wünsche in meinen Erfahrungen spiegeln. Wenn ich müde bin und mich nicht allzu sehr anstrenge oder keine göttliche Antwort erwarte, geschehen unfassbare Dinge.« Wenn sie ihr Kontrollbedürfnis aufgab, konnte sie die Botschaften empfangen, die ihr halfen, ihre neue Geschichte zu realisieren.

Doch ein weiteres Hindernis, das Ihren Bemühungen im Weg steht, Ihr neues Leben zu leben, ist der Wunsch, als jemand Besonderer wahrgenommen zu werden – der beste Freund, die beste Mutter, der beste Geschäftsmann usw. Gewöhnlich glauben wir, dass unsere Bedürfnisse leichter erfüllt werden, wenn wir »der oder die Beste« oder »besonders« sind. Dieser Wunsch, besonders zu sein, kann dazu führen, dass wir die »Nummer eins« sein, Preise gewinnen oder Ruhm, Ansehen oder übermäßige Anerkennung erlangen müssen. Es kann auch sein, dass es sich darin äußert, als das größte Opfer oder der am meisten Benachteiligte im Raum gelten zu wollen. Es ist wichtig, sich damit auseinanderzusetzen, welchen Preis wir dafür bezahlen, besonders sein zu wollen. Verdeckt dieser Wunsch Ihre wahren Bedürfnisse?

Wenn Sie den Verdacht haben, dass das Thema »Besonders sein« Sie betrifft, denken Sie bitte über folgende Fragen nach:

- Warum ist es wichtig für Sie, als besonders gesehen zu werden? Was ist der Preis, den Sie zahlen, wenn Sie sich selbst als Opfer sehen oder andere dazu bringen, Sie als Opfer zu sehen?
- Was würde passieren, wenn Sie aufhören, besonders sein zu wollen? Wie wäre Ihr Leben dann?
- Schließen Sie Ihre Augen und achten Sie darauf, wie Sie sich fühlen, wenn Sie nicht mehr die Last mit sich herumschleppen, »der Beste« sein und ständig mit anderen konkurrieren zu müssen, um Ihre Position zu verteidigen. Oder wenn Sie sich mehr als Opfer fühlen als andere, stellen Sie sich vor, wie es sich anfühlen würde, nicht mehr oder weniger benachteiligt zu sein als alle anderen. Was empfinden Sie bei dieser Vorstellung?
- Welche Bedürfnisse blieben unerfüllt, wenn Sie nichts »Besonderes« mehr sind oder danach streben, als jemand Besonderer gesehen zu werden? Welche Folgen hätte es, wenn diese Bedürfnisse unbefriedigt blieben? Gäbe es andere Möglichkeiten, sie zu befriedigen?

Sie erlangen Ihre Freiheit zurück, wenn Sie nicht mehr besonders sein müssen. Sie können sich weiterentwickeln und neue Themen erfahren, die zu einer befriedigenderen Lebensgeschichte beitragen.

Wünsche und Hindernisse

Wissen Sie, was Sie wollen? Haben Sie Angst davor, es nicht zu bekommen? Wünsche können schmerzhaft sein, weil wir befürchten, dass sie niemals erfüllt werden. Es kann sein, dass Sie sich daran hindern, sich Ihre Wünsche einzugestehen.

Wünschen

Der Schmerz des Wünschens
kann in uns nagen und uns umbringen,
wenn das Gewünschte
nicht möglich ist.
Aber wenn der Wünschende
seinen Wunsch vom Licht der Ewigkeit bescheinen lässt,
verwandelt er sich in einen Spiegel,
der die Wahrheit reflektiert
und heilt.

Wenn Sie wissen, was Sie wollen, müssen Sie daran glauben, dass Sie es erreichen oder erfahren können. Sonst werden Sie die Chancen nicht erkennen, um Ihre Wünsche zu befriedigen, oder falls doch, werden Sie sie mit einer pessimistischen Haltung ergreifen.

Nehmen Sie sich etwas Zeit und schreiben Sie ein paar Gründe auf, warum Sie glauben, Ihre neue Geschichte und Ihr neues Leben, das Sie sich wünschen, nicht manifestieren zu können. Was würde Sie aufhalten? Wie verhindern Verallgemeinerungen wie »Ich werde es tun, wenn ich genug Zeit, Geld oder Energie habe« oder »wenn ich in Rente bin« oder »wenn die Kinder in der Ausbildung sind« die Veränderung? Könnten Sie sofort damit beginnen, Veränderungen an den Eckpunkten vorzunehmen und aus Ihrer Komfortzone zu kommen? Machen Sie den ersten Schritt zu einer wichtigen Tat, die Sie verschoben haben, bis etwas anderes eintritt.

Wenn Sie die Hindernisse betrachten, die Ihnen Ihrer Meinung nach im Weg stehen, fragen Sie sich, ob Sie sie umgehen oder durchbrechen könnten. Waren Sie unrealistisch in der Gestaltung Ihrer Geschichte und haben Einschränkungen nicht berücksichtigt, die nicht überwunden werden können? Ein Beispiel dafür ist eine körperliche Einschränkung: Ein 50-jähriger Mann, der einen 100-Meter-Lauf in zehn Sekunden schaffen möchte, schätzt seine körperlichen Grenzen nicht realistisch ein. Doch selbst einschränkende Faktoren können verändert werden und neue Geschichten können trotzdem entwickelt werden. Ein 50-Jähriger kann in Form kommen und sich in einem Wettbewerb mit Gleichaltrigen messen. Er kann seine Geschichte umschreiben, sodass aus »dem Möchtegern-Athleten, der seinen Vater und seine Mannschaft enttäuscht hat«, »der Mann wird, der als Athlet ausdauernd trainiert hat und die Wettkämpfe genießt, weil er sich von dem Bedürfnis befreit hat, sportliche Erfolge zu erringen, um anderen zu gefallen«.

Überprüfen Sie, wie viele Hindernisse Sie in Ihren Überzeugungen – nicht in den äußeren Umständen – entdecken. Hindernisse lassen sich auf vielfältige Weise überwinden. Sie können beispielsweise fast immer Zeit dafür erübrigen, etwas anders zu machen, aber Sie müssen erkennen, dass es mehr als einen Weg gibt, um Ihr Ziel zu erreichen. Halten Sie an Überzeugungen fest wie »Ich kann nicht glücklich sein, wenn ich nicht in einer festen Liebesbeziehung lebe« oder »Ich kann keine neue Karriere beginnen, solange ich nicht genug Geld für die Ausbildung meiner Kinder gespart habe«? Was, wenn Sie glücklich wären, ohne dass Sie Bedingungen daran knüpfen oder erst etwas passieren muss? Was, wenn Sie zwei Ziele gleichzeitig erreichen könnten, die sich gegenseitig scheinbar ausschließen?

Sie können sich von negativen, einschränkenden Denkmustern befreien, die Sie behindern, wie zum Beispiel »Ich werde niemals die wahre Liebe finden«, »Niemand wird mich je so annehmen, wie ich bin« oder »Mein Wert wird davon bestimmt, wie viel Geld ich besitze«. Wenn Sie sich selbst gegenüber bedingungsloses Mitgefühl üben, wird es leicht, starre Glaubensvorstellungen aufzulösen, die Sie in vielleicht mehr als nur einem Kapitel Ihres Lebens behindern. Wenn Sie zum Beispiel »immer nur die Brautjungfer, aber nie die Braut« sind, kann eine einschränkende Überzeugung sich nicht nur auf Ihre Beziehungen, sondern auch auf Ihre Berufung auswirken. Befreien Sie sich davon und Sie können neue Gelegenheiten finden und anders darauf reagieren.

Auch Ihre Wahrnehmung kann Sie behindern. Das Rätsel von der Gans in der Flasche verdeutlicht die Macht der Voreingenommenheit. Stellen Sie sich vor, eine kleine Gans wird in eine Flasche gesteckt und darin gemästet. Wie können Sie die Gans wieder aus der Flasche holen, ohne die Flasche kaputt zu machen?

Die Antwort hängt von Ihrer Vorstellung von einer Flasche ab und ob Sie sich die Flasche so vorstellen, dass Ihre Vorstellung begrenzt wird. Wenn Sie an eine »normale« Flasche denken, ist die Vorstellung von einer Gans, die darin heranwächst, absurd. Wenn Sie sich jedoch eine riesige, auf dem Boden liegende Flasche vorstellen, ist die Vorstellung, dass die Gans die Flasche verlassen kann, nicht unmöglich. In gleicher Weise können Sie sich die neuen Möglichkeiten in Ihrem Leben ausmalen und auch die Möglichkeiten, wie Sie die Hindernisse umschiffen.

Auch dann könnten Sie wieder zögern, die Chancen zu ergreifen und aus dem Vollen zu schöpfen. Vielleicht möchten Sie lieber an dem Traum festhalten, was alles möglich wäre, anstatt ihn in der Wirklichkeit zu erleben. Sie sabotieren Ihre Reise, wenn Sie sich Urteilen, Erwartungen und Ängsten beugen, die als innere Hindernisse dienen.

Urteil

Der starre Blick des Urteils
lässt das Leben
verkümmern, einfrieren, schrumpfen und zersplittern.
Annahme
macht Erweiterung und Wachstum möglich.
Wenn das Eis schmilzt,
kehren wir nach Hause zurück
in die Tiefe des Sees.

Indem wir uns von Voreingenommenheit, Urteilen, Erwartungen und Ängsten frei machen, öffnen wir uns für neue, vielleicht noch ungeahnte Möglichkeiten. Aber eine neue Geschichte zu verwirklichen erfordert Anstrengung und Disziplin, selbst mit Hilfe der göttlichen Quelle. Es ist notwendig, die Schwächen zu überwinden, die Ihre Bemühungen um Veränderung sabotieren, besonders wenn Sie älter werden. Experimentieren Sie bewusst und probieren Sie neue Möglichkeiten zu fühlen und zu denken aus. Nachdenken öffnet die Tür, um neue Versionen der Geschichte in Betracht zu ziehen. Es ist möglich, Ihre bisherigen Erwartungen, wie andere und die Welt sein sollten, loszulassen und mit der Gegenwart so umzugehen, dass Ihr Leben besser wird.

Erwartungen

Bedauern, Verbitterung und Ängste
entstehen,
wenn das, was ist,
von Erwartungen geprägt ist.

Sie können viel Zeit und Energie verschwenden, wenn Sie über die womöglich trostlose Zukunft jammern und sich sorgen, was geschehen könnte. Angst kann Ihr Leben vergiften und Ihnen Ihre Lebenskraft rauben. Die folgende Geschichte ist einem jüdischen Märchen entnommen, das Sie ungekürzt in dem Kinderbuch »Solomon and the Ant: And Other Jewish

Folktales« finden. Diese Geschichte macht die vergiftende Wirkung der Angst deutlich.

Ein Sultan hatte die Wahl zwischen zwei hochqualifizierten Ärzten. Einen davon wollte er zu seinem neuen Leibarzt machen. Um seine Überlegenheit zu beweisen, schlug der erste Arzt einen Wettkampf vor, bei dem jeder versuchen würde, den anderen zu vergiften. Der Überlebende würde die Stellung als Leibarzt erhalten. Der Sultan stimmte dem Vorschlag zu, doch der zweite Arzt war dagegen, weil er meinte, er könne niemandem das Leben nehmen. Dennoch wurde der Wettstreit ausgetragen. Der erste Arzt probierte verschiedene raffinierte Methoden aus, um den anderen Arzt zu vergiften, doch dieser machte jede seiner Anstrengungen zunichte. Der erste Arzt wurde daraufhin schwach und krank, weil er aus Angst vor Vergiftung selbst nichts mehr aß oder trank. Schließlich trank er ein Glas Milch, das sich der andere eingeschenkt hatte, weil er glaubte, dies sei ungefährlich. Der zweite Arzt war zufrieden, weil sein Kollege endlich etwas Nahrhaftes zu sich nahm. Dies rief in dem Arzt die Überzeugung hervor, dass die Milch vergiftet war, und er versuchte in wachsender Verzweiflung, ein Gegenmittel zu finden. Am nächsten Morgen war er tot. Der Sultan fragte den anderen Arzt, welches Gift er in die Milch gegeben habe. Er antwortete, die Milch sei völlig in Ordnung gewesen. Die Panik des Arztes habe dazu geführt, dass sein Herz versagte. Angst war das stärkste Gift.[7]

Angst

Angst kommt ungebeten,
Herzrasen begleitet Flachatmung,
schwitzende Handflächen.
Angst vor dem anderen, der Natur,
unserem Körper,
Menschen, die uns verletzen oder töten können.
Scham, Gefahr, Verneinung.

---

7 Siehe in Sheldon Oberman: »*Solomon and the Ant: And Other Jewish Folktales*«

Wenn wir unser neues Leben beginnen wollen, müssen wir uns von der Angst befreien, was passieren könnte und welche Hindernisse sich vor uns auftun werden. Dies gelingt uns leichter, wenn wir schamanische und jungianische Rituale machen und das Wissen und die Energien nutzen, die wir aus der transpersonalen Dimension beziehen.

Für die Umsetzung unserer neuen Geschichte verbergen sich in unserem Unbewussten manche Hindernisse. Wir müssen sie entdecken, überwinden und vielleicht in positive Veränderungsenergie verwandeln. Die schamanische und jungianische Praxis unterstützt uns dabei, diese Hürden aus einem anderen Blickwinkel zu betrachten. Mir gefiel dazu schon immer die Geschichte von einem Menschen, der verdrießlich alle Probleme vorwegnimmt, die unterwegs auftauchen könnten. Manche bleiben am Wegrand liegen, andere zerstreuen sich in eine andere Richtung. Diejenigen, die auf den Betreffenden tatsächlich zukommen, haben mit seinen Befürchtungen wenig zu tun. Anstatt uns als Opfer von Mächten und einem Schicksal jenseits unserer Kontrolle zu fühlen und ängstlich vorwegzunehmen, was uns alles geschehen könnte, haben wir die Möglichkeit, unsere Lebensgeschichte anders wahrzunehmen. Dann können wir leichter Entscheidungen treffen, die wünschenswertere Ergebnisse für unsere Zukunft hervorbringen.

Manchmal ist es ein Rätsel, wann und warum wir in unserem Leben die Motivation für einschneidende Veränderungen aufbringen. Wann auch immer wir uns entscheiden, dass eine Veränderung notwendig ist, sollten wir den Boden dafür gut vorbereiten und die Samen dafür säen und gut pflegen, damit sie aufgehen können, sobald es die göttliche Quelle für richtig hält.

Manchmal treten große Veränderungen ein, wenn wir eine tiefe Einsicht hatten, eine unbrauchbare Energie loslassen, die uns zu lange beeinträchtigt hat, oder eine neue Energie gewinnen, die uns nährt und unser Wachstum so beschleunigt, wie die Sonne den Keimling rasch zu einer Blume heranwachsen lässt. Nachdem Sie sich jetzt ausgiebig mit der Analyse Ihrer Vergangenheit und dem Entwurf Ihrer Zukunft beschäftigt haben, ist es Zeit, sich mit den schamanischen Ritualen vertraut zu machen und sie zur Veränderung Ihrer Lebensgeschichte zu nutzen.

Kapitel 5
Vorbereitung auf schamanische Rituale

Schamanische Rituale sind mit der Arbeit mit Energien verbunden. Einige davon sind sehr intensiv. Im Gegensatz zu geübten und erfahrenen Schamanen sind wir viel vertrauter mit dem Alltagsbewusstsein und halten die mit unseren Sinnen erfahrbare Welt für die einzige Wirklichkeit, sodass wir uns der anderen Energien gewöhnlich nicht bewusst sind. Wir müssen unser Bewusstsein verändern, sodass wir die Energien, die uns umgeben und durchdringen, spüren und mit ihnen praktizieren können. Zur Vorbereitung auf die schamanischen Rituale sind einige Maßnahmen notwendig, damit diese Bewusstseinsveränderung möglich wird.

Jedes schamanische Ritual öffnet Sie für das, was in Ihrem Unbewussten verborgen liegt, einem geistigen Zustand, der mit dem umfassenderen Kollektivbewusstsein verbunden ist, das wir mit der göttlichen Quelle teilen. Sie müssen die hektische Betriebsamkeit des Bewusstseins vermindern, damit Sie leichter in den Bereich eindringen können, der sich dem Alltagsbewusstsein entzieht.

Jedes Mal, wenn Sie eine schamanische Reise oder ein Ritual oder eine Zeremonie machen möchten, bereiten Sie sich so darauf vor wie ein Schamane. Beginnen Sie damit, den heiligen Raum zu öffnen, ein Ritual, das der göttlichen Quelle zeigt, dass Sie bereit für die Bewusstseinsveränderung und die erhöhte Wahrnehmung sind und bewusst in Kontakt mit ihr treten, indem Sie auf der energetischen Ebene durch Symbole, Metaphern, Gefühle, Empfindungen usw. kommunizieren. Danach reinigen Sie Ihr Energiefeld so, dass sich die schweren, dunklen oder dichten Energien in Ihrer Aura auflösen. Wenn Ihr Energiefeld leichter und Ihre Schwingung höher ist, können Sie sich leichter mit der göttlichen Quelle austauschen, die reine Energie ist. Dann sollten Sie eine einfache Atemübung machen, die Ihre Gehirnfrequenzen verändert und das Geschnatter des Geistes beruhigt. Vielleicht möchten Sie sich auch auf den inneren Dialog oder die Traumarbeit mit diesen Übungen vorbereiten. Im Folgenden werden diese Vorbereitungen detailliert beschrieben.

Öffnung des heiligen Raums

Ein heiliger Raum kann jeder Ort sein, dem Sie sich mit Ehrfurcht nähern und den Sie dazu bestimmt haben, um darin mit transpersonalen Energien zu arbeiten. Sie leben ständig im heiligen Raum, da die göttliche Quelle überall ist und alles durchdringt, aber beim Öffnen des heiligen Raums verbinden Sie sich absichtlich mit liebevollen und unterstützenden Energien und vermeiden die dunklen, schweren und dichten Schwingungen, die Sie daran hindern könnten, das gewünschte Wissen und die hoch schwingende Energie zu erlangen. Wenn Sie in einem heiligen Raum schamanisch arbeiten, wirkt die zeitlose Ebene der Unendlichkeit auf Sie ein, in der alles möglich ist. Sie wirken in der Dimension des unendlichen Neubeginns.[8]

Um den heiligen Raum zu öffnen, bitten Sie die verschiedenen Aspekte der göttlichen Quelle um Unterstützung bei der beabsichtigten Praxis. Traditionell geschieht dies dadurch, dass Sie die göttlichen Aspekte anrufen, die mit den vier Himmelsrichtungen – Süden, Westen, Norden und Osten – und mit den Kräften in der Tiefe (Erde) und Höhe (Himmel) verbunden sind. Nach Beendigung Ihrer schamanischen Praxis schließen Sie den heiligen Raum wieder, bedanken sich und erweisen den Energien Respekt, die mit Ihnen zusammen gewirkt haben. Dadurch laden Sie sie ein, weiterhin in Ihrer Nähe zu bleiben und Sie vor niedrig schwingenden Energien zu schützen, die Sie belasten und Ihre Stimmung trüben oder sogar Krankheiten hervorrufen können, wie die Schamanen sagen.

Die folgende Anrufung zur Öffnung des heiligen Raums stammt aus der Andenmythologie und ist einer Version von Alberto Villoldo entnommen. Viele Traditionen schreiben den vier Himmelsrichtungen sowie Erde und

---

8 Siehe bei Mircea Eliade: »*Das Heilige und das Profane: Vom Wesen des Religiösen*«

Himmel unterschiedliche energetische und psychologische Qualitäten zu. In dieser Anrufung wird der Süden mit Regeneration und Heilung unserer Wunden verbunden; der Westen mit dem Überwinden von Ängsten vor dem Tod und dem Leben und der Lösung vom Karma unserer Herkunftsfamilien und Ahnen sowie von den Energien vergangener Leben; der Norden mit der Befreiung von gewohnten Rollen, indem wir die Zeit als unendlichen Kreislauf erkennen und uns bewusst mit unseren heiligen Abstammungslinien verbinden, und der Osten mit der zukünftigen Welt, neuen Möglichkeiten und ihrer Erschaffung in der Welt. Die Erde ist unsere lebendige Große Mutter. Sie unterstützt uns und erinnert uns daran, dass alles auf unserem Planeten in Beziehung zueinander steht und miteinander verbunden ist. Der Himmel, die Sonne, der Mond und die Sterne beeinflussen und unterstützen uns ebenfalls, und als Aspekte des Großen Geistes (der göttlichen Quelle) zeigen Sie uns die Vielfältigkeit in der Einheit und die Einheit in der Vielfalt.

Wenden Sie sich nun nach Süden. Heben Sie Ihren Arm, wobei Ihre Handfläche nach oben zeigt, und rufen Sie den Süden mit den nachfolgenden Worten an. Dann wenden Sie sich dem Westen zu und rufen die Kräfte dieser Himmelsrichtung und wiederholen das Ritual für den Norden und Osten. Wenn Sie Mutter Erde rufen, knien Sie nieder, um den Erdboden zu berühren. Wenn Sie den Himmel anrufen, richten Sie Ihren Blick nach oben.

An die Winde des Südens!
Große Schlange, Lebenskraft,
komm und lehre mich deinen Weg.
Leg deinen Körper aus Licht um mich,
lehre mich, die Vergangenheit abzustreifen wie du deine Haut,
behutsam auf Mutter Erde zu wandeln.
Lehre mich, in Schönheit zu schreiten.

An die Winde des Westens!
Mutter Jaguar, Spurenleserin in der Dunkelheit,
komm und lehre mich deinen Weg.
Hilf mir, über meine Angst hinauszuwachsen.
Lehre mich, die Energien zu verwandeln, die mir nicht
mehr nützen,
und richtig zu leben.
Zeig mir den Weg über den Tod hinaus.

An die Winde des Nordens!
Kolibri, Weitgereister,
komm und lehre mich deinen Weg.
Hilf mir, mich am süßen Nektar des Lebens zu laben.
Hilf mir, in meiner Aktivität still zu werden.
Großmütter und Großväter, Ahnen,
kommt und wärmt eure Hände an meinem Feuer.
Flüstert mir durch den Wind zu.
Ich ehre euch, die ihr vor mir gekommen seid,
und euch, die ihr nach mir kommen werdet, meine Enkelkinder.

An die Winde des Ostens!
Großer Adler, großer Kondor,
komm zu mir geflogen vom Ort des Sonnenaufgangs.
Lehre mich deinen Weg.
Hilf mir, die Dinge aus verschiedenen Blickwinkeln
zu betrachten
und Neues in meinem Leben zu erschaffen.
Nimm mich unter deine Flügel.
Hilf mir, voller Freude durch die Lüfte zu gleiten,
die sich ständig verändern.
Lehre mich, Seite an Seite mit dem Großen Geist zu fliegen.

Mutter Erde!
Ich komme nicht nur zu dir, um meine Heilung zu erbitten, sondern
die Heilung all deiner Kinder:
Der vierbeinigen, zweibeinigen, kriechenden und krabbelnden,
derjenigen mit Flossen, Pelz und Flügeln,
der Steine und Pflanzen,
all meiner Verwandten.
Dank sei dir für alles, was du mir gibst.
Lehre mich, ein guter Hirte zu sein.

Vater Sonne, Großmutter Mond und Sternenvölker!
Ich ehre euch und bitte euch, zu mir zu kommen
und mir zu helfen.
Großer Geist, der unzählige Namen trägt
und doch immer unbegreiflich bleibt,
ich danke dir, dass du mich hierhergeführt hast
und mir erlaubst, auch heute das Lied des Lebens zu singen.

Wenn Sie mit dieser Zeremonie der Öffnung des heiligen Raums etwas vertrauter geworden sind, können Sie die Anrufung nach Ihren persönlichen Vorlieben abwandeln. Was zählt, ist die Absicht, nicht die Worte, die Sie verwenden. Wenn Sie in einer Gruppe wirken, verwenden Sie den Plural statt den Singular. Lassen Sie sich auch von Ihrer Intuition führen, wenn es um die Energien geht, mit denen Sie im heiligen Raum zusammenarbeiten möchten. Zu den Energien, die Sie zu Ihrem Ritual einladen, können aufgestiegene Meister, Schutzengel, geistige Führer und Krafttiere gehören.

Beginnen Sie jedes schamanische Ritual mit der Öffnung des heiligen Raums. Wenn Sie das Ritual beendet haben, schließen Sie ihn wieder, indem Sie sich wieder allen Himmelsrichtungen sowie Mutter Erde und dem Himmel zuwenden und allen beteiligten Energien danken.

Reinigung des Lichtkörpers

Schamanen glauben, dass wir einen Lichtkörper besitzen, der unseren physischen Körper umgibt und ihn durchdringt. Was im Lichtkörper geschieht, beeinflusst, was in der Seele, im Geist, den Gefühlen und im physischen Körper passiert. Nach der Öffnung des heiligen Raums besteht der nächste vorbereitende Schritt darin, Ihr Energiefeld zu klären, indem Sie Ihren Lichtkörper reinigen.

Setzen Sie sich ruhig hin und konzentrieren Sie sich auf Ihren Atem, um in Ihre Mitte zu kommen. Beim Ausatmen stellen Sie sich vor, dass Sie unerwünschte, schwere Energien loslassen. Beim Einatmen visualisieren Sie, dass reinigende Schöpfungsenergie in Sie einströmt.

Nun stellen Sie sich Ihren Lichtkörper vor. Vielleicht entdecken Sie irgendwo dunkle oder schwere Energie – entweder sehen oder spüren Sie sie. Diese Energie beeinträchtigt Ihr Wohlbefinden. Reinigen Sie sich davon, indem Sie Ihr Bewusstsein darauf lenken und sie bewusst auflösen. Die Energie wird aufgelöst und verschwindet aus Ihrem Körper.

Während Sie das Energiefeld um Ihren Körper visualisieren, könnten Sie auch elektromagnetische Energie spüren. Vielleicht bemerken Sie elektrische Ströme, die Sie wie ein Netz umgeben. Wie auch immer Sie diese wahrnehmen, erlauben Sie sich, spielerisch damit umzugehen. Wenn Sie unterbrochene Linien erkennen, verbinden Sie sie miteinander. Wenn Sie gerade und ruhig verlaufende Energieströme wahrnehmen, die sich durch Sie hindurchschlängeln oder -winden, lassen Sie dieses Bild zu, wenn es sich richtig anfühlt. Erlauben Sie Ihrer Intuition, Sie zu führen.

Eine weitere Reinigung des Energiefelds besteht darin, sich vorzustellen, wie sich die dunkle oder störende Energie durch einen Kanal in Nabelhöhe aus Ihrem Körper in die Erde entfernt, wo die Energie in die Natur aufgenommen und transformiert wird. Machen Sie sich keine Sorgen, dass sie zu dunkel oder negativ sein könnte. Stellen Sie sich vor, sie sei Treibstoff oder Feuer – für das Feuer spielt es keine Rolle, ob die Worte auf dem Papier einen Wutausbruch schildern oder eine mathematische Abhandlung formulieren. Alles wird völlig verbrannt.

Alternativ können Sie sich eine Energiekugel in Ihren Händen vorstellen, die Sie mit Ihrer schweren, unerwünschten Energie füllen. Hin und wieder werfen Sie die Kugel auf den Boden, wo die Erde und der Kosmos sie aufnehmen und verwandeln können. Dann beginnen Sie, eine neue Kugel zu füllen. Wiederholen Sie den Vorgang so lange, bis Sie das Gefühl haben, alles losgelassen zu haben, von dem Sie sich befreien wollen.

Nachdem Sie Ihr Energiefeld gereinigt haben, stellen Sie sich vor, wie neue Energie aus der göttlichen Quelle an die Stellen fließt, aus denen Sie die stagnierende, unerwünschte Energie gelöst haben. Beobachten Sie, wie es sich anfühlt, dieses Licht in Ihr Energiefeld aufzunehmen.

Sie können auch die folgende geführte Visualisierung nutzen, um das Energiefeld Ihres Lichtkörpers zu reinigen. Vielleicht wollen Sie sie auch vor einer schamanischen Reise machen oder einfach als Reinigungsritual verwenden. Sie lehnt sich an eine Erfahrung an, die ich während eines Flugs mit einer kleinen Propellermaschine über einen See in Nord-Wisconsin gemacht habe. Es war ein sehr heißer Tag und das Flugzeug war überladen. Während des Flugs setzte der Propeller auf der rechten Seite aus und das Flugzeug verlor an Höhe. Während ich über die Möglichkeit einer Notlandung nachdachte, kam mir die Lösung in der folgenden Vision in den Sinn.

Danach wurde ich mir wieder meiner Umgebung bewusst und fühlte mich gereinigt. Das Flugzeug sank immer tiefer, und der Pilot konnte es gerade noch über den Baumwipfeln halten und sicher auf einem alternativen Flugplatz landen. Seit diesem Flug habe ich mir die Vision noch viele Male bewusst gemacht. Sie können die unten beschriebene Lösungs-Visualisierung zur Heilung, Reinigung Ihrer Aura und zur Auflösung von stagnierenden, schweren Energien einsetzen, die Sie nicht mehr brauchen. Diese Visualisierung kann Sie für neue Energien und transpersonale Ebenen öffnen.

Wenn Sie möchten, können Sie die Visualisierung aufnehmen und während der Übung anhören, anstatt Sie nur aus dem Gedächtnis zu wiederholen. Öffnen Sie zu Beginn den heiligen Raum, reinigen Sie Ihr Energiefeld und konzentrieren Sie sich auf Ihre Atmung, um sich in die paranormale Wirklichkeit zu begeben.

Geführte Visualisierung: Auflösung

Atme normal ein und aus, während du dich auf deinen Atem konzentrierst und alle Gedanken, die auftauchen, einfach wieder ziehen lässt, ohne darüber nachzudenken. Öffne dich für das Auflösungsritual und stell dir vor, du befindest dich in einer Höhle. Zieh deine Kleidung aus und leg dich hin. Von der Decke tropft eine säurehaltige Flüssigkeit, die auf schmerzlose Weise deinen Körper mit seinen Organen und Systemen und schließlich auch das Skelett auflöst. Deine Essenz und Bewusstheit leben in den Tropfen weiter, die zum Höhlenausgang fließen.

Die Tröpfchen verdunsten in der Sonne und werden von den Wolken aufgesaugt. Deine Essenz und dein Bewusstsein befinden sich nun in Form von Wasserdampf hoch über dem Erdboden. Du spürst die reinigende Wirkung des Windes, während du durch den Himmel schwebst. Das Sonnenlicht reinigt und klärt dich noch mehr. Der Wasserdampf kondensiert, und die Tropfen regnen vom Himmel. Sie werden vom Ozean aufgenommen, der deine Essenz weiter reinigt. Dann spült dich eine Welle an Land. Du versickerst im Sand, wo du von der Erde gereinigt und genährt wirst.

Dann spült ein Regenguss den Sand in den Ozean, wo sich die Reinigung weiter vollzieht, dann werden die Tropfen wieder an die Luft abgegeben. Sie werden wieder vom Wind davongetragen, der sie gemeinsam mit der Sonne klärt und zurück zum Höhleneingang bringt. Dort katapultiert dich ein Blitz zurück in deinen physischen Körper. Du fühlst, wie dein Körper neu geformt wird. Zuerst das Skelett, dann deine Organe und Körpersysteme – das Nervensystem, die Drüsen und der Blutkreislauf usw. – und alle anderen Körperteile, die notwendig sind, um ein Mensch zu werden. Wenn du in deinen Körper als Ganzheit zurückgekehrt bist, ist die Visualisierung beendet.

Schließen Sie am Schluss den heiligen Raum. Wie bei jeder anderen Übung in diesem Buch tun Sie gut daran, über die Erfahrung nachzudenken, sie in einem Tagebuch festzuhalten und später noch einmal darauf zurückzukommen, um noch tiefere Erkenntnisse daraus zu ziehen.

Bewusstes Atmen

Die erste und letzte Handlung in diesem Leben ist der erste und letzte Atemzug. Trotz der Tatsache, dass wir atmen müssen, um zu überleben, denken wir nur selten über diesen lebenswichtigen körperlichen Vorgang nach. Bewusste Atmung ist eine wichtige Vorbereitung auf schamanische Rituale. Sie hilft uns, uns mit den Kräften in unserer Umgebung zu verbinden. Verwenden Sie die bewusste Atmung nach der Öffnung des heiligen Raums und der Reinigung Ihres Energiefelds. Diese Übungen tragen zu einer weiteren Bewusstseinsveränderung bei und beruhigen das Gedankenkarussell, wodurch Sie die göttliche Stimme besser vernehmen können.

Während Sie einatmen, stellen Sie sich vor, dass Sie Energie in sich einströmen lassen, die Ihre neue Lebensgeschichte nährt, und Energie auflösen, die Ihre Vergangenheit unterstützt. Achten Sie auf das Gefühl beim Ein- und Ausströmen des Atems. Stellen Sie sich Ihren Atem als Austausch mit dem Himmel vor. Die Erde und die Universen bringen Sie in Verbindung mit den Rhythmen der Natur und der göttlichen Quelle. Wenn Sie damit verbunden sind, werden Sie von der Sie umgebenden Energie gestärkt und können die Veränderungen leichter vollziehen, so wie eine leichte Brise das Segel aufbläht und das Boot beschleunigt. Bevor Sie sich auf die Schamanenreise begeben oder ein Ritual durchführen, schließen Sie die Augen und konzentrieren sich darauf, wie sich das Ein- und Ausatmen anfühlt.

Sie können das Atmen auch zu einem Ritual machen: Stellen Sie sich vor, welche Energien Sie in sich ein- und welche Sie ausströmen lassen, und meditieren Sie darüber, wie Sie mit allem in Ihrer Umgebung verbunden sind.

Ein einfaches Atemritual besteht darin, beim Einatmen bis sieben zu zählen, dann den Atem anzuhalten, während Sie bis sieben zählen, und dann wieder auf sieben auszuatmen. Dieser Zyklus wird siebenmal wiederholt. Sie können den Zählrhythmus nach Ihren Bedürfnissen abwandeln. Sie können auch die Yoga-Wechselatmung verwenden:

Verschließen Sie das rechte Nasenloch mit den Fingern und atmen Sie langsam und tief durch das linke ein. Dann verschließen Sie beide Nasenlöcher und halten im gleichen Zählrhythmus die Luft an. Danach atmen sie durch das rechte Nasenloch aus, verschließen es und atmen durch das linke Nasenloch wieder ein, halten die Luft an und atmen rechts wieder aus. Wiederholen Sie diesen Wechsel einige Male. Kombinieren Sie diese Atemtechnik mit dem zuvor beschriebenen Siebenerrhythmus.

Spüren Sie nach, ob Sie durch diese Atemübungen Ihr Bewusstsein mehr auf den Augenblick lenken oder sich mit den Ihrer Zukunftsgestaltung dienlichen Energien leichter verbinden können.

Alle Rituale – die Öffnung des heiligen Raums, die Aurareinigung und das bewusste Atmen – sollten vor schamanischen Zeremonien immer verwendet werden. Eine der wichtigsten, auf die man sich vorbereiten sollte, ist die Schamanenreise, wo Ihnen Energien begegnen, mit denen Sie in einem sogenannten inneren Dialog interagieren werden. Die Schamanenreise und der innere Dialog, über die Sie im nächsten Kapitel mehr erfahren, werden Ihnen Erkenntnisse liefern und Sie mit Energien in Verbindung bringen, die Ihnen ermöglichen, entscheidende Veränderungen in Ihrem Leben herbeizuführen.

Kapitel 6
Schamanenreise und innerer Dialog

Bei einer Schamanenreise verlieren Sie bewusst Ihren normalen Realitätsbezug, um in überpersönliche Dimensionen zu reisen. Obwohl manche Menschen diese Reisen für Fantasievorstellungen halten, glaube ich, dass Sie wirklich sind. Aus Sicht der Schamanen reisen wir in eine andere Dimension oder Wirklichkeit, an der alle teilhaben können – das heißt in die transpersonale Ebene. Dort können Sie mit allen Wesen und Dingen, denen Sie begegnen, kommunizieren, um Einsichten zu erlangen (der innere Dialog kann auch in anderen Zusammenhängen verwendet werden, wie Sie später erfahren werden).

Traditionell kommunizieren Schamanen mit Bergen oder Flüssen und lauschen auf ihre Antwort, doch einen längeren Dialog können wir nicht nur mit der Natur, sondern auch mit Symbolen, Empfindungen, Gefühlen oder anderen Energiemanifestationen führen.

Sowohl das Reisen, das eine zentrale schamanische Praxis in allen Kulturen darstellt, als auch der innere Dialog, der einen wechselseitigen Austausch mit Symbolen und Energien beinhaltet, bieten Möglichkeiten, Wissen, Information und Energie zu erhalten, die im Alltagsleben nützlich sind. (In den beiden folgenden Kapiteln werden Sie mehr über die Energien erfahren, denen Sie dabei begegnen und mit denen Sie praktizieren.) Diese Energien nehmen unterschiedliche Gestalt an, doch meist zeigen sie sich in Form von Wesen oder Symbolen, mit denen Sie sprechen können. Obwohl die Energie und Erkenntnisse, die Sie aus der transpersonalen Dimension beziehen, sehr mächtig sein können, nehmen Sie Ihnen Ihre eigene Transformation nicht ab. Sie sind selbst dafür verantwortlich, sie in Ihr Alltagsleben zu integrieren. Auf diese Weise sind Ihre transpersonalen Erfahrungen mehr als nur interessant. Vielmehr dienen sie tatsächlich als Katalysator für Ihre Transformation.

Lesen Sie nun einen persönlichen Erfahrungsbericht über eine Schamanenreise:

»Das schamanische Reisen diente mir als Tor, um einfache Wahrheiten über mein wahres Wesen zu erfahren. In gewisser Hinsicht waren sie nicht neu für mich. Das klingt vielleicht widersprüchlich, doch was ich damit sagen möchte, ist, dass wir Dinge oftmals nicht akzeptieren, obwohl wir uns darüber bewusst sind. Dies würde nämlich die Verantwortung nach sich ziehen, gemäß dieser Wahrheit zu leben. Das schamanische Reisen hat mir Teile meines Selbst und deren zweifelsfreie Echtheit offenbart. Darüber hinaus badete ich jedes Mal in Liebe und Mitgefühl, begleitet von dem inneren Wissen um die göttliche Gegenwart, wodurch die Reisen wirklicher und die Botschaften verständlicher wurden.«

Im Alltagsbewusstsein kommen wir nur schwer oder gar nicht in Kontakt mit den Energien und Erkenntnissen, die uns im überpersönlichen Raum zugänglich sind. Beim Reisen können Sie Zugang zur Energie des Unbewussten erlangen und damit interagieren. Gemäß der jungianischen Psychologie sind im Unbewussten sowohl das persönliche als auch das kollektive Unbewusste gespeichert. Das kollektive Unbewusste umfasst den Kern aller Gedanken, Geschichten und Mythen einschließlich der Weisheit eines Weisen oder der Narrheit eines Toren. Ebenso sind darin universelle Erfahrungen enthalten wie die reinigende Kraft des Wassers und die transformierende Wirkung des Feuers. Zusätzlich sind Informationen darin gespeichert, die außerhalb der linearen Zeit existieren: Sie können Wissen aus einer Vergangenheit beziehen, in der Sie nicht gelebt haben, oder aus einer Zukunft, die noch nicht existiert.

Im transpersonalen Raum existieren Vergangenheit, Gegenwart und Zukunft gleichzeitig, so als ob Sie an einer Kreuzung stehen, in der die Autos in verschiedene Richtungen fahren. Sie sehen zukünftige Alternativen für sich und fädeln sich in der gewünschten Richtung in den Verkehr ein, um an Ihr gewähltes Ziel zu kommen. Sie können auch in die Vergangenheit reisen und sich wieder an Dinge erinnern, die Ihnen in den energetischen Altlasten entgangen sind – Gefühle wie Scham, Angst, Bitterkeit, Kummer usw. Anstatt nur darüber nachzudenken und zu analysieren, welche Ziele Sie erreichen oder welche Wunden der Vergangenheit Sie heilen wollen, erleben Sie die Zukunft und die Vergangenheit so, als würde sie jetzt stattfinden. Sie kommen in Verbindung mit der Energie zukünftiger Umstände oder Ereignisse, sodass Sie Ihre Sehnsucht spüren können, was Sie verwirklichen möchten. Dabei bringen Sie diese Energie tatsächlich mit in die Gegenwart, wo sie einen neuen Weg eröffnet.

Die Schamanenreise ermöglicht Ihnen auch, Energien zu begegnen und in Ihre persönliche Aura einströmen zu lassen, die die Qualität Ihrer Erinnerungen verändern. Dadurch werden Sie nicht mehr von ihnen gequält, und die Wirkung der Vergangenheit in Ihnen verändert sich. Die Erinnerung, die Kummer, Sorge, Wut oder Bitterkeit in Ihnen hervorgerufen hat, trägt nun vielleicht auch dazu bei, sich mutig, weise und stark zu fühlen.

Die neu gewonnenen Energien dienen als Organisationsprinzip, um Ihr Schwingungsfeld zu verändern. Infolgedessen beschäftigen Sie sich nicht mehr so zwanghaft mit Ihren alten, problematischen Verhaltensweisen. Es fällt Ihnen leichter, neue Entscheidungen zu treffen und anders zu handeln.

Formbildung

Inkarniert, doch verhüllt, ans Licht gebracht, aber ungeformt
sehnt sich mein Wesen danach, erkannt zu werden.
Wasser schwemmt fort,
Wind zerstreut und reinigt,
Feuer lodert und verglüht.
Wer ist der Steinmetz – ich oder das Leben?
Ich muss meine Schnitzwerkzeuge sorgsam auswählen,
mit einigen besonders vorsichtig umgehen
und sie alle mit Liebe benutzen.
Mein Meißel, mein Hammer und meine Feile
dürfen weder zu sanft noch zu grob sein:
nie Zerstörung suchen, nur freudige Enthüllung.

Mit klarsichtigem Mitgefühl strebe ich danach,
mein Wesen zu erkennen,
den Sinn der Defensive zu verstehen
und meine Ausweichmanöver.
Das Gefühl, zu klein, zu schwach zu sein,
sich mit sinnlosen und trügerischen Fantasien ablenken –
lauter Versuche, den widersprüchlichen Wahrnehmungen
zu entfliehen
und der unverstellten Wirklichkeit.
Ich danke diesen und anderen aus Angst geborenen Verhaltensweisen,
die noch unbenannt sind,
für ihren Schutz
und entlasse sie aus ihrer Pflicht.
Ein ewiges Wesen wird mehr und mehr enthüllt,
während das Leben und der Wille die Altlasten abschleifen,
die sich in diesem und anderen Leben angesammelt haben –
Schichten, deren Sinn erforscht wird
und die dann aufgelöst werden.
Ein leuchtender Wesenskern hebt sich vom dunklen Hintergrund ab,
befreit sich endlich und bleibt doch mit allem verbunden.

Sie können alle hier vorgestellten Übungen und Anregungen benutzen, um Ihre Geschichte umzuschreiben und ein neues Leben zu formen. Es gibt nicht nur eine richtige Art zu reisen und die Rituale auszuführen, und es lässt sich nicht vorhersagen, was Sie während einer Schamanenreise erfahren werden.

Obwohl alle Menschen an den transpersonalen Dimensionen teilhaben, werden die Erfahrungen, die Sie dort machen, einzigartig sein. Was Sie entdecken, wird von unschätzbarem Wert sein, um Ihre neue Lebensgeschichte zu erschaffen und zu leben.

Sie können nicht auf die »falsche« Weise reisen. Ein Workshop-Teilnehmer, der bereits mehrere Schamanenreisen gemacht hatte, häufig schamanische Rituale verwendete und sich für einen visuellen Typ hielt, machte folgende Erfahrung:

»Während einer geführten Schamanenreise in die Oberwelt sah ich ein weites grünes Feld und dann eine Baumkrone. Von dort aus sollten wir einen Silberfaden finden und ihm nach oben folgen. Ich stieg mühelos durch die weißen Wolkenschichten auf und befand mich über den Wolken, umgeben vom blauen Himmel, so weit das Auge reichte. Dieses Bild stand völlig klar vor meinem geistigen Auge. Ich konnte mir jedoch nur schwer vorstellen, eine Leiter hinaufzuklettern, die in die höheren Dimensionen führte. Ich konnte keine anderen Wesen oder Merkmale des Ortes erkennen, an dem ich mich befand, obwohl andere Teilnehmer nach der gleichen Schamanenreise von tief bewegenden Begegnungen mit verstorbenen Verwandten und von Botschaften erzählten, die sie empfangen hatten.
Meine Erfahrung in der Oberwelt war sehr frustrierend. Ich hielt mich für dumm und unfähig und glaubte, anderen würde es leichter fallen, zu reisen und sich für diese Erfahrungen zu öffnen, während ich dies nicht konnte. Warum war ich so verschlossen und unfähig, das Gleiche wie andere zu erleben, obwohl ich viele Jahre gelernt und mich darum bemüht hatte? Doch ich hatte auf jeden Fall den blauen Himmel und die Wolken unter mir gesehen. Ich konnte mich weder an die Einstiegsszene erinnern noch an Mitteilungen, dass ich über den Wolken schweben und die Wolken unter mir sehen würde (das heißt, ich hatte keine hypnotische Suggestion erhalten). Deshalb fragte ich mich, woher das Bild, das ich gesehen hatte, stammte, während ich gleichzeitig mit meinem Unzulänglichkeitsgefühl hinsichtlich dieser Schamanenreise kämpfte. Die Erkenntnis, dass ich etwas wahrgenommen hatte, das nicht einfach meiner Fantasie entsprungen war, ermutigte mich, mit der Praxis fortzufahren, ohne die Art oder Qualität meiner Erfahrung subjektiv zu beurteilen.«

Seien Sie offen für die Überraschungen der Schamanenreise und lassen Sie sich nicht von Ihrem analytischen Verstand stören. Wie der Seminar-Teilnehmer, der Schwierigkeiten hatte, die Oberwelt zu visualisieren, sagte:

»Die Schamanenreise geschieht bei mir nicht von selbst. Ich tauche nicht mühelos darin ein und sie führt zu keinen logischen und erwarteten Ergebnissen. Dennoch habe ich vor meinem inneren Auge Bilder gesehen, die ich nicht leugnen kann. Sie waren keine Erinnerungen an Dinge, die ich vorher gesehen hatte. Ich weiß nicht, ob sie einfach meiner Einbildung entsprangen oder echte Erfahrungen der transzendenten, transpersonalen Ebene waren. Ich habe jedoch das Vertrauen gefunden, dass ich eine unwiderlegbare Erfahrung gemacht habe. Es war kein Tagtraum oder keine Fantasievorstellung (sonst hätte ich ausgefallenere geistige Bilder produziert). Einige der Wesenheiten, denen ich begegnete, hinterließen in mir ein Gefühl der Ehrfurcht, Dankbarkeit, des Vertrauens und der Ermutigung. Ich bin zu der Überzeugung gelangt, dass sie echte Erfahrungen der anderen Wirklichkeitsdimensionen waren, die zu entdecken ich gehofft hatte.«

Wenn Sie mit den Schamanenreisen beginnen, können Sie sehr schnell tiefe Erkenntnisse und Veränderungen Ihres Energiefelds erzielen. Ungeachtet dessen, was Sie bei Ihren ersten Reisen erleben, werden Sie es für gut befinden, sich Zeit für diese wichtige Praxis zu nehmen und das Reisen zu einer festen Gewohnheit zu machen. Sie müssen öfter reisen, um wirklich davon zu profitieren, und selbst dann werden Ihnen manche Reisen schwieriger erscheinen als andere, wie der Workshop-Teilnehmer bei seiner Reise in die Oberwelt feststellte.

Nach jeder Reise sollten Sie sich über Ihre Erfahrungen Gedanken machen, anstatt sie sofort deuten zu wollen. Denken Sie in Ruhe über das neu erworbene Wissen nach. Wägen Sie seine Bedeutung ab, die vielschichtig sein kann, und beobachten Sie, wie es sich anfühlt, ein neues Organisationsprinzip zu besitzen, das sich auf Ihr Leben auswirkt. Ein Mann, der mit Schamanenreisen und dem inneren Dialog zu arbeiten begann, um seine Geschichte zu verändern, berichtet Folgendes:

»Die Macht der Schamanenreise besteht darin, dass Sie eine Innenschau auf die Person haben, die Sie in Wirklichkeit sind, und durch den Dialog mit unterschiedlichen, abgespaltenen Persönlichkeitsanteilen oder dissoziierten Teilen von sich selbst Verbindung aufnehmen können, was im Alltagsbewusstsein nicht möglich wäre. Diese Art der therapeutischen Intervention ist unmittelbarer und tiefgreifender, als nur über seine Ideale und Konflikte nachzudenken oder Bilder und Gedanken frei zu assoziieren. Es ist die stille Zwiesprache der Seele mit sich selbst.«

Innerer Dialog

Einer der wichtigsten Bestandteile der Schamanenreise und der anderen Rituale in diesem Buch ist der Dialog mit den verschiedenen Energien, denen Sie in Form von Symbolen, Empfindungen, Menschen, Tieren oder Gefühlen begegnen, und die Kontaktaufnahme mit ihnen. Während einer Reise könnten Sie zum Beispiel mit einer Energie Verbindung aufnehmen, die für Sie Abenteuerlust bedeutet. Wenn Sie eine Heilzeremonie für sich selbst machen, könnten Sie mit einer dunklen, schweren Energie in Ihrem Energiefeld sprechen, die sich als Krankheit oder körperliche Beeinträchtigung manifestiert hat. Vor Ihrem inneren Auge nimmt die Energie eine bestimmte Form an oder Sie stellen Sie sich als farbiges Licht vor oder spüren ein Schweregefühl.

Wie Sie in den inneren Dialog treten

Der innere Dialog ist eine hochwirksame Methode, um unterschiedliche Aspekte der Personen, denen Sie begegnen, zu verstehen und deren Energie und Weisheit in Ihr Energiefeld zu integrieren. Die folgenden vier Fragen sollten Sie bei jedem Dialog stellen:

- Welche Botschaft bringst du mir?
- Was willst du von mir?
- Kannst du mir _________ geben? (Tragen Sie hier Ihre Bitte ein.)
- Was kann ich für dich tun?

Ein erfolgreicher Dialog beinhaltet eine Kommunikation zwischen Ihrem Ich-Bewusstsein, welches das Gespräch beginnt und in Gang hält, und dem

Symbol, der Empfindung, der Wesenheit oder der Erkrankung, die Ihre Fragen verbal, symbolisch oder somatisch beantwortet (wenn Sie beispielsweise der Wesenheit eine Frage stellen, erwidert sie in Form einer Körperempfindung). Der Dialog findet in der Gegenwart statt. Sie analysieren während des Gesprächs nicht, aber danach ist es sinnvoll, darüber nachzudenken. Wenn Sie noch mehr erfahren möchten, können Sie den Dialog mit den Symbolen, Empfindungen, Wesenheiten oder Beschwerden zu einem späteren Zeitpunkt wiederaufnehmen.

Bei jedem Dialog sollte auch Ihr objektives Bewusstsein beteiligt sein. Der objektive Beobachter ist der Bewusstseinsaspekt, der das Gespräch unvoreingenommen verfolgt und, wenn nötig, vermittelt. Er ist ein Teil von Ihnen, der erkennt, wenn Sie Angst davor haben, eine schwierige Frage zu stellen oder eine verwirrende Antwort anzunehmen, und der Ihr Ich-Bewusstsein ermutigen kann, seine Angst aufzugeben und den Dialog fortzusetzen. Ihr objektives Bewusstsein ist auch in der Lage, Erkenntnisse zu gewinnen, wenn es bei der Reflexion nach dem inneren Dialog Ihrem Ego zur Seite steht.

Beginnen Sie den inneren Dialog mit einer Frage. Dann stellen Sie eine bewusste Verbindung zu dem Wesen oder dem Bild her, von dem Sie etwas erfahren möchten. Verschmelzen Sie mit ihm und erlauben Sie ihm, seine Wahrheit auszusprechen. Wenn es geantwortet hat, denken Sie mit dem Ich-Bewusstsein über seine Antwort nach. Dann könnten Sie ihm eine weitere Frage stellen, wieder in sein Bewusstsein eintauchen und seiner wahrhaftigen Botschaft lauschen. Wechseln Sie zwischen dem inneren Austausch und dem anschließenden Reflektieren und führen Sie das Gespräch so lange fort, bis es sich abgeschlossen anfühlt. Sie müssen auch Ihr objektives Bewusstsein einschalten, um Erkenntnisse zu erlangen, die Ihrem Ich-Bewusstsein entgehen könnten. Vielleicht möchten Sie sich während des inneren Dialogs Notizen machen: Während Sie von einem Bewusstseinszustand zum anderen wechseln, können Sie aufschreiben, was gerade gesprochen wurde oder was Sie gerade erlebt haben. Alternativ können Sie das Gespräch auch danach protokollieren.

Wenn der innere Dialog beendet ist, bedanken Sie sich bei Ihrem

Gesprächspartner. Wenn Sie die Informationen aus dem Dialog und die Einschätzung des objektiven Beobachters berücksichtigen, können Sie danach leichter Veränderungen herbeiführen.

Eine weitere Möglichkeit, einen inneren Dialog zu führen, besteht in der Verwendung eines »Dialog- oder Redesteins«, einem Stein oder anderen Objekt, das für die Energie oder das Symbol steht, mit dem Sie sich auseinandersetzen wollen. Diese Methode verhilft Ihnen dazu, Ihr Ich-Bewusstsein von der Energie an sich zu trennen und sich mit der anderen Energie zu identifizieren und mit ihrer Stimme zu antworten sowie leichter in den Frage-Antwort-Modus überzugehen.

Suchen Sie sich einen Stein, der Ihnen zusagt. Halten Sie ihn in der Hand und setzen Sie sich gegenüber eines leeren Stuhls hin.[9] Pusten Sie »in« den Stein und übertragen Sie so die Energie der Wesenheit (ein Symbol, eine Krankheit usw.), mit der Sie in Dialog treten möchten, in ihn hinein. Legen Sie den Stein auf den Stuhl gegenüber und stellen Sie ihm die erste der vier Fragen: »Welche Botschaft bringst du mir?« Dann legen Sie den Stein auf Ihren Stuhl, nehmen auf seinem Stuhl Platz und blicken dorthin, wo Sie vorher gesessen haben. Nehmen Sie einen tiefen Atemzug und verschmelzen Sie mit der Energie Ihres Gesprächspartners. Beantworten Sie die Frage so, als ob Sie die Energie verkörpern würden – als wären Sie das Tier, das Symbol oder das Wesen. Wenn Sie als die verkörperte Energie die Frage beantwortet haben, die Ihr Ich-Bewusstsein gestellt hat, erheben Sie sich, legen den Stein auf den Stuhl, auf dem Sie gerade saßen. Nehmen Sie auf dem anderen Stuhl Platz – auf dem Sie saßen, als Ihr Ich-Bewusstsein das Gespräch begonnen hat. Denken Sie über die Antwort nach und überlegen Sie, ob andere Fragen in Ihnen auftauchen. Wenn ja, stellen Sie eine weitere Frage und fahren so lange fort, bis Sie das Gefühl haben, alles Wichtige erfahren zu haben. Vergessen Sie nicht, dass Ihnen Ihr objektives Bewusstsein zur Verfügung steht, um Ihre Erfahrung zu bewerten und Ihnen zu weiteren Erkenntnissen zu verhelfen.

---

9 Die Verwendung eines leeren Stuhls beim inneren Dialog ähnelt einer Technik aus der Gestalttherapie. Mehr über die Leere-Stuhl-Technik in der Gestalttherapie siehe z. B. bei Augustine Meier, Micheline Boivin: »*Counseling and Therapy Techniques: Theory and Practice*«, Kapitel 4

Wenn es Ihnen schwerfällt, sich mit Ihrem Gesprächspartner zu identifizieren, stellen Sie sich vor, wie es wäre, wenn Sie das Symbol, die Person oder der Gegenstand wären. Wenn Sie beispielsweise mit einem Wolf sprechen möchten, dem Sie während einer Schamanenreise oder in einem Traum begegnet sind, stellen Sie sich vor, wie er aussieht und riecht. Blicken Sie in seine Augen, spüren Sie sein Fell, untersuchen Sie seine Schnauze und sein Gebiss. Beobachten Sie seinen Atem. Indem Sie sich ausmalen, wie es sich anfühlt, in der Nähe eines Wolfs zu sein, fällt es Ihnen vielleicht leichter, sich vorzustellen, zu einem Wolf zu werden – sich mit ihm zu identifizieren und mit der Wolfsenergie zu verschmelzen.

Nach Beendigung des inneren Dialogs bedanken Sie sich bei Ihrem Gesprächspartner für den Austausch. Pusten Sie wieder in den Stein und reinigen Sie ihn: Stellen Sie sich vor, wie die Energie, die Sie in ihn hineingeschickt haben, nun wieder aus ihm entfernt wird, sodass er, wenn Sie ihn wieder verwenden, von der alten Energie gereinigt ist.

Nehmen Sie sich danach Zeit, um das zu verarbeiten, was Sie erfahren haben. Protokollieren Sie Ihren Dialog. Auf diese Weise können wichtige Aspekte nicht in Vergessenheit geraten und Sie können später noch einmal darauf zurückkommen. Dann integrieren Sie die gewonnenen Lektionen und Einsichten in Ihr Leben. Zu einem späteren Zeitpunkt nehmen Sie den Dialog mit der jeweiligen Energie noch einmal auf. In den darauffolgenden Gesprächen beobachten Sie, ob Sie und die Energie die Perspektive gewechselt haben. Vielleicht empfinden Sie gegenüber der Energie jetzt anders als vorher und Ihre Beziehung hat sich verändert.

Zu Anfang empfinden Sie den inneren Dialog vielleicht als unangenehm und schwierig. Versuchen Sie nicht zu urteilen und keinen Widerstand gegen den inneren Prozess aufzubauen, weil Sie meinen: »Ich bilde mir das alles doch nur ein.« Seien Sie einfach offen für die Erfahrung, dann wird es Ihnen leichter fallen. Schließlich werden Sie mühelos in den inneren Dialog mit einer Energie oder einem Symbol treten können. Selbst dann ist es sinnvoll, ab und zu den Redestein zu benutzen, um zu überprüfen, ob Sie durch das Praktizieren dieser Übung neue Perspektiven gewonnen haben.

Der inneren Führung folgen

Hören Sie bei jedem inneren Dialog aufmerksam zu und gehen Sie respektvoll mit der Energie um, mit der Sie sich austauschen. Denken Sie jedoch daran, dass keiner – keine Person oder Wesenheit, mit der Sie sprechen – Ihnen sagen kann, was Sie tun sollen. Wägen Sie kritisch ab, ob Sie der inneren Führung, die Sie erhalten haben, folgen oder nicht. Lauschen Sie Ihrem objektiven Beobachter, was er zu der Angelegenheit zu sagen hat. Wenn Sie das Gefühl haben, dass es Ihnen zu einem besseren Leben in Einklang mit der göttlichen Quelle verhilft, wenn Sie den erhaltenen Rat befolgen, tun Sie es. Wenn Sie nicht der Meinung sind, stellen Sie weitere Fragen oder sprechen später noch einmal mit der Energie oder dem Symbol. Tatsächlich können Sie so oft wie nötig in den Dialog treten, um wichtige Erkenntnisse zu erlangen.

Hören Sie auf den objektiven Beobachter und nehmen Sie keinen Rat an, der sich nicht stimmig anfühlt, selbst wenn die Botschaft direkt von der göttlichen Quelle zu stammen scheint und offenbar nicht infrage gestellt werden darf. Selbst wenn die Botschaft, die Ihnen unangenehm ist, von der göttlichen Quelle kommt, ist es wichtig, ihr nicht blind zu folgen und zu gehorchen. Vielleicht benötigen Sie weitere Informationen und Energie, um sich von der inneren Führung leiten zu lassen, und Sie haben sie womöglich missverstanden. Wenn Ihr Instinkt Ihnen sagt, Sie sollen sich Zeit lassen und noch mehr Informationen einholen, hören Sie auf ihn.

Die Energie, mit der Sie in Kontakt kommen und sprechen, hält immer wichtige Informationen für Sie bereit, über die Sie nachdenken können. Sie vermittelt Ihnen auch tiefe Weisheiten, die Sie vielleicht zunächst nicht verstehen. Denken Sie daran, dass die Botschaften, die Sie empfangen, vielleicht in Form eines Bildes oder Symbols übermittelt werden, mit dem Sie weitere Gespräche führen müssen, um die Einzelheiten zu erfahren, die nicht sofort verständlich sind.

Jeder Widerstand, den Sie spüren, ist darauf zurückzuführen, dass Sie die Energie sofort bewerten und ihre vielfältigen Aspekte nicht ergründen wollen. Vielleicht haben Sie Angst, dass die Gestaltung einer neuen Lebensgeschichte Veränderungen erfordert, für die Sie nicht bereit sind.

Sie möchten bestimmte Wahrheiten nicht hören oder sich mit ihnen auseinandersetzen und lieber eine Abkürzung nehmen oder tun eine empfangene Information oder Botschaft als unnütz ab, die Ihnen nicht gefällt. Denken Sie daran, beim inneren Dialog erhalten Sie Informationen, die Sie nutzen können oder auch nicht. Keine äußere Macht oder Energie zwingt Ihnen ihren Willen auf oder drängt Sie dazu, die Botschaft anzunehmen und entsprechende Veränderungen herbeizuführen. Es kann sein, dass Sie etwas Zeit brauchen, um Ihren Widerstand aufzugeben und sich mit den beim inneren Dialog gewonnenen Erkenntnissen auseinanderzusetzen.

Die inneren Gespräche müssen sich nicht auf die Energien beschränken, denen Sie bei der Schamanenreise begegnen. Ein Dialog kann auch zwischen Ihnen und irgendeinem Symbol stattfinden, das Ihnen in den Sinn kommt, ob in einem Traum, Tagtraum oder einer Vision oder einer Synchronizität. Sie können auch mit Krankheitssymptomen sprechen oder einem Anteil Ihres Selbst, einem schmerzenden Körperteil oder dem Wesensanteil von Ihnen, der sich ausruhen, und dem, der sich sportlich betätigen möchte.

Dialog mit inneren Figuren

In jedem Menschen wohnen innere Personen. Beispielsweise haben wir alle einen inneren Kritiker und einen inneren Weisen/eine innere Weise, eine innere Mutter und einen inneren Vater und eine weibliche und männliche Figur oder Energie. Bei einer Schamanenreise oder im Traum werden Sie wahrscheinlich innere Personen entdecken und sich ganz einfach Ihrer Gegenwart bewusst werden. Indem Sie mit Ihnen in den Dialog treten, können Sie besser verstehen, wie Sie von ihnen beeinflusst werden. Mit einer inneren Figur zu sprechen kann Ihnen helfen, sich selbst besser kennenzulernen, Ihre Lebensgeschichte zu verändern, den Mitmenschen zu dienen, eine andere Beziehung zum Göttlichen zu entwickeln und mehr Güte, Mitgefühl und Frieden zum Ausdruck zu bringen.

Wann immer innere Figuren auftauchen, nutzen Sie ihre Anwesenheit und fragen Sie sie, welche Botschaften Sie in diesem Moment für Sie haben und was Sie von Ihnen erwarten. Sagen Sie ihnen auch, was Sie von ihnen erbitten. Fragen Sie sie, was Sie für sie tun können. Indem Sie all Ihren Wesensanteilen eine Stimme verleihen, Sie ehren und auf Sie hören, müssen Sie nicht im Verborgenen wirken. Dann werden Ihnen die gewünschten Veränderungen leichter gelingen und Sie werden nicht so sehr von archetypischen Energien beeinflusst, derer Sie sich nicht bewusst sind.

Manchmal wird Ihnen eine innere Figur keine Antwort geben. Dies kann passieren, weil Sie noch etwas erledigen, erfahren oder verändern müssen, bevor Sie die Botschaft, die sie für Sie hat, wirklich verstehen können. Wenn Sie nicht sicher sind, warum die Person nicht antwortet, versuchen Sie zu einem anderen Zeitpunkt mit ihr zu sprechen. Während einer Schamanenreise tauchte in mir der innere Weise auf, der schwarzen Humor besaß. Ich fragte ihn, warum mein Leben so voller Chaos war. Er lächelte nur, ohne zu antworten. Später lud ich ihn zu einem weiteren Gespräch ein, das folgendermaßen verlief:

Carl: Warum kannst du mir nicht sagen, warum ich in meinem Leben Chaos und Dramen erlebe?

Innerer Weiser: Du musst dein Leben und die transpersonalen Ebenen selbst erfahren und deine eigenen Schlüsse ziehen, was die jeweiligen Erfahrungen bedeuten. Dabei wirst du erkennen, dass du viele deiner inneren Konflikte selbst herbeiführst, weil du an Urteilen und Erwartungen, was sein sollte, festhältst, anstatt die Situationen und Menschen zu akzeptieren und dich besser auf sie einzustellen.

Carl: Ich höre, was du sagst, aber es fällt mir schwer, meine Erwartungen und Urteile zu ändern. Was meinst du damit, dass ich mich besser auf Situationen und Menschen einstellen sollte?

Innerer Weiser: Du musst dich auf sie einlassen und sie nicht zwingen, deinen Wünschen zu entsprechen. Du musst dich mehr dafür öffnen, was andere und die göttliche Quelle dir mitteilen wollen, und du musst lernen zu unterscheiden, wann es der Entwicklung dient, wenn du deinen Willen durchsetzt, und wann nicht.

Carl: Es scheint, als müsste ich lernen, geduldig zu sein und zu akzeptieren, dass sich die Dinge in ihrem eigenen Tempo entwickeln. Außerdem muss ich damit aufhören, das, was geschieht, abzulehnen oder zu versuchen, andere Menschen dazu zu bringen, dass sie sich nach meinen Vorstellungen verhalten. Wenn ich etwas erzwingen will, bin ich danach oft frustriert, aber es stellt eine Herausforderung für mich dar, diese Gewohnheit aufzugeben.

Innerer Weiser: Veränderung ist ein Prozess. Wenn du es erst einmal raus hast, wie du dich besser auf andere einstellst, und Dinge nicht mehr erzwingen willst, wird dein Leben leichter werden. Du wirst auch eine weitere Perspektive gewinnen und deine Probleme werden dir nicht mehr so groß erscheinen.

Carl: Danke für den Austausch und deine Weisheit. Ich weiß, dass wir bald wieder miteinander sprechen werden, weil ich Zeit und Geduld brauche, um mehr Gemeinschaftssinn und Akzeptanz zu entwickeln.

Innerer Weiser: Auch ich danke dir für das Gespräch. Wir können wieder miteinander sprechen.

Ich weiß nicht, warum mir der innere Weise beim ersten Mal nicht auf meine Frage geantwortet hat, aber ich wusste, dass er bei einem weiteren Gespräch vielleicht darauf zurückkommen und mir wichtige Erkenntnisse liefern würde. Nachdem ich mit ihm gesprochen habe, weiß ich, dass der innere Weise versuchte, mir klar zu machen, dass ich die Dinge manchmal einfach laufen lassen muss, anstatt erzwingen zu wollen, dass sie meinen Erwartungen oder meinem Zeitplan entsprechen.

Die Kommunikation mit den inneren Figuren ist ein wichtiger Bestandteil der Neugestaltung der Lebensgeschichte. Jemand mit einer traumatischen Vergangenheit hat vielleicht viele widerstreitende Figuren in sich. Die eine möchte »gut« sein und verhält sich ruhig, um nicht aufzufallen, während eine andere sich mit lautstarken Wutausbrüchen bemerkbar machen will. Wenn zwei innere Figuren miteinander im Streit liegen, sprechen Sie mit jeder einzelnen, da Ihnen beide zu Erkenntnissen verhelfen werden. Danach kann es sein, dass sich der Konflikt zwischen den beiden auflöst oder sich beträchtlich abschwächt.

Wenn Sie mit den Energien in Ihrem Inneren interagieren, hören Sie ihnen gut zu. Seien Sie aufmerksam und versuchen Sie, deren Standpunkt zu verstehen, und bedanken Sie sich für die gewonnenen Einblicke, so wie Sie es bei jedem anderen Menschen auch tun würden. Selbst wenn die inneren Figuren Teile von Ihnen sind, haben Sie oftmals eigene Vorstellungen und Wünsche, die respektiert werden müssen.

Fragen Sie sich, ob es in Ihnen Figuren oder Wesensanteile gibt, die nicht in Harmonie miteinander sind. Wenn ja, konfrontieren Sie sich mit den betreffenden Figuren und fragen Sie sie, wie lange sie schon im Streit liegen. Nachdem sie ihr Wissen mitgeteilt haben, beruhigen sie sich vielleicht und kommen in Harmonie. Der Teil von Ihnen, der sich nach einer Aussprache sehnt, versöhnt sich womöglich mit dem Teil, der Angst vor Rückschlägen hat. Wenn zukünftig irgendetwas geschieht, das Sie früher in einen Konflikt gestürzt hätte – »Soll ich protestieren oder ruhig bleiben?« –, werden Sie in der jeweiligen Situation eine viel klarere Entscheidung treffen können.

Manchmal verhalten sich innere Stimmen nicht nur gegenüber anderen Wesensanteilen, sondern auch Ihnen gegenüber feindselig. Obwohl es Ihnen vielleicht schwerfällt, Ihnen zuzuhören, müssen sie angehört werden. Sie brauchen ihnen nicht zuzustimmen, doch im Dialog sollten Sie erklären, warum Sie nicht dieser Meinung sind, und zuhören, was sie dazu zu sagen haben. Vielleicht entscheiden Sie sich, einer besonders feindseligen Stimme keine Redezeit mehr einzuräumen, bis Sie beide eine Umgangsform gefunden haben, die für Sie angenehmer ist.

In jedem von uns wohnen innere Figuren, die scheinbar jünger sind als die inneren Weisen und die ebenfalls zu uns gehören. Die jüngeren Personen sind emotionaler, während die älteren eine gelassenere Lebenseinstellung haben. Wenn Sie mit ihnen sprechen, achten Sie darauf, wie viel älter die oder der innere Weise zu sein scheint. Haben Sie das Gefühl, als ob Sie mit einem Elternteil und einem Kind sprechen oder einer Person mittleren Alters und einem jungen Erwachsenen? Fragen Sie die jüngere Person, was sie braucht, um erwachsen zu werden. Dann visualisieren Sie, wie sie mit der älteren verschmilzt oder sich mit ihr austauscht. Wie fühlt sich das an? Wie sieht es aus?

Ab und zu sollten Sie das Gespräch der beiden fortsetzen. Achten Sie darauf, wie alt die jüngere Person jetzt sein könnte. Wirkt sie oder er reifer? Stellen Sie sich wieder vor, wie die beiden verschmelzen oder sich miteinander austauschen. Wie fühlt sich das an? Fühlen Sie sich erwachsener? Erwachsen zu sein bedeutet nicht, Ihre jugendliche Lebensfreude und Ihren Überschwang zu verlieren. Vielmehr heißt es, die Launenhaftigkeit und Selbstbezogenheit aufzugeben, die jüngere, unreife Menschen bisweilen besitzen.

Nachdem Sie mit einer inneren Figur gesprochen haben, bedanken Sie sich und fertigen ein Protokoll über das Gespräch an. Denken Sie darüber nach, wie Sie die gewonnene Weisheit in Ihr Leben integrieren können. Später überprüfen Sie, ob der Dialog dazu geführt hat, dass Ihre inneren und äußeren Beziehungen harmonischer verlaufen.

Sprechen Sie auch mit Ihrer inneren Mutter und ihrem inneren Vater. Fragen Sie Ihre innere Mutter, ob Sie irgendwelche Eigenschaften besitzt, die in Ihnen weiterleben und die Sie loslassen sollten oder deren Wirkung gemindert werden sollte, indem Sie neue Verhaltensweisen entwickeln oder neue Energien einströmen lassen. Fragen Sie sie dann, welche ihrer Eigenschaften Sie brauchen, um Kraft daraus zu beziehen. Danach bedanken Sie sich bei Ihr dafür, dass Sie sie unterstützt hat. Als Nächstes sprechen Sie mit Ihrem inneren Vater, stellen ihm Fragen, bedanken sich bei ihm und denken über die empfangenen Botschaften nach. Dann überlegen Sie, wie es wäre, wenn Sie so mit Ihren wirklichen Eltern sprechen würden – und vergleichen Sie ihre Antworten mit denen der inneren Figuren. Eine Frau erzählte, wie ihr diese Übung half, »zwischen sich und ihren Eltern zu unterscheiden, sie zu erkennen und zu akzeptieren, wie sie sind, sie zu umarmen und manche ihrer Eigenschaften zu übernehmen und andere einfach loszulassen«.

Versuchen Sie jedoch nicht, den inneren Dialog mit Figuren zu besetzen, die tatsächliche Personen vertreten, seien dies Ihre Eltern, Ihr Ex-Mann oder Ihre Ex-Frau oder irgendjemand anderer. Schamanen halten dies für unmoralisch, weil es Auswirkungen auf die Energien dieser Menschen und auf ihre eigenen Energien haben könnte. Stattdessen können Sie mit einem Gefühl oder einem Symbol in Kontakt treten, das Ihre Beziehung zu der betreffenden Person oder die Beziehung zu ihr repräsentiert.

Im Folgenden wird der innere Dialog einer Frau mit einer inneren Figur geschildert, die den in ihr schwelenden Widerstand verkörperte, wie sie dadurch herausfand. Sie hatte das Gefühl gehabt, als ob eine Kraft sie daran hinderte, ihre Ziele zu erreichen, und sie wollte von ihr lernen. Überrascht stellte sie fest, dass die Energie sie nicht nur sabotierte, sondern auch sehr weise war. Die innere Figur erklärte ihr, wie sie ihren Einfluss auf sie verringern könnte. Sie bekam die Aufgabe, das Wissen und die Energie ihres inneren Widerstands zu integrieren.

Frau: Wer bist du? Was hast du mit mir zu tun? Und warum finde ich, egal, was ich tun möchte, immer eine Möglichkeit, es zu verhindern?

Energie: Ich bin eine Stimme aus deiner Vergangenheit. Du hast dich nie mit mir auseinandergesetzt, um meine Botschaft zu hören, deshalb blieben die Probleme ungelöst und wurden nicht beseitigt.

Frau: Welchen Vorteil bringt es mir, wenn ich mich mit dir konfrontiere?

Energie: Du erwirbst die Fähigkeit, daran zu glauben, dass du etwas tun könntest und nicht riskierst zu scheitern, weil du keine Gelegenheiten ergreifst oder dich einer Sache wirklich verschreibst. Die Erkenntnis deines wahren Selbst muss dich nicht enttäuschen. Du befürchtest, dass dein Potenzial nicht so groß ist, wie du meinst, und du nicht genug Energie, Talent, Ehrgeiz oder Mut hast, um es zu verwirklichen. Indem du dich nicht mit mir befasst, bleibt dir die Enttäuschung, Scham und Erniedrigung und die Erkenntnis erspart, dass du normaler bist, als du dich selbst gerne sehen möchtest.

Frau: Wenn das so ist, warum habe ich dennoch den Wunsch, kreativ und künstlerisch tätig zu sein?

Energie: Du hast oberflächliche Veränderungen in deinem Aussehen, deiner Kunst und Kreativität vorgenommen, aber dann hast du damit aufgehört und dich der wahren Transformation widersetzt. Du entwickelst dich nur bis an diesen Punkt weiter, weil du Angst vor Ablehnung und Misserfolg hast. Du hast zugelassen, dass ich die Oberhand habe. Du hast den Wunsch nach Veränderung, aber nicht den Mut, Risiken einzugehen. Fass Vertrauen, erkenne deine Stärken und Schwächen, finde eine

Möglichkeit, dich auf Augenhöhe mit anderen Menschen zu sehen – dich nicht unter- oder überlegen zu fühlen. Wenn du weitermachst, wirst du weniger Wut verspüren. Selbst wenn du versagst, wirst du anderen nicht mehr die Schuld dafür geben. Du musst dich mit mir auseinandersetzen und Widerstand leisten, wenn du in deinem Leben weiterkommen und mich durch eine andere Stimme ersetzen möchtest.

Frau: Es war unangenehm, deine Botschaft zu hören, aber ich bin froh, dass du aufrichtig zu mir warst. Ich danke dir für das Gespräch.

Energie: Danke, dass du mit mir gesprochen hast. Ich habe dir viel Weisheit zu geben.

Obwohl es schwer für die Frau war, diese Wahrheiten zu hören, setzte sie die inneren Dialoge fort und erhielt jedes Mal wichtige Erkenntnisse, die sie in ihrem Leben weiterbrachten. Sie erkannte, dass sie sich entschieden hatte, den Widerstand beizubehalten, um nicht zu versagen, und sie hatte an ihrer Selbstsabotage mitgewirkt. Ihre nächste Herausforderung bestand darin, das erworbene Wissen anzuwenden und damit zu beginnen, mehr Risiken einzugehen. Sie verstand auch, dass ihr eine Fortsetzung der Gespräche mit dieser Energie weiterhelfen würde.

Es liegt in Ihrer Verantwortung, die Einsichten umzusetzen, die Sie aus den Übungen in diesem Buch beziehen. Nach einer Schamanenreise, in der ihr klar geworden war, wie wichtig es ist, im Leben Spaß zu haben, sprach eine Frau mit der göttlichen Quelle über den »Spaß«. Lesen Sie nun, was sie gelernt hat und wie sie die gewonnene Erkenntnis in die Tat umsetzte:

»In einem Zwiegespräch mit der göttlichen Quelle tauchte in mir die Frage auf: ‚Was verliere ich, wenn ich keinen »Spaß« in meinem Leben habe?' Nachdem ich still auf die Antwort des Göttlichen gewartet hatte, passierte rein gar nichts. Ich konnte in mir nichts hören, fühlen oder spüren. Dann erkannte ich, dass da eine Blockade war, eine Kraft, die mich gefangen hielt. Es war, als ob ich einen kurzen Blick auf den Sklaventreiber namens »Workaholic« erhascht, der mich mein Leben lang gequält hatte. Ich bekam das Gefühl, dass ich zu irgendeinem Zeitpunkt in meinem Leben einen Pakt mit ihm geschlossen hatte und nichts anderes tun konnte, als meinem Herrn zu dienen, solange ich mitspielte.

Ich spürte eine ungeheure Traurigkeit in meinem Körper – über mein ganzes freudloses Leben. Während ich weinte, wollte ich mich am liebsten auf dem Boden zusammenrollen wie ein Embryo und in unkontrolliertes Schluchzen ausbrechen. Ich verstand die wortlose Botschaft, warum ich mir keinen Spaß und die damit verbundene Lebensfreude erlaubt hatte.

Eine Woche später spürte ich den Drang, in einem nahe gelegenen See schwimmen zu gehen. Voller Vertrauen und Energie zog ich meinen Badeanzug an und glitt ins Wasser. Ich konnte mich nicht daran erinnern, seit ich ein Kind war, jemals ein solches Vergnügen empfunden zu haben. Seitdem habe ich dem See in den warmen Sommermonaten mehrere Besuche abgestattet. Jedes Mal genieße ich das Plantschen im Wasser (ohne mich darum zu kümmern, wie dumm es aussehen könnte – wie ein Kind, das über und über mit Sand verschmiert ist). Es weckt eine riesengroße Freude in mir. Ich entspanne mich, atme tief durch und nehme die Schönheit von Himmel und Wasser in mich auf. Ich werde eins mit mir und der Natur, so als ob ich mein Erbe wieder eingefordert hätte.«

Die Frau erkannte, dass Spaß notwendig ist und sie die Botschaft, die sie durch ihre Geduld empfangen hatte, in ihrem Leben anwenden musste, um es zu ändern.

Nachdem Sie nun den inneren Dialog kennengelernt haben, können Sie diese Praxis bei jeder Reise in die transpersonalen Dimensionen benutzen und mit dem kollektiven Unbewussten in Verbindung kommen. Sie können auch mit der göttlichen Quelle und der Energiematrix kommunizieren, die jeden und alles im Universum miteinander verbindet. Was Sie entdecken – vielleicht sogar das, was bei Ihrer ersten Schamanenreise passiert ist –, kann eine wichtige Rolle bei der Veränderung Ihres Lebens spielen.

Kapitel 7
Auf Schamanenreisen gehen

Wenn Sie beschließen, auf eine Schamanenreise zu gehen, erklären Sie Ihre Absicht. Wohin möchten Sie reisen? Was möchten Sie erfahren oder dazugewinnen? Wie Sie feststellen werden, eignen sich für manche Erkenntnisse und Energien bestimmte Dimensionen besser als andere. Ein Mann, der mit der Praxis der Schamanenreise begann, bekundete davor folgende Absicht:

»Die Absicht zieht die Erfahrungen und Informationen an, die mir während der Reise zuteilwerden. Ich kann klar erkennen, dass mir das Reisen mit etwas mehr Übung leichter fallen wird. Die Erkenntnismöglichkeiten, die sich bieten, erfordern, dass ich offen dafür bin, die Botschaft zu empfangen. Dann taucht scheinbar aus dem Nirgendwo eine Idee oder ein Bild in mir auf, das mir Erkenntnisse liefert, über die ich nachdenken kann. Meine Aufgabe besteht darin herauszufinden, wie ich bei meiner inneren Arbeit vorgehe und meine Absicht erkläre, um zu neuen Erkenntnissen zu gelangen, wenn dies für mich von Vorteil wäre.«

Während der Erfahrung der Schamanenreise ist es wichtig, für das Unerwartete offen zu sein, ungeachtet Ihrer ursprünglichen Absicht. Der oben erwähnte Mann, der etwas über die Absichtserklärung erfuhr, begegnete einer Figur, mit der er nicht gerechnet hatte:

»Auf einer Reise in die Oberwelt befand ich mich plötzlich über den Wolken. Ich sah mich nach anderen Menschen um und traf eine Figur, die sich mir aus der Ferne näherte und die ein braunes Gewand trug (wie Obi-Wan Kenobi in ›Star Wars‹). Während er auf mich zukam, fragte ich ihn, ob er mein Lehrer sei. Dann sah ich das Gesicht Jesu unter seiner Kapuze. Ohne Worte verstand ich, dass er gekommen war, um mich zu lehren, was für mich notwendig war. Nach Beendigung der Reise, meinte ein Freund von mir, es käme ihm merkwürdig vor, dass Jesus einem Juden als Lehrer erscheint, aber ich hatte kein Problem damit.«

Nach reiflicher Überlegung erkennen Sie vielleicht, dass Ihre Begegnungen während der Schamanenreise viel wertvoller sind, als Sie zunächst gedacht hatten. Was seltsam oder zufällig scheint, kann sich hinsichtlich des übermittelnden Wissens als sehr bedeutsames Symbol oder als wichtige Figur für Sie erweisen.

Sie können in viele überpersönliche Dimensionen reisen einschließlich der Matrix, den Zustand vor der Schöpfung und in die Unter- und Oberwelt, die von den Schamanen beschrieben werden. Jede Dimension hält Energien und Wissen für Sie bereit, die sich auf Körper, Geist und Seele auswirken. Reisen in die Matrix können Sie mit der Urenergie des Universums in Verbindung bringen, wo alles möglich ist. Dort kommen Sie in Kontakt mit dem Bewusstsein aller vergangenen und zukünftigen Dinge.

Wenn Sie in die Unterwelt reisen, den Bereich der Vergangenheit und Ihres bisher noch unverwirklichten Potenzials, können Sie entdecken, wie Sie von Energien aus Ihren früheren Leben oder aus der Vergangenheit Ihrer Ahnen heute beeinflusst werden. Eine Reise dorthin kann Sie von alten Verletzungen und genetischen Veranlagungen oder karmischen Prägungen befreien. Sie kann Ihnen auch neue Ressourcen und Energie liefern, damit Sie in der Gegenwart mehr Erfüllung erleben können. Eine Reise in die Oberwelt oder die Zukunft verhilft Ihnen dazu, sich mit einem zukünftigen Schicksal zu verbinden – mit einem Leben, das Ihnen und der göttlichen Quelle besser gefällt als Ihr bisheriger Weg. Die Verbundenheit mit diesem alternativen Schicksal kann Ihnen verständlich machen, was Sie in der Gegenwart tun müssen.

Eine Schamanenreise ist eine heilige Handlung. Seien Sie offen für die Erfahrung, schenken Sie ihr Ihre volle Aufmerksamkeit und achten Sie darauf, die Bilder und Botschaften, die Sie empfangen, nicht vorschnell zu beurteilen. Machen Sie nicht den übereilten Versuch, das Erlebte zu analysieren und zu begreifen, und nehmen Sie Ihre ersten Gefühlsreaktionen darauf nicht zu wichtig. Beobachten Sie einfach, was passiert. Wenn Sie Ihrem Ego erlauben, die Kontrolle über das Geschehen zu übernehmen, könnte Ihnen die Weisheit entgehen, die Ihnen durch die Botschaften geschenkt wird.

Während einer Schamanenreise sah eine Frau eine Maus und stellte sich vor, sie sei ihr Krafttier, das heißt ein Repräsentant der Energie, die in ihrem Leben als Organisationsprinzip wirkte. Die Frau war enttäuscht, weil sie Mäuse als unbedeutend und lästig empfand, im Gegensatz zu einigen anderen Tieren, die sie für majestätischer hielt. In der Folge lehnte sie es ab, mit der Maus zu kommunizieren, und deren Botschaften entgingen ihr. Wenn sie mit der Maus gesprochen hätte, hätte sie nach ihrer Botschaft und dem Grund ihres Erscheinens fragen können. Vielleicht hätte ihr die Maus geantwortet, obwohl andere sie vielleicht übersehen könnten, besäße sie die Gabe, Informationen aufzuschnappen, die andere überhören. Vielleicht hätte sie ihr etwas über den Wert, sich still zu verhalten, sich auf Details und Feinheiten zu konzentrieren, mitgeteilt.

Ein Mann begegnete auf seiner Schamanenreise einem Stachelschwein und deutete es als Hinweis darauf, dass er sich kratzbürstig und verletzend verhielt und seine Mitmenschen auf Distanz hielt. Anstatt das Stachelschwein abzulehnen, sprach er mit ihm und erfuhr, dass er selbst am stärksten unter seiner Isolation und seiner Abwehr litt. Egal wie negativ Sie anfänglich auf ein Symbol reagieren, es kann Ihnen zu wertvollen Erkenntnissen verhelfen, wenn Sie mit ihm in Kontakt treten, weshalb Sie dies unbedingt tun sollten.

Lassen Sie sich nicht entmutigen, weil an den verschiedenen Orten, zu denen Sie reisen, scheinbar nichts passiert. Jeder, den ich kenne, hat wichtige Erfahrungen gemacht, wenn er bereit war, Geduld zu üben und es weiter zu versuchen.

In zwei energetischen Dimensionen, der Unter- und Oberwelt, gibt es besondere Figuren, die als Wächter dienen, und Sie sollten sie um Erlaubnis fragen, bevor Sie deren Reich betreten. Wenn Sie deren Zustimmung erhalten, geben Sie Ihre Absicht für die Reise bekannt und bitten um die Hilfe und Führung der göttlichen Quelle oder der Wächter. Wenn sie Ihnen bedeuten, dass es kein guter Zeitpunkt für eine Reise in ihre Dimension ist, sprechen Sie mit der betreffenden Figur, um herauszufinden, warum, und fragen nach, ob Sie etwas tun können, damit sich der heutige Tag für die Schamanenreise dorthin besser eignet. Wenn die Antwort wiederum lautet: »Der Zeitpunkt stimmt nicht«, fragen Sie, wann die richtige Zeit dafür wäre, und machen bis dahin keine Reise dorthin. Wenn der Wächter Ihnen die Reise untersagt, geschieht dies nur zu Ihrem Besten, daher bewahren Sie Ruhe und üben sich in Geduld.

Unternehmen Sie Ihre Schamanenreise in ausgeruhtem Zustand. Wenn Sie müde sind, kann dies Ihre Fähigkeit beeinträchtigen, sich in die transpersonalen Ebenen zu begeben. Vielleicht gefällt es Ihnen, während der Reise Trommel- oder Rasselmusik anzuhören. Achten Sie auf den Unterschied, wenn es während der Reise still ist.

Zu Anfang öffnen Sie den heiligen Raum, reinigen Ihr Energiefeld und atmen bewusst, wie in Kapitel 5 beschrieben. Geben Sie Ihre Absichtserklärung ab, welchen Wunsch Sie haben, womit Sie sich beschäftigen und wohin Sie gerne reisen möchten. Seien Sie offen für alles, was dort geschieht. Schließen Sie Ihre Augen und atmen Sie tief ein und aus. Entspannen Sie sich, und dann kann es losgehen.

Zum Schluss bedanken Sie sich für Ihre Schamanenreise. Schließen Sie den heiligen Raum. Nehmen Sie sich Zeit, um Ihr Erlebnis zu deuten und Ihre Gedanken und Gefühle zu notieren. Wenn Sie verstehen, was Sie erfahren haben, integrieren Sie die Botschaften und das daraus gewonnene Wissen in Ihren Alltag.

Ihre ersten beiden Schamanenreisen in die Stille und in die Matrix können problemlos aus dem Gedächtnis gemacht werden. Bei den anderen sind mehr Details, Handlungen und Fragen erforderlich, sodass Sie den entsprechenden Text aufzeichnen und während der Reise als Anleitung abspielen können. Machen Sie dabei an den Stellen Pause, wo wahrscheinlich Symbole, Figuren oder Gefühle auftauchen könnten, damit Sie genug Zeit haben, um die Botschaft zu empfangen, die in der transpersonalen Dimension auf Sie wartet.

Reise in die Stille

Die Stille ist der Zustand vor der Schöpfung, die Ebene der nichtmaterialisierten Potenziale, aus der eine Idee entspringt, Gestalt annimmt und mit Energie aufgeladen wird. Als ich während einer Schamanenreise einmal nach neuen Bestimmungen für mich suchte, raste ich plötzlich mit hoher Geschwindigkeit durch einen dunklen Tunnel und danach durch die Mitte eines klaren, geschliffenen Kristalls, der sich so hart, stabil und rein wie ein Diamant anfühlte. Dort tauchte ich in die Stille ein. Für mich ist diese Visualisierung sehr hilfreich.

Sie erfahren die Stille vielleicht anders als ich, aber Sie werden sie an ihrer Essenz erkennen: Sie zeigt sich in Form von bedingungsloser Liebe für alle Wesen und Dinge.

Die Stille kann ein wunderbarer Trost für die Unvorhersehbarkeit unseres Lebens sein.

Wir können die Größe der Stille niemals ganz begreifen, unseren Ursprungsort, an den wir eines Tages zurückkehren werden. Wir können mit ihm in Verbindung treten und einen kurzen Blick auf unser Einssein erhaschen. Wir können die allumfassende Liebe erkennen und Vertrauen in die Veränderungen haben, die die Stille durch uns hervorrufen kann.

Wenn Sie bei Ihrer Schamanenreise meinem Vorschlag für den Weg in die Stille folgen möchten, geben Sie Ihre Absicht für die Reise bekannt. Öffnen Sie den heiligen Raum, reinigen Ihr Energiefeld und atmen bewusst. Wenn Sie bereit sind, machen Sie sich auf die Reise.

Reise in die Stille

Stellen Sie sich vor, Sie reisen durch einen Tunnel, der zu einer diamantartigen Kristallstruktur führt. Bewegen Sie sich durch den Kristall hindurch und spüren Sie, wie Ihr Energiekörper dabei gereinigt wird. Wenn Sie auf der anderen Seite herauskommen, verschmelzen Sie mit der Stille, dem Ursprung. Spüren Sie, wie es sich anfühlt, sich in der Stille aufzuhalten. Stellen Sie außer Ihren besonderen Fragen auf jeden Fall auch folgende:

- Welche Botschaft bringst du mir?
- Was willst du von mir?
- Was kann ich für dich tun?
- Kannst du mir ________ geben? (Tragen Sie hier Ihre Bitte ein.)
- Muss ich noch etwas wissen, was ich hier noch nicht erfahren habe?

Bevor Sie die Stille wieder verlassen, könnten Sie sie bitten, Ihnen bei der Verwirklichung Ihrer neuen Lebensgeschichte zu helfen.

Wenn der Dialog beendet ist, bedanken Sie sich bei den Energien, die Ihnen begegnet sind. Wenn Sie bereit sind, kehren Sie auf dem gleichen Weg zurück – durch den Kristall und den Tunnel zurück ins Hier und Jetzt.

Wenn Sie wieder ins Alltagsbewusstsein eingetaucht sind, schließen Sie den heiligen Raum. Nach Ihrer Begegnung mit der Stille achten Sie darauf, ob Sie sich irgendwie verändert fühlen. Fertigen Sie ein Protokoll von Ihrem Erlebnis in der Stille an.

Wessen Sinneseindrücke?
Die Farbe der Liebe:
dunkler Opal;
ihr Klang: undurchdringbar,
ihre Erscheinung: verschleiert,
ihr Geschmack: zartbitter,
wie fühlt sie sich an: griffig;
ihre Essenz:
die Stille.

Ein Mann erhielt auf einer Schamanenreise die Botschaft, er solle geduldig sein und den Dingen ihren Lauf lassen. Die Stille wollte ihm zu verstehen geben, er solle ruhiger werden, um sich mehr für sie öffnen zu können. Der Mann bat um ihre Hilfe dabei und darum, die göttliche Stimme besser hören zu können. Die Stille forderte ihn auf, sein Leben mehr zu genie-

ßen und es zu feiern. Lesen Sie nun, was eine Frau über ihre Erfahrungen mit der Stille erzählte:

»Ich sah, dass sich in der Stille die Seelen aller Menschen, Tiere und Wesen des Universums befinden. Ich konnte erkennen, dass jede Seele einzigartig ist und doch mit jeder anderen Seele Gemeinsamkeiten hat und gleichzeitig mit allen anderen das Zentrum des Universums bildet, das Gott ist. Deshalb besitzt jeder in sich das Göttliche und Gott wohnt im Zentrum von allem – und nicht nur dort, sondern auch am Rand und im Inneren. Es gibt nichts ohne das Göttliche und doch ist Gott das Nichts.
Ich sah ›Gott‹ als Kollektivgeist und Schöpfungsenergie für alles, was es im Universum gibt, das heißt, dass alles innerhalb des Universums dieses erschafft und dass alle Seelen dieses Erschaffen bejahen. Ich erkannte, dass Gott diese großartige Zustimmung ist und dass alles, was nicht Ja zum Leben sagt, nicht göttlich ist, sondern dass daraus das Böse entsteht.
Einmal lauschte ich wundervoller Musik. Unbeabsichtigt tauchte ich in die Stille ein und war plötzlich eingehüllt in die Wärme und das Licht der göttlichen Liebe. Ich war überwältigt.
Wenn ich in die Stille reise, stelle ich oft die Frage: ›Welche Botschaft hast du heute für mich?‹ Ausnahmslos erhalte ich die Botschaft, die mir weiterhilft – eine einfache, klare Botschaft, die meinen Tag völlig verändert. Wenn ich mich einem Problem stelle und frage: ›Wie kann ich etwas Wertvolles zu meinem heutigen Tag beitragen?‹, bekomme ich immer eine weise Antwort. Alle Probleme werden in der Stille gelöst. Sie sagt: ›Ich liebe dich.‹ Ich antworte ihr: ›Ich liebe dich auch.‹ Die Stille sagt, dass es nicht wichtig ist, ob ich von jemandem geliebt werde – nicht einmal von meinem Ehemann. Das Einzige, was zählt, ist, dass ich liebe.
Ich habe es zu meiner täglichen Gewohnheit gemacht, in die Stille zu reisen. Jeden Morgen vor dem Frühstück praktiziere ich dies eine halbe Stunde lang, danach meditiere ich darüber. Ich stelle mir vor, dass ich mich an einem wunderschönen Ort befinde, gewöhnlich am Meer, wo ich das Rauschen der Wellen höre, die Aussicht genieße, spüre, wie sich das Wasser anfühlt, schmeckt und riecht. Ich nehme den Wind wahr, die Bäume, den Sand, den Himmel

und alle Lebewesen, die es dort gibt. Ich lade meine geistigen Führer ein, zu mir zu kommen, und gemeinsam bewegen wir uns durch einen Baumstamm nach oben in den Himmel und darüber hinaus ins Universum, durch einen reinigenden Kristall hindurch bis in die Stille. Dort sitze ich eine Weile, dann frage ich: ›Welche Botschaft hast du für mich?‹ Die Antworten kommen tief aus meinem Inneren. Sie enthalten immer genau das, was ich brauche. Sie trösten mich, sie informieren mich, sie unterstützen mich und bringen mich in Berührung mit einer Weisheit, Einsicht, Liebe und einem Wunder, wie ich es noch nie zuvor erlebt habe. Gewöhnlich werden mir die Botschaften verbal vermittelt, manchmal aber auch in Bildersprache.«

Eine andere Frau hatte bereits viele Erfahrungen mit der Stille gemacht und nutzte das dort erworbene Wissen, um sich von ihrer Prüfungsangst zu befreien:

»Ich hatte mich zu einem Aufbaustudium eingeschrieben. Immer, wenn ich mich an die dafür erforderliche Hausarbeit setzte, überfiel mich große Angst. Eines Tages fühlte ich mich wie gelähmt und wandte mich an die Stille, damit sie mir half, mich zu beruhigen und loszulassen. Ich fragte die Stille: ‚Welche Botschaft bringst du mir?' Da sah ich ein riesengroßes Eisentor vor mir. Es war so schwer und so riesig, dass es schien, als ob es sich niemals bewegen ließe, aber als ich leicht dagegen drückte, öffnete es sich so problemlos, als wäre es federleicht. Vor mir tat sich der Himmel auf, überzogen von unendlich vielen kleinen Wolken. Jede Wolke stand für eine Person, die ihre Weisheit, ihre Unterstützung und ihr Wissen mit mir teilen wollte, sodass alles, was ich brauchte, unmittelbar vor mir lag. Dann bemerkte ich, dass das Tor freistand, sodass ich mühelos um die beiden Pfosten an den Seiten herumlaufen konnte, um zu denselben Wissensquellen zu gelangen. Nach dieser Meditation kehrte ich jedes Mal an diesen Ort zurück, wenn meine Angst wieder auftauchte, und das restliche Semester verlief reibungslos, weil ich wusste, ich konnte mir jederzeit holen, was ich brauchte.«

Sie können eine Schamanenreise zur Stille machen, wann immer Sie wollen. Sie wird Ihnen helfen, Heilung zu erlangen und Ihre energetische Verbindung mit der Unendlichkeit zu spüren. Bei zukünftigen Reisen in die Stille müssen Sie nicht mehr meinem Vorschlag folgen. Reisen Sie so in die Stille, wie es für Sie stimmig ist.

Trost
Ich bin bereits tot –
ich bin vor langer Zeit gestorben.
Doch wer denkt gerade nach?

Eine gute Erstversorgung rettet den Körper,
aber eine Psyche,
die durch Vorwürfe, Gleichgültigkeit und Scham verletzt ist,
braucht den Trost der Unendlichkeit.

Reise in die Matrix

Während einer Reise, die ich an früherer Stelle in diesem Buch beschrieben habe, fand ich mich unvermittelt als Teil der Matrix wieder, die alle Dinge miteinander verbindet. Sie erschien mir als schimmerndes Netz von Verbindungen zu unendlich vielen leuchtenden Bewusstseinsdimensionen. Alles, was jemals existiert hat, existiert und entstehen könnte, einschließlich der Felsen, Pflanzen, Tiere und Menschen, ist ein Teil der Matrix, und jedes individuelle Bewusstsein ist ein Teil des Bewusstseins der allumfassenden Matrix. Die Matrix entspringt aus der Stille und diese durchdringt sie und existiert gleichzeitig mit ihr. Liebe ist die Essenz von beiden.

Die Matrix ist äußerst dynamisch und enthält einen ständig wachsenden Wissensvorrat. In jedem Moment werden wir von der Matrix umhüllt. Doch seltsamerweise erkennen dies nur wenige von uns, weil Sie durch die Lebensumstände abgelenkt sind, die mit der Inkarnation in einen physischen Körper einhergehen.

Sie können in der Matrix Heilung von bestimmten Beschwerden und individuelle Erfahrungen suchen. Beispielsweise können Sie die Matrix bitten, Ihnen mehr von der für Sie notwendigen Energie zu schenken und Sie von anderen, nicht mehr nützlichen Energien zu befreien.

Um in die Matrix zu reisen und Ihre Verbundenheit mit ihr zu erleben, können Sie einfach den Entschluss fassen, dass dies die Erfahrung ist, die Sie machen möchten, und sich von Ihrem Bewusstsein dorthin führen lassen. Vielleicht fällt es Ihnen leichter, wenn Sie Ihre Absicht bekanntgeben, den heiligen Raum öffnen, Ihr Energiefeld reinigen, bewusst atmen und vorgehen, wie nachfolgend beschrieben.

Reise in die Matrix

Stellen Sie sich vor, Sie sind von einem leuchtenden ovalen Energiefeld umgeben, das über Energiebahnen mit unendlich vielen anderen Energiefeldern verbunden ist, die jeweils ein bestimmtes Bewusstsein verkörpern. Verweilen Sie in dieser allumfassenden Matrix und richten Sie dann Ihre Aufmerksamkeit wieder auf das Hier und Jetzt. Spüren Sie, wie Sie sich fühlen. Sind Sie ruhig, aufgeregt, energiegeladen oder erschöpft? Vielleicht möchten Sie an die Matrix auch die gleichen Fragen richten wie an die Stille:

- Welche Botschaft bringst du mir?
- Was willst du von mir?
- Was kann ich für dich tun?
- Kannst du mir ________ geben? (Tragen Sie hier Ihre Bitte ein.)
- Muss ich noch etwas wissen, was ich hier noch nicht erfahren habe?

Vor Ihrer Rückkehr könnten Sie die Matrix auch noch um Hilfe bei der Manifestation Ihrer neuen Lebensgeschichte bitten. Danach tauchen Sie wieder in Ihr Alltagsbewusstsein ein.

Schließen Sie nach Ihrer Schamanenreise den heiligen Raum. Nehmen Sie sich Zeit, über Ihre Erlebnisse nachzudenken, und führen Sie darüber Protokoll.

Sie besitzen die Fähigkeit, sich von der Liebe in der Stille und der Matrix verwandeln zu lassen. Wenn Sie das begreifen und die Transformation zulassen, werden Sie Ihr Leben sehr wahrscheinlich von Grund auf verändern. Sie können auch lernen, anderen aus purer Freude und nicht aus einem Pflichtgefühl heraus zu helfen. Darüber hinaus werden Sie mehr Verantwortung für unseren Planeten übernehmen. Gewöhnlich passieren diese Veränderungen nach und nach, weil es eine gewisse Zeit erfordert, um alte Gewohnheiten aufgeben zu können. Wenn Sie Glück haben, werden Sie durch die Kommunikation mit den transpersonalen Ebenen wie der Stille und der Matrix so begeistert von Ihrer neuen Lebensgeschichte sein, dass Sie nicht mehr umhin können, sie zu verwirklichen.

Denken Sie nach einer Schamanenreise daran, Ihre Erfahrungen aufzuschreiben, damit Sie später darauf zurückkommen können.

Reise in die Unterwelt

Diese Reise wird gewöhnlich Seelenrückholungsreise genannt. Sie reisen in die Unterwelt, den Ort, wo sich abgespaltene oder nicht gelebte Seelenteile befinden. Dort ist auch der Bereich Ihrer vergangenen Leben. Diese transpersonale Ebene ist der Treffpunkt Ihres persönlichen mit dem kollektiven Unbewussten, wie es C. G. Jung beschrieben hat. Der Zweck der Unterweltreise besteht darin:

- Seelenteile wiederzufinden, die in Folge von erlittenen Verletzungen verloren gegangen oder nicht voll gelebt worden sind;
- Verträge zu ändern, die bestimmt haben, was Sie erleben und welche Entscheidungen Sie getroffen haben;
- Energie und Wissen zurückzugewinnen, das Ihnen dazu verhelfen kann, ein neues, wünschenswerteres Leben zu verwirklichen.

Es gibt verschiedene Arten der Seelenrückholung. Meine Version lehnt sich an eine schamanische Seelenrückholung von Alberto Villoldo an. Wie die Reise in die Oberwelt dauert sie länger als die Reisen in die Stille und die

Matrix. Vielleicht wollen Sie die Anleitung aufzeichnen und sie abspielen, während Sie die Reise machen, um sich leichter daran zu erinnern, wo Sie hinkommen und was Sie dort tun werden. Während Sie die Anleitung aufnehmen, denken Sie daran, Pausen zu machen, damit Ihr Unbewusstes mit den Energien in Kontakt kommen kann, mit denen Sie während der Schamanenreise praktizieren werden.

Vor dieser Reise sollten Sie einige Dinge wissen, damit Sie sich dem Geschehen ganz überlassen können und Ihr Verstand nicht versucht, die Erlebnisse während der Reise zu analysieren. Zu Anfang der Reise werden Sie einem Beschützer oder geistigen Führer begegnen. Er, sie oder es wird Ihnen vielleicht nicht die Erlaubnis zur Fortsetzung der Schamanenreise geben. Wenn dies geschieht, bedeutet das, dass Sie noch nicht bereit sind, eine schwierige Wahrheit zu erfahren, die sich Ihrem Bewusstsein entzieht. Respektieren Sie diesen Schutz, denn er ist ein geistiger Aspekt von Ihnen, der Sie vor Schmerz bewahrt. Wenn Sie mehr Heilung erfahren haben, werden Sie erleben, dass der Beschützer Ihnen mitteilen wird, dass Sie bereit sind, die Reise fortzusetzen. Wenn er Sie einlässt, wird er Sie durch die Reise führen.

Seien Sie offen dafür, in welcher Weise Ihnen dieser Beschützer erscheinen wird. Eine Frau beschreibt, wie Sie sich den Beschützer vorgestellt hatte und wie ihre Begegnung mit ihm dann tatsächlich verlief:

»Obwohl mich der Schamane, der mich anleitete, bat, mir die Reise in die Unterwelt nicht vorzustellen, gelang es mir nicht. Wenn uns jemand bittet, nicht an einen rosa Elefanten zu denken, woran denken wir sofort? Als mir der Schamane erklärte, ein Beschützer oder geistiger Führer würde auftauchen, wusste ich instinktiv, wer er sein würde – ein Engel, umgeben von Licht und Wahrheit. Sein Gesicht würde Liebe und Zeitlosigkeit ausstrahlen. Ich malte mir alles genau aus. Dann war ich bereit für die Schamanenreise. Meine Schutzengel und ich würden meine Seele zurückholen.

Ich schloss meine Augen und hörte die Rassel des Schamanen. Ich glaube, ich war an diesem Tag auch müde, weshalb der Klang der Rassel die Gedanken und Sorgen des Alltags vertrieb. Wie befohlen wartete ich am Ufer einer

Lagune auf meinen geistigen Führer. Als mir die Funktion des Beschützers erklärt worden war, befand ich mich an einem völlig anderen Ort als dem, den ich mir ausgemalt hatte.
Mein innerer Führer kam langsam auf mich zu. Es war eine uralte, kleine Frau mit dunklem Teint und einem faltigen Gesicht, das so viel Liebe ausstrahlte, dass ich es nicht in Worte fassen kann.«

Wie diese Frau erkannte, ist es wichtig, offen für das Unerwartete zu sein. Während dieser Reise in die Unterwelt werden Sie vier Kammern aufsuchen: die Kammer der Verwundungen, Seelenverträge, Gnade und Schätze. Halten Sie sich nicht zu lange in der Kammer der Verwundungen auf und identifizieren Sie sich nicht mit dem Leid, sonst werden Sie von Gefühlen überschwemmt. Wenn Sie bereit dazu sind, werden Sie mit Ihrem geistigen Führer in die zweite Kammer, die Kammer der Seelenverträge gelangen. Dort werden Sie den Vertrag finden, den Ihre Seele vor ihrer Geburt in dieses Leben abgeschlossen hat, und durch ein Schriftstück, eine Stimme, die Sie hören, ein Bild, das auftaucht, oder einfach, weil sie es wissen, etwas über dessen Inhalt erfahren. Beachten Sie, dass alle Verträge aus zwei Teilen bestehen: dem Teil, der bestimmt, wozu Sie sich verpflichten, und dem, der die Entlohnung dafür regelt. Ein solcher Vertrag könnte folgendermaßen lauten: »Ich werde oberflächliche Beziehungen eingehen, damit ich nicht verletzt werden kann.«

Während Sie sich in der zweiten Kammer aufhalten, werden Sie entscheiden, ob Sie Ihren jetzigen Vertrag kündigen oder ihn durch einen neuen ersetzen wollen, der besser für Sie und die göttliche Quelle ist und Ihrer neuen Lebensgeschichte eher dient. Sie können jederzeit in diese Kammer zurückkehren und Ihren Seelenvertrag ändern.

In der dritten Kammer, der Kammer der Gnade, werden Sie einem Seelenteil begegnen, der nie voll zum Ausdruck gebracht worden oder aufgrund einer unangenehmen oder traumatischen Erfahrung verloren gegangen ist. Der Seelenteil, der Ihnen vielleicht wunderschön oder auch hässlich erscheinen mag, repräsentiert einen Wesensanteil, der das Potenzial hat, sich zu verwirklichen und Ihnen nützlich zu sein. Wenn Sie ihn zurückholen, können Sie seine Qualitäten hinzugewinnen, wie zum Beispiel Verletzlichkeit oder das Urvertrauen in Ihre eigene Sicherheit. Dieser Seelenteil kann Sie auf Ihrer weiteren Reise begleiten oder auch nicht und wird wieder in Ihre Ganzheit und Ihre Aura integriert.

Schließlich betreten Sie die vierte Kammer, die Kammer der Schätze, wo Sie ein Symbol erwartet, das eine bestimmte Erkenntnis birgt, die Ihnen in Ihrem Alltagsleben als Erinnerung an die Reise in die Unterwelt dienen kann. Sie können es mit in Ihr Alltagsbewusstsein nehmen, damit es Ihnen hilft, Ihr neues Leben zu manifestieren. Wenn es Ihnen nicht gelingt, können Sie mit ihm sprechen, um herauszufinden, warum. Vielleicht, weil Sie vorher noch etwas anderes erledigen müssen, bevor Sie für diese Energie oder Erkenntnis bereit sind.

Schließlich werden Sie in der Unterwelt Ihrem Krafttier begegnen und erfahren, welche Geschenke aus dem Tierreich es Ihnen machen kann. Vielleicht bringen Sie diese energetischen Geschenke mit in Ihr gegenwärtiges Leben oder auch nicht, je nachdem, ob Sie oder das Krafttier dazu bereit sind.

Setzen Sie Ihre Absicht für die Reise in die Unterwelt fort und machen Sie dort Erfahrungen, die Ihnen helfen werden, ein neues Drehbuch für Ihr Leben zu verfassen. Lassen Sie zu, alte Verletzungen, einschränkende Verträge, die Sie geschlossen haben, und bisher nicht gelebte Potenziale zu entdecken. Wenn Sie bereit sind, sich auf die Reise zu machen, öffnen Sie den heiligen Raum, reinigen Ihr Energiefeld und atmen bewusst.

Reise in die Unterwelt

Stellen Sie sich im Geist einen Ort in der Natur vor, der Ihnen gefällt. Er kann Ihnen aus Ihrem Alltag vertraut sein oder gänzlich Ihrer Fantasie entspringen. Von dort aus reisen Sie durch den Erdboden und den Felsuntergrund in eine Höhle, durch die ein Fluss fließt. Gehen Sie ins Wasser und lassen Sie sich bis ans Ufer eines Paradiesgartens treiben. Erkunden Sie Ihre Umgebung mit allen Sinnen. Welche Blumen und Pflanzen sehen Sie? Wie riechen sie? Gibt es dort Tiere? Können Sie die Vögel in den Bäumen singen hören? Berühren Sie die Felsen und kosten Sie vom Wasser.

Beobachten Sie, wie sich der Beschützer der Unterwelt nähert, der Sie führen wird. Achten Sie auf seine Erscheinung. Fragen Sie ihn, ob es ein guter Tag für die Schamanenreise ist. Wenn er dies bejaht, machen Sie sich bereit für die Weiterreise. Wenn er die Frage verneint, fragen Sie ihn, ob Sie irgendetwas tun können, damit er Ihnen die Erlaubnis zur Fortsetzung der Reise geben kann. Bleibt der Beschützer beim Nein, verweilen Sie noch ein wenig im Garten und ruhen sich dort aus, bevor Sie auf dem gleichen Weg wieder in die Alltagswirklichkeit zurückkehren.

Wenn Ihr Beschützer meint, es sei ein günstiger Tag für die Reise, folgen Sie ihm auf einem Weg, der bergauf führt und an dessen linkem Wegrand sich vier Kammern befinden. Betreten Sie die erste, unterste Kammer. Dies ist die Kammer der Verwundungen, wo Sie einen verletzten, nicht geheilten Wesensanteil finden werden. Beobachten Sie, wer und was sich dort befindet. Wie sieht dieser verletzte Teil aus? Sprechen Sie mit ihm, wenn es für Sie stimmig ist. Bleiben Sie nicht zu lange in der Kammer, falls die Gefühle Sie zu überwältigen drohen.

Sie können jeder Figur in der Kammer Fragen stellen, wenn Sie möchten, und bevor Sie sie wieder verlassen, den geistigen Führer fragen: »Gibt es noch etwas, das ich bisher übersehen habe?«

Verlassen Sie die Kammer der Verwundungen und gehen Sie mit Ihrem Führer weiter bergauf zur nächsten, der Kammer der Seelenverträge. Treten Sie ein, schauen Sie sich um und beobachten Sie, wer oder was darin ist. Sehen, hören oder fühlen Sie etwas, das Ihnen zeigt, dass Sie einen Seelenvertrag geschlossen haben, den Sie in Ihrem Leben einhalten müssen? Was ist das für ein Vertrag? Entscheiden Sie sich, ob Sie diesen Vertrag kündigen und durch einen neuen ersetzen möchten, in dem formuliert ist, was Sie tun müssen und was Sie dafür bekommen werden, und der Ihnen, der göttlichen Quelle und Ihrem neuen Lebensplan besser entspricht. Wenn Sie jetzt gleich einen neuen Vertrag abschließen wollen, tun Sie es und hinterlassen Sie ihn in der Kammer. Sie können jederzeit dorthin zurückkehren, um den Vertrag zu ändern. Bevor Sie die Kammer verlassen, fragen Sie den geistigen Führer: »Gibt es noch etwas, das ich hier erkennen oder lernen muss?«

Verlassen Sie die Kammer der Seelenverträge und gehen Sie bergauf zur dritten Kammer, der Kammer der Gnade. Dort werden Sie einen Seelenteil treffen, der bisher keine Gelegenheit hatte, voll zum Ausdruck zu kommen. Betreten Sie die Kammer und nehmen Sie Kontakt mit ihm auf. Fragen Sie ihn, welche Botschaft er für Sie hat, was er von Ihnen will und was Sie für ihn tun können. Sagen Sie ihm, was Sie sich von ihm wünschen. Achten Sie auf die feinen Nuancen in seiner Botschaft und seinem Wunsch an Sie. Was können Sie von diesem Seelenteil über den Abschied von Ihrer Vergangenheit und über Ihren Neubeginn erfahren?

Wenn Sie möchten, fragen Sie den Seelenteil, ob er mit Ihnen kommen möchte. Wenn er zustimmt, aber Bedingungen stellt, sprechen Sie mit ihm, damit Sie herausfinden können, ob Sie diese erfüllen wollen. Wenn Sie auf seine Begleitung verzichten wollen oder er es ablehnt, Sie zu begleiten, lassen Sie ihn in der Kammer zurück. Bevor Sie hinausgehen, fragen Sie Ihren geistigen Führer unbedingt: »Gibt es noch etwas, worauf ich hier achten muss?« Lauschen Sie seiner Antwort. Wenn Sie bereit sind, verlassen Sie mit ihm und, falls er möchte, mit dem Seelenteil die Kammer und setzen Sie Ihren Weg bergauf fort.

Betreten Sie die vierte und letzte Kammer, die Kammer der Schätze oder Geschenke. Suchen Sie nach einem Gegenstand, der Sie in Ihrem Alltag an diese Reise erinnern und Ihnen bei der Verwirklichung Ihrer neuen Lebensgeschichte helfen wird. Wie beim Seelenteil stellen Sie auch ihm die Frage, welche Botschaft er Ihnen bringt, was er von Ihnen möchte und was Sie für ihn tun können. Teilen Sie ihm mit, was Sie sich von ihm wünschen. Wenn Sie möchten, fragen Sie ihn, ob er mit Ihnen kommen will. Wenn er zustimmt, aber Bedingungen stellt, sprechen Sie mit dem Gegenstand, um herauszufinden, ob Sie sie erfüllen können.

Wenn Sie auf seine Begleitung verzichten möchten oder der Gegenstand nicht mit Ihnen kommen will, lassen Sie ihn dort zurück. Fragen Sie Ihren geistigen Führer, ob es in dieser Kammer noch etwas gibt, was Sie entdecken und womit Sie in Kontakt treten sollten. Wenn der Gegenstand bereit ist mitzukommen, nehmen Sie ihn beim Hinausgehen mit.

Gehen Sie mit Ihrem Führer und den möglichen Begleitern aus den letzten beiden Kammern den Berg hinunter und setzen Sie sich still in den Garten. Nehmen Sie wahr, wie sich von hinten langsam eine Wesenheit nähert. Es ist Ihr Krafttier. Drehen Sie sich langsam um und schauen Sie in seine Augen. Sprechen Sie mit ihm. Fragen Sie es, welche Botschaft es für Sie hat, warum es Ihnen erscheint, was es von Ihnen will und was Sie für es tun können. Erklären Sie ihm, was Sie von ihm bekommen wollen. Fragen Sie es, was seine Energie mit Ihrer neuen Lebensgeschichte zu tun hat. Dann fragen Sie es, ob es Sie begleiten möchte. Wenn es zustimmt, aber Bedingungen stellt, sprechen Sie mit ihm, um herauszufinden, ob Sie sie erfüllen können. Wenn Sie auf seine Begleitung verzichten möchten oder das Krafttier nicht mit Ihnen kommen will, lassen Sie es dort zurück. Wenn es zustimmt, nehmen Sie es mit, wenn Sie den Garten verlassen. Fragen Sie davor Ihren geistigen Führer: »Gibt es noch etwas, das ich wissen muss?«

Bedanken Sie sich bei Ihrem geistigen Führer für seine Hilfe. Sie sind jetzt bereit, auf dem gleichen Weg zurückzukehren, auf dem Sie gekommen sind. Wenn Ihr Seelenteil, Ihre Geschenke und das Krafttier beschlossen haben, Sie zu begleiten, bringen Sie sie mit, wenn Sie wieder in die Alltagswirklichkeit eintauchen. Lassen Sie sich vom Fluss zurück in die Höhle tragen. In Begleitung der Energien, die Sie aus der Unterwelt mitgebracht haben, klettern Sie den Felsen hinauf und steigen durch den Erdboden hinaus an den Ausgangsort in der Natur. Dann kehren Sie zurück in Ihren physischen Körper und Ihr Alltagsbewusstsein.

Nach Ihrer Seelenreise suchen Sie einen geeigneten Platz in Ihrem Energiefeld für den Seelenteil, die Geschenke und das Krafttier, das Sie begleitet hat. Ihre Hände spüren die richtige Stelle in Ihrer Aura – beispielsweise auf Ihrem Bauch oder in der Herz- oder Kehlkopfregion. Danach schließen Sie den heiligen Raum.

Denken Sie darüber nach, wie Sie das erlangte Wissen und die empfangenen Symbole nutzen können, damit Sie zur Entwicklung Ihrer neuen Lebensgeschichte beitragen. Fertigen Sie ein Protokoll von der Schamanenreise an, damit Sie sich später an alles erinnern und darüber nachsinnen können, und setzen Sie das, was Sie dabei gelernt haben, unbedingt in Ihren Alltag um.

Jedes Mal, wenn Sie die Reise in die Unterwelt machen, werden Sie dort unterschiedliche Erlebnisse haben. Sie können immer zurückkehren, um mit dem jeweiligen Wesen in einer bestimmten Kammer zu sprechen oder einen neuen Seelenvertrag abzuschließen.

Lesen Sie nun, was ein Mann während einer Unterweltreise über den Platz erfuhr, den die Angst in seinem Leben einnahm:

»Meine Reise führte mich zunächst in die Kammer der Verwundungen, und ich erwartete, dort viele Verletzungen vorzufinden, die mir in meinem Leben widerfahren waren. Doch stattdessen begegnete ich meiner Familie und spürte Liebe und Mitgefühl. Ich wurde gefragt: »Warum bist du hier?« Sie sagten auch: »Hier gibt es nichts außer Liebe und Mitgefühl für dich.« Ich begriff, dass ich mich von meinen verletzenden Erfahrungen distanzieren konnte.

Als Nächstes gelangte ich in die Kammer der Seelenverträge, wo ich damit konfrontiert wurde, dass ich immer unverbindlich blieb. Mein Vertrag besagte im Wesentlichen, dass ich keine Verpflichtungen einging. Ich erfuhr, dass Angst hinter dieser Verweigerungshaltung steckte und meinen Neubeginn blockierte. Wenn ich weiterkommen wollte, musste ich Entscheidungen treffen und Verpflichtungen eingehen. Vertrauen, nicht Angst, musste mein Begleiter sein.

Danach besuchte ich die Kammer der Gnade, wo mich ein klares Licht und das Gefühl von Liebe, Mitgefühl und meiner göttlichen Natur empfingen. Ich spürte auch, dass die Angst bei mir war, die mein ganzes Leben meinen Fortschritt behindert hatte. Ich bat das Licht, mit mir zu kommen, und es stimmte zu – doch ich musste die Angst hinter mir lassen. Ich zögerte, weil ich unsicher war, ob ich sie aufgeben und durch reines Vertrauen ersetzen konnte. Ich bat das Licht erneut, bei mir zu sein, aber es spürte, dass ich noch nicht bereit war, die Angst loszulassen, deshalb blieb es in der Kammer.

Ich ging weiter in die Kammer der Geschenke und fand dort ein Symbol, eine

Eichel, die ich mitnehmen konnte. Sie enthielt die Botschaft, dass ich mich in einer Transformation befand, so wie die Eichel ein Samen war, aus dem einmal ein Baum wird. In übertragenem Sinn war ich ein Samenkorn, das dazu bestimmt war, sich in ein neues Leben hineinzutransformieren.
Schließlich traf ich am Ende der Schamanenreise auf mein Krafttier, das sich mir von hinten näherte. Als ich mich umdrehte, sah ich einen Hirsch. Er sprach: »Ich verkörpere Frieden und Heiterkeit. Ich liege auf grünen Wiesen in der Sonne. Ich ruhe mich aus und vergnüge mich. Das Leben ernährt mich. Ich bin wachsam und meine Angst schützt mich, aber sie beherrscht mich nicht. Sie raubt mir nicht meinen Frieden. Komm mit mir. Lass dich von meinem Frieden und meiner Heiterkeit anstecken.«
Die Kraft, die mir diese Reise gab, bestand darin, mir über den Stellenwert der Angst in meinem Leben bewusst zu werden. Jetzt kann ich die Aufgabe erkennen, die ich erledigen muss, damit ich meine neue Lebensgeschichte in Freiheit und Einklang mit der göttlichen Quelle gestalten kann.«

Dieser Mann fand in der Kammer der Verwundungen keine Verletzungen vor, ebenso keine Figuren in der Kammer der Gnade, aber er sah Licht und verspürte Angst. Er machte nichts verkehrt, sondern hatte dort nur ein anderes Erlebnis als andere. Die Schamanenreise war für ihn in der Hinsicht sehr wertvoll, dass sie ihm Erkenntnisse über seine Angst lieferte und ihm Energie schenkte – in Form von Licht und in Gestalt des Hirsches –, um wichtige Veränderungen vornehmen zu können. Denken Sie daran, dass Sie in diesen Kammern ganz andere Erfahrungen machen können.

Während eine Frau in die Unterwelt reiste, die sie in der Absicht unternahm, sich mit dem Älterwerden auszusöhnen, tauchte eine Kobra als Krafttier auf. Die Frau führte folgendes Gespräch mit ihr:

»Die Kobra sagte: ›Ich habe hier schon lange auf dich gewartet. Ich werde dich beschützen. Ich bin furchtlos und häute mich. Wenn du deine Haut abwirfst, werde ich dich beschützen und dir die Angst vor der Verwandlung nehmen.‹
Da wusste ich, dass es Zeit war, meine Beziehungen zu ändern, damit sie

mich nicht mehr behindern – die anderen würden mich immer noch lieben, auch wenn ich eine andere Rolle einnehme. Ich erzählte der Kobra von meiner Angst, dass ich mich von allem trennen musste, was mir wichtig war, wie von einer alten Haut, und dass ich immer noch Angst hatte, obwohl sie mir gesagt hatte, dass das nicht nötig ist. Wie konnte ich sicher sein, dass sie mich wirklich beschützen würde?

Sie sagte, dass sie jetzt in diesem Augenblick bei mir sein und sich weiterhin zeigen würde. Als ich sie fragte, wie sich das Häuten anfühlt, antwortete sie, es sei ein befreiendes und angenehmes Gefühl, das Freude macht.

Nach dieser Schamanenreise bemerkte ich, dass auf meinem Schal zwei Schlangen abgebildet waren. Obwohl ich das Design vorher nicht wahrgenommen hatte, verwendete ich den Schal ab jetzt bei meinen Schamanenreisen und Meditationen. Ich hatte den Schal vor ein paar Jahren geschenkt bekommen, als ich mich für eine Visionssuche vorbereitete. Ich hatte schon immer das Gefühl, auf meinem spirituellen Weg behütet und beschützt zu sein. Später, als ich jemandem von meiner Unterweltreise erzählte, fiel mir auf, dass am Ast eines Baumes, unter dem wir saßen, die abgestreifte Haut einer Schlange hing.

Ich mache meine spirituelle Praxis immer noch mit meinem Schal. Oftmals spüre ich die Energie der Kobra in mir aufsteigen, ohne dass ich darum gebeten hätte, und manchmal, wenn ich Angst habe oder glaube, in Gefahr zu sein. Ich spreche weiterhin mit ihr, wann immer ich das Bedürfnis dazu habe. Die Schlangenhaut habe ich als Erinnerung an ihre Gegenwart, Kraft und furchtlose Hingabe an die Transformation behalten.«

Eine Frau fand heraus, dass ihr Vertrag in der Kammer der Seelenverträge lautete: »Ich gehe keine engen Beziehungen ein. Deshalb werde ich nicht verletzt.« Sie änderte ihn folgendermaßen um: »Ich bin offen für enge Beziehungen. Deshalb kann ich Liebe erfahren.« Sie erkannte, dass sie innere Ressourcen bilden musste, um weniger verletzbar zu sein. Der Seelenvertrag eines Mannes sah vor: »Ich möchte Erfolg und Macht erlangen. Dann können mir andere nichts antun.« Sein neuer Vertrag hieß: »Ich werde machen, was mir und der göttlichen Quelle gefällt und den damit verbundenen Frieden und die Erleichterung genießen.« Eine andere Frau hatte den Vertrag geschlossen: »Ich bin unsichtbar. Deshalb kann mich keiner sehen und verletzen.« Sie schrieb ihn um in: »Ich werde lernen, mich zu schützen, damit ich mich so zeigen kann, wie ich bin.«

Sich emotional – und manchmal auch körperlich – schützen zu lernen erfordert, innere Stärke zu entwickeln und sich innere und äußere Verbündete zu suchen. Die göttliche Quelle kann uns dabei helfen. Natürlich ist das Abschließen von neuen Seelenverträgen nicht immer leicht, doch wenn wir die Einschränkungen erkennen, die mit alten Verträgen einhergehen, motiviert uns die Hoffnung auf mehr Freiheit und Entfaltungsmöglichkeiten dazu, einen neuen Vertrag zu schreiben und danach zu leben.

Eine Frau traf in der Kammer der Gnade ein Cowgirl. Hier fand sie den Seelenteil, der bisher nicht voll und ganz verwirklicht worden war. Das Cowgirl erklärte der Frau, sie müsse mehr Risiken eingehen und mehr Zeit in der Natur verbringen. Die Frau war als Mädchen begeistert geritten, aber sie hatte diesen Sport seit Jahren nicht mehr ausgeübt. Sie erkannte, wie sehr ihr das Freiheitsgefühl fehlte, und beschloss, den Seelenanteil zu stärken, den das Cowgirl verkörperte.

Eine weitere Frau begegnete in der Kammer der Gnade einer Ballerina. Sie war von ihrer Biegsamkeit und ihrem sportlichen Können beeindruckt. Im Gespräch mit ihr wurde sie darauf aufmerksam gemacht, dass sie aufgrund ihres beruflichen Ehrgeizes ihre »Flexibilität« und ihre sportliche Haltung eingebüßt hatte. Als junges Mädchen hatte sie das Tanzen geliebt, aber sie hatte damit aufgehört, weil sie zu beschäftigt war. Sie schwor, ihre innere Ballerina zu achten und ihr Raum zu verschaffen.

Ein Arzt sah in der Kammer der Gnade einen kleinen Jungen, der unter einem Baum saß und in einem Fluss angelte. Er unterhielt sich mit ihm und erkannte, dass er sich wieder Zeit nehmen musste, um sich zu erholen, Geduld zu üben und einfach in die Stille einzutauchen. Der kleine Junge war bereit, ihn zu begleiten, und der viel beschäftigte Arzt bemühte sich, die Lektionen der Stille und Geduld zu befolgen und Ausflüge in die Natur in sein Leben einzubauen.

Die Erfahrung, dass sich ein Seelenteil in der Natur aufhält, kommt beim

Besuch der Kammer der Gnade häufig vor. Wir sehnen uns scheinbar nach einer Rückverbindung mit der Natur und den natürlichen Wesensanteilen, die wir verloren haben.

In der Kammer der Geschenke fand ein Mann einen Kelch, der ihn an seinen Wunsch erinnerte, Altes aus seinem Leben zu entfernen und es mit Neuem zu füllen. Eine Frau entdeckte dort einen Stab und wusste, dass sie ihn zu ihrem Schutz und ihrer Unterstützung einsetzen konnte. Wenn Sie in der Kammer der Geschenke einen Gegenstand entdecken, versuchen Sie, etwas Ähnliches im alltäglichen Leben zu finden, das Sie bei sich haben können, um sich an seine Bedeutung für die Veränderung Ihres Lebens zu erinnern.

Reise in die Oberwelt

Diese Reise führt Sie in die Oberwelt, den Raum der Zukunft und der Möglichkeiten. Es gibt verschiedene Schamanenreisen in die obere Welt. Die hier beschriebene Adaption habe ich von Alberto Villoldo entlehnt. Wenn Sie in die Oberwelt reisen, auch die »Welt unseres Werdens« genannt, wirken Sie schöpferisch am Schicksal mit. Sie reisen in die Dimensionen des Möglichen, wo Sie ein Schicksal finden, das Ihnen mehr entspricht, und daran anknüpfen können. Einige Möglichkeiten werden sich wahrscheinlich nicht im Alltag verwirklichen, wenn Sie sich nicht damit identifizieren und sie mit Energie aufladen. Denken Sie über folgende Fragen nach, die Ihnen behilflich sein können, Ihre Absicht für eine Oberweltreise zu erklären:

- Glauben Sie, dass Sie mit ihrem bestmöglichen Schicksal verbunden sind?
- Welches neue Schicksal würde Sie müheloser vorwärtsbringen?

Für diese Schamanenreise steigen Sie am Anfang durch einen Baum nach oben und dann entlang einer goldenen Lichtschnur zum Wächter der

Oberwelt, den Sie fragen, ob Sie die Reise fortsetzen können. Wenn er dies verneint, fragen Sie, welche Aufgaben Sie vorher erledigen müssen, bevor Sie die Erlaubnis erteilt bekommen. Wenn die Antwort immer noch Nein lautet, kehren Sie auf dem gleichen Weg nach unten in Ihr Alltagsbewusstsein zurück. Wenn der Wächter zustimmt, steigen Sie weiter entlang der goldenen Schnur hinauf, bis Sie Ihren himmlischen Eltern begegnen, mit denen Sie ein Gespräch führen können. Dann reisen Sie weiter nach oben durch das Reich der Steine, Pflanzen und Tiere, dann durch das Reich der Menschen, Delfine und Wale. In jeder Ebene sehen Sie sich um und beobachten, wie Sie sich dort fühlen. Nachdem Sie im Reich der Menschen, Delfine und Wale waren, erheben Sie sich in die Dimension Ihres zukünftigen Seins, wo Sie fünf Gegenstände oder Symbole finden, die mit Energie aufgeladen sind und Informationen enthalten, die Ihnen für das Verfassen Ihrer neuen Geschichte nützlich sind. Sie nehmen sie mit, um die Kapitel über Ihre Gesundheit, Beziehungen, Berufung und den Dienst an den Mitmenschen zu ändern und um Ihr bestmögliches Schicksal zu leben, anstatt den Schicksalsschlägen hilflos ausgeliefert zu sein. Bei zukünftigen Reisen in die Dimension Ihrer Zukunft können Sie um andere Symbole oder Gegenstände bitten, die zu diesen und neuen Kapiteln Ihrer Lebensgeschichte beitragen.

Beachten Sie, dass jede dieser Dimensionen der Oberwelt die Blaupause für alles enthält, was jemals war, ist und sein wird. Denken Sie daran, dass Sie sie bei Ihrer nächsten Reise in die obere Welt wieder besuchen und sich mit den Energien, die Sie dort vorfinden, austauschen können. Sie können auch, wenn Sie sich nicht auf einer Schamanenreise befinden, mit ihnen kommunizieren, um Erkenntnisse zu erlangen.

Vielleicht möchten Sie die Anleitung für die Oberweltreise mit ihren einzelnen Stationen vorher aufzeichnen und abspielen, während Sie dorthin reisen, anstatt sie nur aus dem Gedächtnis zu machen. Beginnen Sie damit, den heiligen Raum zu öffnen, Ihr Energiefeld zu reinigen, bewusst zu atmen und sich auf Ihre Absicht für den Besuch in der Oberwelt und das, was Sie dort erfahren möchten, zu konzentrieren.

Reise in die Oberwelt

Wenn Sie entspannt und bereit für die Reise sind, visualisieren Sie einen Baum, der Ihnen gefällt. Dies kann ein Fantasiebaum sein oder ein Baum, den Sie aus Ihrer Alltagswirklichkeit kennen. Stellen Sie sich vor, dass Sie eins mit dem Wurzelwerk des Baums werden und mit seiner Rinde, seinen Ästen und Blättern verschmelzen. Wenn Sie in der Baumkrone angekommen sind, steigen Sie an einer leuchtenden Schnur entlang auf, bis Sie dem Wächter der Oberwelt begegnen. Fragen Sie ihn, ob es ein guter Tag für die Schamanenreise ist. Wenn er die Frage verneint, frage Sie, ob Sie irgendetwas tun können, damit Sie die Erlaubnis zur Fortsetzung der Reise bekommen können. Bleibt der Beschützer beim Nein, verweilen Sie noch ein wenig, bevor Sie auf dem gleichen Weg wieder in die Alltagswirklichkeit zurückkehren.

Wenn Sie Ihre Reise fortsetzen, tragen Sie Ihren Wunsch vor, Ihrer himmlischen Mutter und Ihrem himmlischen Vater zu begegnen – den mütterlichen und väterlichen Energien, die schon immer in Ihnen waren. Wenn sie erscheinen, begrüßen Sie sie und sprechen Sie mit ihnen. Sie können ihnen Ihre geheimsten Gedanken mitteilen und Fragen stellen. Wenn Sie bereit sind weiterzureisen, bedanken Sie sich bei ihnen, dass sie ein Teil von Ihnen sind.

Steigen Sie weiter entlang der leuchtenden Schnur auf, bis Sie das Reich der Steine erreichen. Wie ist es, ihr Bewusstsein und ihre Energie zu spüren?

Als Nächstes steigen Sie die Lichtschnur entlang hinauf ins Reich der Pflanzen. Gleichen ihr Bewusstsein und ihre Energie dem des Gesteins oder wirkt es anders? Wie fühlt sich ihre Energie an?

Wenn Sie bereit sind, reisen Sie weiter ins Reich der Tiere. Spüren Sie die Unterschiede und Ähnlichkeiten der Energie und des Bewusstseins dieser Ebene der Tiere im Vergleich mit dem der Steine und Pflanzen.

Steigen Sie nun auf ins Reich der Menschen, Delfine und Wale. Spüren Sie die Unterschiede und Ähnlichkeiten der Energie und des Bewusstseins dieser Ebene der Tiere im Vergleich mit dem der Steine, Pflanzen und Tiere. Wenn Sie möchten, können Sie hier ein wenig verweilen und mit Verstorbenen sprechen, die Ihnen nahestanden. Schauen Sie sich nach einer Leiter um, die nach oben führt. Klettern Sie hinauf, bis Sie über den Horizont schauen können und die Dimension Ihres zukünftigen Seins erkennen, das Reich der Möglichkeiten, aus dem alles entspringt, was Sie erleben.

Bitten Sie die Energien dieser Ebene, Ihnen ein Symbol zu geben, das Ihren augenblicklichen Gesundheitszustand unterstützt. Schauen Sie sich um, ob Ihnen jemand oder etwas ein solches Symbol oder einen symbolischen Gegenstand bringt. Stellen Sie dem Symbol oder seinem Überbringer folgende Fragen (je nachdem, was für Sie stimmig ist):

- Welche Botschaft bringst du mir?
- Was willst du von mir?
- Was kann ich für dich tun?
- Kannst du mir ________ geben? (Tragen Sie hier Ihre Bitte ein.)

Danach bitten Sie um etwas, was Ihnen in Ihren Beziehungen helfen könnte. Stellen Sie dem Symbol oder seinem Überbringer folgende Fragen:

- Welche Botschaft bringst du mir?
- Was willst du von mir?
- Was kann ich für dich tun?
- Kannst du mir ________ geben? (Tragen Sie hier Ihre Bitte ein.)

Danach bitten Sie um etwas, was Ihnen in Bezug auf Ihre Berufung helfen könnte – was auch immer Sie in der Welt tun möchten: in Hinblick auf Ihren Beruf, freiwillige soziale Arbeit oder private Aktivitäten zu Hause. Stellen Sie dem Symbol oder seinem Überbringer folgende Fragen:

- Welche Botschaft bringst du mir?
- Was willst du von mir?
- Was kann ich für dich tun?
- Kannst du mir ________ geben? (Tragen Sie hier Ihre Bitte ein.)

Nun bitten Sie um etwas, was Ihnen in Bezug auf den Dienst am Mitmenschen helfen könnte. Stellen Sie dem Symbol oder seinem Überbringer folgende Fragen:

- Welche Botschaft bringst du mir?
- Was willst du von mir?
- Was kann ich für dich tun?
- Kannst du mir ________ geben? (Tragen Sie hier Ihre Bitte ein.)

Danach bitten Sie um ein Symbol, das Sie zu einem Schicksal führen kann, das Ihnen und der göttlichen Quelle besser gefällt. Stellen Sie dem Symbol oder seinem Überbringer folgende Fragen:

- Welche Botschaft bringst du mir?
- Was willst du von mir?
- Was kann ich für dich tun?
- Kannst du mir ________ geben? (Tragen Sie hier Ihre Bitte ein.)

Sie besitzen nun fünf Gegenstände oder Symbole, die alle mit Energie aufgeladen sind. Sie nehmen sie mit, damit sie Ihnen helfen, die Kapitel über Ihre Gesundheit, Beziehungen, Berufung und den Dienst an den Mitmenschen zu ändern und um Ihr Schicksal so zu gestalten, dass es Ihnen und der göttlichen Quelle besser gefällt. Bedanken Sie sich bei den Energien, die Ihnen die Symbole und Gegenstände überbracht haben.

Bevor Sie die Oberwelt verlassen, stellen Sie noch die folgende Frage: »Gibt es noch etwas, was ich wissen muss?«

Kehren Sie auf dem gleichen Weg, den Sie gekommen sind, in Ihr Alltagsbewusstsein zurück: Klettern Sie die Leiter hinunter und betreten Sie das Reich der Menschen, Delfine und Wale. Suchen Sie die Lichtschnur und steigen Sie hinab durch das Reich der Tiere, Pflanzen und Steine. Bedanken Sie sich beim Wächter der Oberwelt für die Reise und verabschieden Sie sich für heute. Lassen Sie sich auf der Baumkrone nieder und schlüpfen Sie dann durch den Baum hinaus in die Alltagswelt.

Nach Ihrer Seelenreise erspüren Sie mit den Händen einen geeigneten Platz in Ihrem Energiefeld, an den Sie die Gegenstände und Symbole, die Sie erhalten haben, legen. Danach schließen Sie den heiligen Raum. Denken Sie darüber nach, wie Sie das erlangte Wissen und die empfangenen Symbole benutzen können, damit Sie zur Entwicklung Ihrer neuen Lebensgeschichte beitragen können. Fertigen Sie ein Protokoll von der Schamanenreise an, damit Sie sich später an alles erinnern und darauf zurückkommen können. Setzen Sie das, was Sie dabei gelernt haben, in Ihren Alltag um. Sie können mithilfe eines Redesteins immer wieder mit jedem der Symbole oder jeder der Figuren kommunizieren. Wenn Sie einem Symbol oder einer Figur aus der transpersonalen Dimension begegnen, können Sie erneut dorthin reisen, um ihm oder ihr dort zu begegnen und den Dialog fortzusetzen.

Jede Reise in die Oberwelt schenkt unterschiedliche Erkenntnisse. Lesen Sie nun, was ein Mann während einer Oberweltreise erlebte:

»Ich stand in der Oberwelt. Zuerst sah es dort aus wie in den Badlands[10], dann verwandelte sich die Gegend in einen Wald und dann in einen See. Vom Ufer aus blickte ich über den riesigen See, der von Pinien umgeben war. Ich bat um ein Geschenk. Plötzlich tauchte ein Kajak auf. Ich erkannte sofort, dass es solide gebaut und von guter Qualität war, doch ich war auch ein wenig enttäuscht darüber. Während ich es betrachtete, verfärbte es sich und nahm ein wunderschönes Dunkelrot an, etwas dunkler als das Rot der Feuerwehr. Mir wurde gesagt, das Kajak sei mir geschenkt worden, damit ich schnell und mühelos reisen könnte. Dem Kajak gebühre dafür, dass es mich in diese Länder bringt, meine Ehrerbietung. Ich bekam dafür Kraft und die Fähigkeit, überall hinzufahren, wohin ich auch mochte.

Während ich vor dem Kajak stand und anfing, seine Bedeutung zu verstehen, erkannte ich, dass es das perfekte Geschenk war. Ich spürte es in mir und stellte mir vor, wie es wäre, wenn ich Kajakfahren lernen würde. Als ich

10 Verwitterungslandschaft in South Dakota / USA (Anm. d. Übers.)

es fragte, ob es mit mir zurückkehren würde, reagierte es menschlich, mitfühlend und so voller Begeisterung, dass ich es kaum in Worte fassen kann.«

Symbole können viele Bedeutungen haben. Wir legen unsere Interpretationen, die von unseren Lebenserfahrungen beeinflusst sind, in sie hinein, selbst wenn sie universelle Gültigkeit haben. Indem dieser Mann seinen Widerstand aufgab, sich mit der Bedeutung des Kajaks zu befassen, konnte er wichtige Lektionen lernen, wie er mühelos durchs Leben schiffen konnte, anstatt gegen den Strom anzukämpfen.

Reise in die absolute Dunkelheit der Schöpfung

Sie können diese und die nachfolgende Schamanenreise durchführen, um noch mehr Erfahrungen mit dem Besuch verschiedener transpersonaler Ebenen zu machen. Mit etwas Übung werden Sie die Aufenthalte in diesen Dimensionen noch eindrücklicher und detaillierter erleben und sich wahrscheinlich besser daran erinnern. Bereiten Sie sich auf die Reise in die absolute Dunkelheit der Schöpfung vor, indem Sie den heiligen Raum öffnen, Ihr Energiefeld reinigen und bewusst atmen. Wenn Sie bereit sind, können Sie sich auf den Weg machen.

Reise in die absolute Dunkelheit der Schöpfung
Spüren Sie, wie Sie fallen, tiefer und immer tiefer. Während Sie fallen, wird das Licht immer schwächer, bis es völlig dunkel ist. Die Dunkelheit wird undurchdringlicher und sie fallen allmählich langsamer. Schließlich erreichen Sie einen Zustand, in dem Sie mühelos schweben können. Lassen Sie zu, dass sich Ihr Körper in der Dunkelheit vollständig auflöst. Was bleibt von Ihnen übrig? Wirkt die völlige Dunkelheit heiter oder beunruhigend? Fragen Sie sie, welche Botschaft sie für Sie hat, was sie von Ihnen erwartet und was Sie für sie tun können. Dann bekunden Sie Ihren Wunsch an sie. Bedanken Sie sich bei der Dunkelheit. Ihr Körper nimmt wieder Form an und Sie kehren zurück.

Danach schließen Sie den heiligen Raum und fertigen ein Protokoll von der Schamanenreise und Ihren Erfahrungen an.

Reise ins Licht der Schöpfung

Um ins Licht der Schöpfung zu reisen, treffen Sie die üblichen Vorbereitungen, indem Sie den heiligen Raum öffnen, Ihr Energiefeld reinigen und bewusst atmen. Wenn Sie bereit sind, können Sie sich auf den Weg machen.

Reise ins Licht der Schöpfung
Spüren Sie, wie Sie in einen Brunnen fallen, der angefüllt ist mit dem Licht der Schöpfung. Je tiefer sie fallen, desto intensiver wird das Licht. Wenn Sie nicht mehr weiter fallen, erlauben Sie Ihrem Körper, sich vollständig im Licht aufzulösen. Wie fühlt sich das an? Wirkt das Licht der Schöpfung erfrischend, unangenehm oder grell? Fragen Sie es, welche Botschaft es für Sie hat, was es von Ihnen erwartet und was Sie für es tun können. Dann bekunden Sie Ihren Wunsch. Bedanken Sie sich beim Licht der Schöpfung. Ihr Körper nimmt wieder Form an und Sie kehren zurück.

Danach schließen Sie den heiligen Raum und fertigen ein Protokoll von der Schamanenreise und Ihren Erfahrungen an. Vergleichen Sie die Erlebnisse in der Dunkelheit und im Licht miteinander.

Die Reisen in die Dunkelheit und ins Licht der Schöpfung sowie die anderen in diesem Kapitel beschriebenen Schamanenreisen bringen Sie in energetische Dimensionen, die Ihnen Informationen für Ihre neue Lebensgeschichte liefern und Ihnen helfen können, sie zu manifestieren. Schreiben Sie Ihre Erfahrungen im transpersonalen Raum auf und setzen Sie sie in Ihrem Alltag um, damit Sie die erwünschten Veränderungen in den einzelnen Kapiteln Ihrer neuen Geschichte vornehmen können.

Das schamanische Reisen ermöglicht Ihnen auch, mit unterschiedlichen Energien in Verbindung zu kommen. Deshalb ist es von Vorteil, wenn Sie etwas über die häufigsten Energien wissen, mit denen Sie praktizieren können. Davon handelt das nächste Kapitel.

Kapitel 8
Die Energien verstehen, die Ihre Geschichte beeinflussen

In Kapitel 1 habe ich auf die Vorstellung von der Dynamik hingewiesen, an unserer Lebensgeschichte festzuhalten, und habe erklärt, dass Sie die Dynamik in Ihrem Leben, so wie Sie es jetzt führen, reduzieren müssen, um die gegenwärtige Geschichte loszulassen und offen für eine neue zu sein. Dies gelingt Ihnen, wenn Sie sich von der »Last« der Vergangenheit und den emotionalen Energien befreien, die Ihnen nicht mehr nützlich sind, und indem Sie Ihr Lebenstempo verringern, sodass Sie zur Ruhe kommen. In der Stille können Sie die Energien besser wahrnehmen, die Sie bislang beeinflusst haben, und die Stimme der göttlichen Quelle besser hören, die Sie führt.

Die Antriebsenergie, die Sie in eine bestimmte Richtung gelenkt hat, kann als Potenzial bewahrt werden, wenn Ihr Leben entschleunigt wird und Sie die schwere Bürde der Emotionen wie Angst, Furcht, Enttäuschung, Verbitterung und Bedauern abwerfen. Wenn Sie durchs Leben hetzen, ohne sich bewusst damit auseinanderzusetzen, auf Situationen reagieren und das Gefühl haben, ausgeliefert zu sein, ist es schwer, sich vorzustellen, was Sie erschaffen könnten und einen neuen Lebensplan zu entwerfen und zu verwirklichen. Um von Ihrem augenblicklichen zum erwünschten Leben überzugehen, brauchen Sie wie das Samenkorn Lebenskraft und andere Energien wie Nährstoffe im Boden, damit es sich zu einem Keimling und schließlich zu einer Blume entwickeln kann.

Wenn Sie nicht an eine starke Kraftquelle anknüpfen, werden Sie Ihre neue Geschichte nur schwer manifestieren können. Willenskraft und Absicht allein genügen nicht, um nicht wieder in alte Verhaltensmuster zurückzufallen. Um Ihre Energie in geeignetere Bahnen umzulenken und neue Energie zu erhalten, müssen Sie Situationen und vielleicht sogar Menschen loslassen, die Sie auslaugen. Sie brauchen auch eine neue Art, sich mit Energien in der Außenwelt zu verbinden, wie die Kräfte der Natur und des Kosmos, und Sie müssen Heilung suchen, indem Sie in die überpersönlichen Dimensionen reisen.

Es gibt viele Arten von Energie, mit denen Sie praktizieren können. Wir alle verfügen über eine bestimmte Menge an Lebensenergie oder Vitalkraft, aber wir können unseren Energievorrat vergrößern oder vermindern, je nachdem welche Entscheidungen wir während unseres Lebens treffen. Wir verschwenden und schwächen unsere Energie, wenn wir übertrieben viel Sport treiben, nachgrübeln und uns defensiv oder obsessiv verhalten. Wir gewinnen Energie, wenn wir uns für eine gesunde Lebensweise entscheiden, uns angemessen körperlich betätigen, Zeit in der Natur verbringen und uns mit dem Universum und der göttlichen Quelle verbinden, indem wir beispielsweise die Praxis der Schamanenreise ausüben. Dieses Kapitel handelt von den Archetypen oder universellen Energien, die in uns wirken.

Archetypische Energien

Wir begegnen den archetypischen Energien im kollektiven Unbewussten, an dem wir alle teilhaben. Sie tauchen in allen Kulturen rund um den Erdball auf. Sie existieren seit Anbeginn der Zeit, oftmals in Form von Personen. Der Held, der Gauner und der Weise sind nur ein paar Beispiele dafür. Wenn Sie schamanische oder jungianische Übungen verwenden, werden Sie mit diesen Energien – die bestimmen, wie Sie denken, handeln und fühlen – allmählich bewusst in Verbindung kommen.

Archetypische Energien beeinflussen Sie immer, aber Sie sind sich dieser Tatsache womöglich nicht bewusst. Was sich in Ihrem persönlichen und kollektiven Unbewussten abspielt, bleibt Ihrem Bewusstsein verborgen. Träume, freudsche Fehlleistungen oder starke Emotionen wie Wut oder Scham, die uns plötzlich, heftig und in scheinbar unverfänglichen Situationen überkommen, können ein Zeichen dafür sein, dass universelle Energien aus unserem persönlichen und dem kollektiven Unbewussten wirksam sind und uns beeinflussen. Diese verborgenen Kräfte sind oftmals so mächtig, dass wir sie mit unserem Bewusstsein kaum kontrollieren können.

Archetypen können bestimmte Verhaltensmuster in Ihnen hervorbringen, die zwar dem Verhalten anderer Menschen ähneln, jedoch individuell einzigartig sind. Vielleicht erfahren Sie den Archetypus des Narren als lustigen Clown, der Sie auffordert, Ihr Leben leichter zu nehmen. Ein anderer erlebt den gleichen Archetyp vielleicht als listigen und schlauen Hofnarren, der mit der Gefahr spielt, indem er auf humorvolle Weise die Wahrheit spricht. Ihre Lebensgeschichte und Ihre Alltagserfahrungen beeinflussen Ihre Wahrnehmung und welche archetypischen Energien in Ihnen wirksam werden und umgekehrt.

Obwohl Sie von Archetypen beeinflusst werden, sollten Sie sich nicht zu sehr damit identifizieren, nicht einmal dann, wenn Sie sie für positive Energien halten. Wenn Sie sich wie ein Weiser fühlen, denken Sie daran, dass Sie nicht immer dieser weisen Figur gleichen und dies auch nicht notwendig ist. Sie sind dazu geboren, viele Facetten von sich zu erleben und eine Vielfalt universeller Energien auszudrücken, nicht dazu, an einer Illusion festzuhalten, wie zum Beispiel der, die allerbeste Mutter oder der größte Held zu sein. Ihre Aufgabe besteht vielmehr darin, bewusst mit den Archetypen zu spielen und sich an die für Sie passenden Orte treiben zu lassen.

Wenn sich Ihre Lebensumstände verändern oder Sie sich in einer neuen Lebensphase befinden, sollten Sie sich für neue archetypische Energien öffnen, die Ihre Lebensgeschichte mitgestalten.

Archetypische Energien gleichen in gewisser Weise riesigen Wellen auf dem Meer. Sie sind hoch und stark genug, um uns zu zerschmettern, und wir können darin ertrinken. Wer geübt ist, kann eine Weile auf den Wellen reiten und sich dann wieder am Strand ausruhen, bis er bereit zum nächsten Ritt ist. Obwohl die Welle nichts mit uns persönlich zu tun hat, kann sie uns zu einem großartigen Erlebnis verhelfen, wenn wir wissen, wie wir mit ihr umgehen müssen.

Wellen

Die aufgewühlten Wellen auf dem See,
blau und dazwischen schlammbraun
rollen sie unaufhaltsam ans Ufer
wieder und immer wieder.
Woher kommt das Wasser wirklich
und wohin kehrt es zurück?
Lernt es aus jedem Aufenthalt am Ufer
oder fließt es unbewusst?

Der See lächelt über diese Frage.
»Schau mich an«, sagt er.
»Ich vollführe meinen Lebenstanz in wunderbaren Variationen.
Die Sonne, der Mond, die Sterne, der Wind und die Erde sind meine Gefährten,
sie bewegen sich sanft mit mir,
verändern sich und werden verändert.«

Der Choreograph genießt den Tanz und die Musik,
kennt die tatsächliche Komposition niemals ganz genau.
Die Vögel und die Tiere tanzen zur Musik, werden genährt und nähren.
Die Menschen finden ihren Platz, indem sie tanzen
oder von der Musik des Lebens fortgetragen werden und in sie eintauchen.

Fische wissen, wie das Leben im Wasser ist.

Wenn wir nicht mit den archetypischen Energien arbeiten, wird unsere Lebensgeschichte immer weiter nach den alten Mustern ablaufen, die darin als Organisationsprinzipien wirken, wie zum Beispiel das Gefühl der Nutzlosigkeit oder des Betrogenseins. Die archetypischen Energien, die in uns wirken, bestimmen weiterhin, was wir erleben werden, sodass wir unzufrieden bleiben.

Während einer Schamanenreise und in Träumen tauchen archetypische Energien als Wesen auf – beispielsweise in Gestalt des Narren oder Gauners. Sie können auch in Form von symbolischen Gegenständen erscheinen, wie zum Beispiel als Schachtelmännchen oder als Tier. Tiere haben bestimmte Charaktereigenschaften, die uns helfen, die vielen Nuancen ihrer archetypischen Energie besser zu verstehen, wenn wir sie im metaphorischen Sinne betrachten. Die Eigenschaften eines Jaguars umfassen beispielsweise nicht nur seine Fähigkeit, allein zu jagen, sondern auch dass er ein Aasfresser ist – er frisst tote Dschungeltiere und reinigt so die Umgebung, sodass neues Leben entstehen kann. Wir können den Jaguar-Archetyp auch rufen, um uns dabei zu unterstützen, schwere Energien zu finden, von denen wir uns befreien möchten, und sie zu verwandeln.

Wenn Sie während einer Schamanenreise oder in einem Traum Symbolen oder Figuren begegnen, kommunizieren Sie mit Ihnen, um etwas über sie und darüber zu erfahren, welchen Einfluss sie auf Sie haben. Indem Sie offen für die Sie umgebenden archetypischen Energien sind, kommen Sie mit der Kraft in Verbindung, die Sie brauchen, um Entscheidungen zu treffen, die zu ihrer neuen Lebensgeschichte passen.

Die Funktion der archetypischen Energien bei Ihrer Seelenreise

An früherer Stelle in diesem Buch haben Sie Ihre Vergangenheit erforscht und aus verschiedenen Blickwinkeln betrachtet. Jetzt, wo Sie die archetypischen Energien kennen, haben Sie einen neuen Aspekt, unter dem Sie sich mit ihr befassen können: als mythische Seelenreise.

Ihre mythische Seelenreise spiegelt die universellen, archetypischen Energien wider, die in Ihnen gewirkt haben, obwohl Sie sich dessen vielleicht gar nicht bewusst waren. Diese Energien tauchen in Ihrem Leben immer wieder auf und rufen Muster oder Themen hervor. Waren Sie der *puer aeternus,* der ewige Knabe, der nie erwachsen geworden ist? Waren Sie wie Hephaistos, der stundenlang arbeitet und selten Spaß hat, oder wie Artemis, die eigenständig und naturverbunden ist, oder wie Hestia, die das Geheimnisvolle und die Einsamkeit schätzt? Wenn ja, werden Sie feststellen, dass die Filme, Bücher und Geschichten, die Ihnen am meisten zusagen und über die Sie in den Kapiteln 3 und 4 geschrieben haben, moderne Versionen der Mythen sind, die den Einfluss verdeutlichen, den bestimmte archetypische Energien auf Sie ausüben. Achten Sie genau auf irgendeine beliebte Kunstfigur oder einen Bericht über das Leben eines Stars und Sie werden höchstwahrscheinlich eine Geschichte finden, in denen sich archetypische Energien und universelle Mythen abbilden. Einige davon haben unbewusst Ihr Leben geprägt und dazu geführt, dass Sie sich zu sehr mit diesen Charakteren identifiziert haben.

Indem Sie bewusst erkennen, welche Archetypen durch Sie zum Ausdruck gekommen sind, können Sie deren Einfluss vermindern und neue archetypische Energien in sich aufnehmen, die nützlicher für Sie sind. Vielleicht sehnen Sie sich danach, wie Artemis unabhängiger von anderen zu sein, Ihren Körper und das Leben in der freien Natur zu genießen, anstatt kopflastig und besorgt zu sein, was andere von Ihnen halten. Die Artemis-Energie – oder ein anderer Archetyp – kann Ihre Geschichte durchdringen und auf deren Themen einwirken, wenn Sie bereit sind, sie einzuladen und die Energien loszulassen, die Sie an Ihre Vergangenheit binden.

Sie können den Einfluss bestimmter archetypischer Energien auch schwächen oder Ihre Reaktion darauf verändern. Es gibt mehrere Möglichkeiten, eine bestimmte Energie auszudrücken. Vielleicht wäre der Narr in Ihnen von größerem Nutzen, wenn sein Humor nicht so schwarz und zynisch wäre. Vielleicht gibt es eine andere Möglichkeit, sich ewig jung zu fühlen oder die Energie der Beständigkeit zum Ausdruck zu bringen, ohne Sisyphos-Arbeit zu leisten, deren Mühe vergebens ist.

Es gibt viele archetypische Energien. Einige von ihnen wurden in diesem Buch bereits erwähnt. Doch nun werden Sie mehr über die drei wichtigsten Archetypen erfahren, die für das Verfassen Ihrer neuen Lebensgeschichte von wesentlicher Bedeutung sind. Sie heißen Persona, Schatten und Anima (die innere weibliche Energie eines Mannes) und Animus (die innere männliche Energie einer Frau). Diese archetypischen Energien können einen Komplex bilden: eine Geschichte mit Themen, die im Unbewussten verborgen ist und die durch alltägliche Geschehnisse aktiviert wird und automatische, starke emotionale Reaktionen, meist Überreaktionen, auslöst.[11]

Die Persona

C. G. Jung sprach von der Maske oder Persona (das lateinische Wort für »Maske«), die wir alle von Zeit zu Zeit tragen. Er hielt sie für eine archetypische Energie.

Jeder von uns hat viele Rollen, die er im Leben spielen muss. Wenn wir uns unseres Handelns bewusst sind, können wir erkennen, dass es passend ist, wenn wir in unterschiedlichen Situationen unterschiedliche Masken aufsetzen. Unsere Rolle als Vater, Mutter, Sohn, Tochter, Vorgesetzte/Vorgesetzter, Angestellte/Angestellter, Schülerin/Schüler, Lehrerin/Lehrer, Freundin/Freund und Geliebte/Geliebter ist für bestimmte Umstände geeignet, für andere jedoch nicht.

Manchmal sind wir scheinbar in unseren Rollen gefangen und verlieren aus den Augen, wer wir sind, außer den Rollen, mit denen wir uns identifizieren. In einer Praxis, in der ich als Heiler arbeite, steht ein Rabe aus Holz, den ich einmal geschenkt bekommen hatte und der eine Maske trägt. Der Rabe heißt »Erdtänzer«. Die Geschichte hinter der geschnitzten Figur besagt, dass der Rabe, als er zum ersten Mal auf die Erde kam, die Maske – wenn nötig – in verschiedenen Situationen aufsetzen konnte. Schließlich wurde die Maske so schwer, dass sie mit ihm verschmolz. Er konnte sie nicht mehr abnehmen und vergaß seine wahre Identität. Wie der Erdtänzer identifizieren wir uns manchmal zu sehr mit unseren Masken, und dann lasten sie schwer auf uns. Wenn das geschieht, meinen wir, wir könnten sie

11 Mehr über Archetypen, Personae, Schatten, gegengeschlechtliche Energien und Komplexe siehe bei Murray Stein: »C. G. *Jungs Landkarte der Seele: Eine Einführung*«

nicht mehr abnehmen, wenn wir zeigen wollen, wer wir wirklich sind. Die mächtige archetypische Energie, die sich in der Maske verbirgt, hält uns darin und in der mit ihr verbundenen Rolle gefangen. Wir blicken in den Spiegel und sehen nur die Persona, nicht unseren Wesenskern darunter. Wenn das passiert, könnten wir auf Methoden zurückgreifen, die uns helfen, unsere Masken zu lockern oder abzunehmen und uns von dem beherrschenden Einfluss der archetypischen Energie zu befreien. Dann können wir andere Möglichkeiten erkennen, wie wir sein können.

Wenn Sie über Ihre Geschichte nachdenken und sich mit den Übungen aus diesem Buch beschäftigen, achten Sie bewusst darauf, welche Rollen Sie sich übergestülpt haben – und umgekehrt. Fragen Sie sich, ob sie noch zu Ihnen passen und ob es besser für Sie wäre, wenn Sie neue Rollen annehmen, die mehr Flexibilität garantieren. Denken Sie daran, dass Sie sich gar nicht von allen Rollen verabschieden müssen, sondern nur von denjenigen, mit denen Sie sich zu stark identifizieren und die Sie beherrschen, sodass Sie nicht mehr wissen, wer sich dahinter verbirgt.

Sie müssen zwischen den Rollen unterscheiden, die nicht mehr nützlich für Sie sind, und denjenigen, mit denen Sie sich unbewusst identifizieren. Dadurch stellen Sie sicher, dass Sie nicht wie ein Roboter unbewusst durchs Leben gehen. Sie haben immer die Wahl, neue Rollen anzunehmen und eine alte abzulegen, wenn sie zu schwer geworden ist und Sie sie nicht mehr ertragen können.

Nehmen Sie sich nun etwas Zeit und schreiben Sie Ihre verschiedenen Rollen auf. Dann beantworten Sie bitte folgende Fragen:

- Welche Rollen übernehmen Sie am häufigsten?
- Welche Rollen sind nicht mehr nützlich für Sie?
- Welche Rollen belasten Sie?
- Können Sie manche Rollen aufgeben? Welche? Wie schaffen Sie das?

Denken Sie daran, dass uns jede Rolle in gewisser Weise dient. Wenn Sie eine Persona aufgeben, sollten Sie sie mit Respekt vor ihren positiven Auswirkungen verabschieden. Später erfahren Sie mehr über Naturrituale und -zeremonien, die Sie verwenden können, um die archetypische Energie einer Persona, die Sie nicht mehr brauchen, zu ehren und loszulassen.

Nachdem Sie sich mit den Masken auseinandergesetzt haben, von denen Sie sich befreien möchten, überlegen Sie, welche neuen Rollen Sie in Ihrem Leben gerne einnehmen würden. Welche sind das? Welche Vorteile haben Sie davon?

Der Schatten

Eine weitere archetypische Energie ist der Schatten. Damit sind die unbewussten Wesensanteile gemeint, sowohl positive als auch negative, die uns nicht bewusst sind. Obwohl diese verborgenen Eigenschaften sich unserem Bewusstsein entziehen, ist die Schattenenergie sehr mächtig. Wir verschwenden enorm viel Kraft, um die Schattenanteile zu unterdrücken, doch sie zeigen sich trotzdem in der Art, wie wir denken, handeln und fühlen. Wenn das geschieht, nutzen wir das positive Potenzial nicht, das sich in diesen Wesensanteilen verbirgt.

Wir sind uns der Schattenanteile überwiegend nicht bewusst, weil es sehr schmerzlich sein kann, sie ans Licht zu bringen und uns einzugestehen, dass sie ein Teil von uns sind. Oftmals führt das dazu, dass wir sie auf andere projizieren, was unsere Beziehungen beeinträchtigt. Die Projektion von Schattenanteilen bedeutet, in anderen positive und negative Eigenschaften zu sehen, die wir selbst besitzen, aber nicht leben, sei es aus Scham oder aus einem Minderwertigkeitsgefühl heraus. Vielleicht meinen wir beispielsweise, wir seien großzügig, sind uns aber unseres verborgenen Geizes nicht bewusst. In diesem Fall werden wir dem Geiz anderer besonders kritisch begegnen, weil diese Eigenschaft mit dem abgelehnten Teil von uns selbst übereinstimmt.

Es erfordert enorm viel Energie, den Schatten in der Dunkelheit des Unbewussten zu verbergen. Indem wir ihn ins Licht des Bewusstseins eintauchen lassen, können wir mit ihm arbeiten und seine Energie zur Veränderung unseres Lebens nutzen. Wenn eine Frau beispielsweise nicht akzeptiert, dass in ihr ein konkurrierendes Verhalten verborgen ist, wird Sie dagegen ankämpfen, um zu verhindern, dass sie von dieser Energie überschwemmt wird. Sie wird in unausgewogener oder ungesunder Weise mit anderen konkurrieren und übertrieben selbstbewusst auftreten oder sich zu wenig durchsetzen.

Infolgedessen wird sie sich auf Menschen einlassen, die ihr eigenes Konkurrenzverhalten ebenfalls ablehnen und Eigenschaften leben, die zu ihrem Verhalten passen oder sie spiegeln. Vielleicht empfindet sie das Leben als ständigen Kampf und meint, sie müsse andere immer übertreffen, um vorwärtszukommen, doch ihr ist nicht bewusst, warum das so ist.

Jede Schattenenergie besitzt Eigenschaften, die für Ihre Lebensreise effektiv eingesetzt werden können. Manchmal müssen wir konkurrieren, um ein wichtiges Ziel zu erreichen, und ein andermal müssen wir vielmehr mit anderen zusammenarbeiten. Unsere Schattenqualitäten können unsere neue Geschichte positiv beeinflussen, wenn wir aufhören, sie auf andere zu projizieren oder sie zu unterdrücken. Sie könnten beispielsweise freundlich und spielerisch in Konkurrenz treten, anstatt sich vor Ihrem Konkurrenzdenken zu fürchten und es unbewusst zum Ausdruck bringen, indem Sie andere sabotieren, die Sie als Rivalen betrachten. Sie könnten Ihre Leistungsbereitschaft respektieren, ohne dass Sie dadurch zu einem Workaholic oder einem strengen Arbeitgeber oder Perfektionisten werden, der andere ausbeutet und mit den Ergebnissen immer unzufrieden ist.

Wenn Sie sich bewusst mit Ihrem Schatten auseinandersetzen, können Sie Frieden mit dem Umstand schließen, dass Sie Schattenqualitäten besitzen. Wenn Sie diese erst einmal erkannt haben und sie nutzen, nimmt ihr Einfluss auf Sie ab. Wenn Ihnen jemand vorwirft, sie nähmen das Leben zu leicht, können Sie entscheiden, ob Sie sich in einer bestimmten Situation oberflächlich verhalten oder nicht. Dann können Sie bewusst andere Energien manifestieren oder so weiterzumachen wie bisher. Sie werden die alte Gewohnheit ablegen, Ihr Verhalten zu verleugnen oder Ihre Neigungen zu unterdrücken, um anderen zu gefallen und sich nicht schämen zu müssen, und entwickeln stattdessen eine gesündere Haltung, indem Sie durchdachte Entscheidungen treffen und nicht mehr beschämt sind.

Sprechen Sie mit unbekannten, gleichgeschlechtlichen Figuren, die in Ihren Träumen oder während einer Schamanenreise auftauchen, um mehr über Ihre Schattenqualitäten zu erfahren. In der jungianischen Psychologie repräsentiert eine fremde Person gleichen Geschlechts eine Schattenqualität (obwohl dies auch bei einer bekannten Person der Fall sein kann). Denken Sie jedoch daran, dass der Dialog mit Figuren, die für tatsächlich existierende Menschen stehen, in der schamanischen Arbeit nicht erlaubt ist, obwohl Sie mit einem Symbol kommunizieren dürfen, das beispielsweise für Ihre frühere Ehe oder Ihr früheres Selbst, als Sie noch verheiratet waren, steht.

Nachfolgend finden Sie den Dialog einer Frau, die sich für selbstbewusst und stark hält, mit einer unbekannten weiblichen Figur, der sie bei der schamanischen Arbeit begegnete – einer Schattenfigur, die schüchtern und unsicher ist:

Frau: Warum erscheinst du mir? Bringst du mir eine Botschaft?

Schatten: Ich bin da, um dich daran zu erinnern, dass du Zweifel hast, obwohl du sagst, dass du dir sicher bist.

Frau: Welche Zweifel?

Schatten: Zweifel, ob du kompetent bist oder nicht. Du versuchst, so zu wirken, aber du strengst dich besonders an, um deine Unzulänglichkeitsgefühle zu verbergen.

Frau: Das stimmt vielleicht, aber was kann ich dagegen tun?

Schatten: Gestehe dir ehrlich ein, was du kannst und was du nicht kannst. Wenn du aufhörst vorzugeben, du wüsstest alles, wirst du viel mehr Energie haben. Die Leute werden dich als kompetente Frau nach wie vor schätzen. Du selbst verhältst dich toleranter gegenüber der scheinbaren Unsicherheit anderer.

Frau: Ich danke dir. Ich werde diesen Rat befolgen und darüber nachdenken. Kann ich dir wieder begegnen und mit dir sprechen?

Schatten: Jederzeit. Ich werde da sein, um mit dir zu sprechen.

Beachten Sie, dass die Frau am Anfang des Dialogs fragte, warum ihr die

Schattenfigur erschien – mit anderen Worten, sie bat um deren Botschaft. Dann wollte sie mehr Details erfahren und fragte um Rat, was sie im Alltag tun könnte, um sich mit ihrem Schatten zu befassen. Schließlich dankte sie dem Schatten und bekräftigte, dass sie zu einem späteren Zeitpunkt wieder mit ihm in Verbindung treten wollte, wenn sie die gewonnenen Erkenntnisse umsetzen und Veränderungen in ihrem Leben herbeiführen würde. Wir sind nicht immer bereit, alles zu erfahren, was wir über die Eigenschaften unseres Schattens wissen sollten, deshalb sollten wir bereit sein, die Kommunikation öfter fortzusetzen. Jedes Mal, wenn Sie um Einsichten und praktische Ratschläge bitten sowie am Ende des Dialogs, bedanken Sie sich bei der Figur für ihre Hilfe.

Der innere Dialog ist eine wirkungsvolle Methode, um herauszufinden, welche Eigenschaften und Energien sich in unserem Schatten verbergen. Eine weitere Möglichkeit besteht darin, sich selbst gegenüber absolut ehrlich und mitfühlend zu sein, wenn Sie feststellen, dass Sie in bestimmten Situationen anders denken, handeln und fühlen, als Sie sich selbst sehen. Wann waren Sie schon einmal feige, unzuverlässig oder dumm? Wann waren sie gleichgültig, kalt oder faul? Nun zählen Sie die Eigenschaften auf, die Ihnen bei anderen nicht gefallen. Welche ärgert Sie am meisten? Wenn Sie solche Eigenschaften bei sich entdecken, gestehen Sie sich dies wirklich absolut ehrlich ein.

Schatten können negativ oder positiv wirken. Wenn Sie sich zu Menschen hingezogen fühlen, die Eigenschaften besitzen, die Sie gerne hätten, aber meinen, Sie selbst besäßen sie nicht, könnten diese Schatten von Ihnen sein. Schreiben Sie die Wesensmerkmale auf, die Sie bei anderen mögen, sie aber nicht in sich selbst erkennen. Wo zeigen sich diese Eigenschaften tatsächlich bei Ihnen? Warum fällt es Ihnen so schwer, sie anzuerkennen?

Denken Sie darüber nach, wie Sie sich immer bewusster werden können, wer Sie wirklich sind und welche Eigenschaften Sie aus Gewohnheit vor sich selbst verbogen halten. Fragen Sie sich, welche konkreten Maßnahmen Sie treffen könnten, um Ihren Schatten zu erkennen und damit zu arbeiten, damit Sie sich seine positiven Aspekte aneignen und Ihre Geschichte so verändern können, dass sie zu Ihrem wahren Selbst passt.

Auch die Archetypen können zu den Schatten gehören. Sie können so mit der Energie des Kämpfers umgehen, dass Sie für sich selbst eintreten, doch vielleicht möchten Sie sie zu Ihrem Selbstschutz nutzen und dafür einsetzen, andere zu beschützen, anstatt sich kontrollierend, tyrannisch und rücksichtslos zu verhalten. Die Energie des Liebenden kann Ihnen dazu verhelfen, Ihr sinnliches und verführerisches Wesen positiv zum Ausdruck zu bringen oder andere damit auszunutzen. Indem Sie sich die Schattenseiten der Archetypen bewusst machen, können Sie diese Eigenschaften besser in sich erkennen und vorsichtig damit umgehen, wie Sie sie zum Ausdruck bringen oder erfahren.[12]

Die innere weibliche Energie (Anima) und die innere männliche Energie (Animus)

Jeder Mann und jede Frau hat einen gegengeschlechtlichen Wesensanteil. Bei einem Mann ist dies die Anima: seine archetypische innere weibliche Energie. Bei einer Frau ist dies der Animus: ihre innere männliche Energie. So wie wir auch die Schattenaspekte in unsere Alltagswirklichkeit integrieren können, können Männer ihr inneres Weibliches und Frauen ihr inneres Männliches integrieren. Dadurch verbessern sich die Beziehungen zum anderen Geschlecht.

Wenn einem Mann im Traum oder während einer Schamanenreise eine weibliche Figur erscheint, könnte sie sein inneres Weibliches verkörpern. Der männliche Archetyp einer Frau könnte sich umgekehrt in ihren Träumen oder während einer Schamanenreise als unbekannte männliche Figur zeigen. Manchmal wird die gegengeschlechtliche Energie die Gestalt einer vertrauten Person annehmen wie die Gestalt eines alten Freundes oder einer alten Freundin, eines Bruders oder einer Schwester oder eines Lehrers oder einer Lehrerin.

---

12 Mehr darüber siehe bei Robert Moore, Douglas Gillette: »*König, Krieger, Magier, Liebhaber: Initiation in das wahre männliche Selbst durch kraftvolle Archetypen*«; Hamburg, Aurinia Verlag, 2018. Mein Gedicht »Getrennt und doch vereint« in Kapitel 13 wurde von diesem Werk inspiriert.

Diese gegengeschlechtlichen Energien tauchen jedoch nicht nur in Träumen oder transpersonalen Dimensionen auf. Sie dienen auch als Organisationsprinzip unserer Beziehungen mit dem anderen Geschlecht im Alltag, sodass sich ihre Qualitäten oftmals in unseren Liebesbeziehungen spiegeln, ebenso wie in unseren Freundschaften und familiären Beziehungen. Wenn Ihre Beziehungen zum anderen Geschlecht problematisch sind, dann ziehen Sie in Erwägung, dass Ihnen die Beziehung und die Eigenschaften der gegengeschlechtlichen Energie in Ihrem Inneren Schwierigkeiten bereiten. Wenn das innere Weibliche eines Mannes gerne schmollt und sich launisch verhält, kommt er mit einer Frau, deren inneres Männliche kritisch und streitlustig ist, schwer zurecht. Sie wird seine Launenhaftigkeit anstoßen, während er bei ihr wahrscheinlich ihr defensives Verhalten und ihren Kampfgeist weckt. All dies geschieht bei beiden unbewusst.

Die Charaktermerkmale Ihres Geliebten oder Ihrer Geliebten, die Sie ursprünglich angesprochen hatten, werden zu den Eigenschaften, die Sie bei ihm oder ihr ablehnen, wenn Sie sich noch nicht mit dem inneren Gegengeschlecht auseinandergesetzt haben. Nehmen wir einmal an, Sie sind eine Frau und fühlen sich zu einem Mann hingezogen, den Sie für bodenständig und zuverlässig halten, Eigenschaften Ihres inneren Männlichen, während ihn Ihr lebhaftes und lebensfrohes Naturell anspricht, Eigenschaften seines inneren Weiblichen. Das Unbewusste ist für die anfängliche Anziehung verantwortlich, die Sie beide spüren. Doch wenn sich die bewusste Wahrnehmung allmählich in den Vordergrund drängt, fragen Sie sich womöglich: »Was habe ich nur in ihm gesehen? Er ist langweilig, und es macht keinen Spaß mit ihm.« Wenn seine bewusste Wahrnehmung wieder einsetzt, wird er Ihre Eigenschaften in einem schlechten Licht sehen und Sie für oberflächlich und flatterhaft halten.

Ihr Bewusstsein, das glaubt, dass ihm ein bestimmter Typ gefällt, muss mit Ihrem Unbewussten in Einklang gebracht werden, das Sie dazu bringt, sich für einen anderen Typ Mensch zu entscheiden. Indem Sie sich der gegengeschlechtlichen Energie bewusster werden und sich damit befassen, kann dies gelingen. Dann können Sie die Energien in sich selbst entdecken und entfalten. Sie brauchen sie nicht mehr bei anderen zu suchen, damit diese Sie ergänzen. Wenn Sie beispielsweise jemanden suchen, der lebenslustig ist, können Sie diese Eigenschaft selbst entwickeln und brauchen keinen Partner mehr, der diese Qualität mitbringt.

Sie können eine andere Beziehung zu der inneren Figur herstellen – dem Gegengeschlecht –, sodass sie transformiert wird oder sich nicht mehr negativ auf Ihre Beziehungen auswirkt. Sie können zu Anfang in einen Dialog mit einer inneren Figur treten, die das Gegengeschlecht repräsentiert. In einem Traum oder während einer Schamanenreise könnte beispielsweise ein Mann einer kritischen Frau begegnen und erkennen, dass seine Ehefrau, Mutter oder seine Freundinnen ebenfalls diese Eigenschaft haben. Er könnte folgendermaßen mit seiner weiblichen archetypischen Energie kommunizieren:

Mann: Warum bist du mir gegenüber so kritisch?

Innere Frau: Du bringst mich dazu. Du bist nie erwachsen geworden und möchtest, dass ich dich »bei der Stange halte«.

Mann: Ich möchte das nicht. Ich möchte nicht ständig kritisiert werden, damit ich mich ändere.

Innere Frau: Ich bestehe nicht darauf, aber wenn ich dich nicht kritisiere, musst du selbstkritisch sein und Verantwortung für deine Weiterentwicklung übernehmen. Kannst du das?

Mann: Ich weiß nicht, aber ich will es versuchen. Meine Beziehung zu dir hat nicht besonders gut funktioniert. Kannst du mir helfen, erwachsen zu werden und weniger empfindlich auf Kritik zu reagieren?

Innere Frau: Das musst du schon selbst schaffen. Aber wenn du erwachsen bist, wirst du mich nicht mehr als so kritisch empfinden.

Man: Wenn ich versuche, mich zu ändern, wirst du trotzdem bei mir bleiben und weiter mit mir kommunizieren? Und bist du bereit, anders auf mich einzuwirken?

Innere Frau: Ich werde bei dir sein und mit dir sprechen. Ich werde mich verändern – wie, wird davon abhängen, was aus unseren weiteren Gesprächen folgt und welche Veränderungen du tatsächlich machst, und von unserer Beziehung und deinen Beziehungen.

Mann: Ich danke dir für das Gespräch. Ich freue mich darauf, wieder mit dir sprechen zu können.

Beachten Sie, dass der Mann mit der inneren Frau weder stritt noch sie von einer anderen Meinung überzeugen wollte. Vielmehr hörte er zu, was sie ihm über seine verborgenen Eigenschaften mitteilte, und war einsichtig und fragte, wie er sich und seine Beziehung zu ihr ändern könnte.

Die Eigenschaften Ihres inneren Männlichen und Weiblichen können sehr unterschiedlich sein, je nachdem welche Erfahrungen Sie gemacht haben: Ihre Beziehung zum anderen Geschlecht (besonders in den prägenden Lebensjahren), die Erwartungen der jeweiligen Gesellschaft an Mann und Frau und die Ihrer Familie. Ihr angeborenes Temperament kann die Merkmale des inneren Gegengeschlechts ebenfalls beeinflussen. Wenn Sie eher ängstlich sind, könnte Ihr gegengeschlechtlicher Partner ein ruhiger oder besorgter Mensch sein, doch dies wird wahrscheinlich durch Ihr furchtsames Wesen hervorgerufen. Wenn Sie das innere Weibliche oder Männliche anerkennen und mit ihm kommunizieren, können Sie etwas über den Einfluss dieser Kräfte auf Sie erfahren und darüber, wie Sie Ihre Beziehung zu Ihrer Anima oder Ihrem Animus in Ihrer neuen Lebensgeschichte verbessern können.

Als Mann beschreiben Sie, welche Aspekte an Frauen Ihnen gefallen und welche nicht. Ziehen Sie die Möglichkeit in Betracht, dass Ihre innere Frau weibliche Merkmale haben könnte, die Ihnen zusagen oder auch nicht. Falls ja, wie wurden Sie Ihrer Meinung nach dadurch beeinflusst? Als Frau beschreiben Sie, welche Aspekte an Männern Ihnen gefallen und welche nicht. Ziehen Sie die Möglichkeit in Betracht, dass Ihr innerer Mann männliche Eigenschaften haben könnte, die Ihnen zusagen oder auch nicht. Falls ja, wie wurden dadurch Ihre Einstellung, Ihre Partnerwahl und Ihre Gefühle beeinflusst?

Als Frau überlegen Sie, was »männlich« für Sie bedeutet und welche männlichen Eigenschaften Sie haben. Als Mann überlegen Sie, was »weiblich« für Sie bedeutet und welche weiblichen Eigenschaften Sie haben. Wie können Sie mit den Stärken Ihres Gegengeschlechts beim Verfassen einer neuen Geschichte zusammenarbeiten? Wenn Sie innerlich besser mit diesen Qualitäten zurechtkommen, werden auch Ihre äußeren Beziehungen besser werden. Es wird Ihnen möglich sein, einen passenden Partner zu finden und den Ursprung der Liebe zu entdecken. Doch selbst dann müssen Sie sich im Alltag in Ihrer Beziehung bewähren.

Nur ein Kerl und ein Mädchen

Nicht vor einem überfüllten Raum,
sondern vor dem Hintergrund der Unendlichkeit
begegnen sich ihre Blicke.
Sie erkennen einen Seelengefährten.
Die Sehnsucht nach Vollständigkeit
durchtränkt vom Nektar
des Einsseins und wahr gewordener Träume.
Langsam rinnen Illusion und Projektionen
durch das Stundenglas,
bis nur noch ein anderer Mensch übrig bleibt,
der schnarcht, nervt und
die Erwartungen enttäuscht.
Zwar ist sie keine Kröte und er ist kein Frosch,
aber ganz sicher kein Prinz und keine Prinzessin,
sondern er ist einfach nur ein Kerl
und sie einfach nur ein Mädchen.

Die Komplexe

Die Vorstellung von den Komplexen stammt aus der jungianischen Psychologie. Es handelt sich dabei um Geschichten mit Themen und Charakteren aus dem Unbewussten. Komplexe bleiben dem Bewusstsein verborgen, doch sie wirken hoch energetisch und können jederzeit auflodern wie Feuer, dem Sauerstoff zugeführt wird. Wenn jemand »Ihre Knöpfe drückt«, löst dieser Mensch einen Komplex aus. Ihre Gefühlsreaktion ist so stark, weil sie von archetypischen Energien hervorgerufen wird.

Komplexe bilden sich gewöhnlich infolge von frühkindlichen Lebenserfahrungen, die oftmals traumatisch sind. Wenn ein Kind vernachlässigt wird oder Übergriffen ausgesetzt ist, weil es anders ist als die Gemeinschaft, in der es aufwächst, kann es einen Komplex entwickeln. Der Komplex transportiert die Geschichte, die sich zwischen den Beteiligten in der Vergangenheit abgespielt hat. Wir erinnern uns kaum an diese Ereignisse und sind uns der damit verbundenen Geschichten nicht bewusst. Wir halten an Emotionen fest, die mit dem vergangenen Geschehen zusammenhängen – Gefühle, die immer noch aufgeladen sind, weil die Geschichte (oder der Komplex) eine archetypische Qualität besitzt.

Das Thema einer solchen Geschichte könnte lauten »Ein autoritärer, grausamer Vater misshandelt ein verletzliches, wehrloses Kind«. Zu der Geschichte gehören zwei Personen, der Vater und das Kind, und vielleicht sogar eine dritte Person – ein Retter. Die archetypischen Energien des tyrannischen Vaters und des hilflosen Kindes sind dafür verantwortlich, dass der Komplex jedes Mal angestoßen wird, wenn wir uns in einer Situation befinden, die der in unserem Unbewussten schlummernden Erfahrung ähnelt. Ein unfreundlicher, rücksichtsloser Bürokrat könnte eine Betroffene wütend machen und ihr das Gefühl geben, sie sei ein missachtetes Kind, das sich gegen die ungerechte Behandlung durch die Autoritätsperson nicht wehren kann, während der gleiche Mann bei jemand anderem, der keinen derartigen Komplex in sich trägt, nur wenig Emotionen hervorruft.

Bei der Analyse Ihrer Lebensgeschichte werden Sie Themen entdecken, die mit archetypischen Energien verbunden sind und Komplexe bilden. Die jungianischen Psychoanalytiker sehen in der Psychoanalyse eine Möglichkeit, die Wirkung der Komplexe zu vermindern – sodass ihre unbewussten, hoch emotionalen Reaktionen stark abgeschwächt werden und seltener auftreten. In der Analyse erleben Sie eine »Übertragung« – das heißt, Sie übertragen Ihre Gefühle zu den problematischen inneren Figuren auf den Therapeuten und können deren Konflikte durch die Interaktion mit dem Therapeuten lösen. Sie erfahren auch mehr über Komplexe und deren Auslöser, wodurch Sie mehr Kontrolle über sie gewinnen.

Eine weitere Möglichkeit, die Wirkung Ihrer Komplexe abzuschwächen, besteht im Dialog mit der jeweiligen Persona, dem Schattenselbst oder inneren Figuren, denen Sie in Träumen oder während einer Schamanenreise begegnen. Der innere Dialog verhilft Ihnen dazu, die Energie Ihrer Erfahrungen zu verändern, weil Sie sie besser verstehen und Ihr Unbehagen bei der Aufdeckung unangenehmer, verborgener Wahrheiten über sich und die Vergangenheit besser ertragen können. Ob Sie sich nun in Therapie begeben oder den inneren Dialog verwenden möchten oder beides, das Ziel besteht darin, Ihren bewussten Verstand dahingehend zu schulen, dass er Situationen erkennen kann, die einen Komplex auslösen, damit Sie bewusst entscheiden können, wie Sie reagieren, anstatt automatisch überzureagieren.

Bis Sie Ihre Komplexe im Griff haben und Ihre Macht über Sie einschränken, werden Sie weiterhin davon beeinflusst. Sie werden eine starke emotionale Ladung sowie eine starke Anziehung oder starken Widerstand spüren, wenn Sie auf eine Person oder Situation stoßen, die einen Ihrer Komplexe aktiviert. Es kann auch sein, dass sie solche Umstände unbeabsichtigt anziehen. In der Therapie wird dieses Verhalten Wiederholungszwang genannt – wir stellen fest, dass wir eine Situation ständig wiederholen. Wir fallen vielleicht auf Menschen und Situationen herein, die einen Komplex auslösen, aus dem unbewussten Wunsch heraus, sie anders erleben zu wollen als in der Vergangenheit. Aus dem gleichen Grund fühlen sich andere zu uns hingezogen. Wie auch immer diese Anziehung funktioniert, jeder von uns hat sich schon einmal gefragt, warum uns im Leben immer wieder die gleichen Menschentypen und Situationen begegnen – und warum es uns einfach nicht zu gelingen scheint, anders damit umzugehen. Indem wir uns mit unseren Komplexen beschäftigen, befreien wir uns von diesem Wiederholungszwang. Wenn wir nicht mehr in immer gleichen Erlebnissen aus der Vergangenheit feststecken und die gleichen automatischen Gefühlsreaktionen abspulen, sind wir weniger frustriert.

Wenn Sie wieder einmal ein Komplex beherrschen sollte, fragen Sie sich: »Was passiert gerade? Welche Geschichte verbirgt sich dahinter?« Vielleicht reagieren Sie zu stark, sodass Ihnen dies nicht auf Anhieb gelingt, aber Sie könnten sich mit diesen Fragen auseinandersetzen, wenn sich die Gefühle wieder beruhigt haben. Wenn Sie die Übungen aus diesem Buch machen, können Sie Zusammenhänge und Themen erkennen, die Ihnen zuvor entgangen sind. Mit etwas Geduld können Sie bestimmte Situationen leichter vorhersehen, die möglicherweise einen Komplex auslösen könnten. Wenn ein Komplex getriggert wurde, können Sie besser damit umgehen und die Intensität und Dauer der Gefühlsreaktion verringern, weil Sie den Komplex besser verstehen. Der gute Vorsatz, in Situationen, die eine extrem negative Reaktion bei Ihnen hervorrufen, nicht mehr überzureagieren, genügt nicht. Die Übungen in diesem Buch werden Ihnen dabei behilflich sein, sich Ihrer unbewussten Dynamiken bewusster zu werden und Ihre Komplexe bewusst zu kontrollieren. Stellen Sie sich nun folgende Fragen:

- Welche Situationen sind meine Trigger?
- Welche Menschen »regen mich auf« oder »drücken meine Knöpfe«?
- Welche frustrierenden und aufwühlenden Situationen tauchen in meinem Leben immer wieder auf?

Wenn Sie schamanische und jungianische Übungen verwenden, werden Sie mit archetypischen Energien, die Ihr Leben beeinflussen – sei es durch Komplexe, die ständig wieder getriggert werden, oder durch eine Persona, die sich nicht abschütteln lässt, oder einen anderen Auslöser – besser umgehen können. Nachdem Sie mit den schamanischen und jungianischen Übungen begonnen haben, ist die Auseinandersetzung und der Dialog mit zwei besonderen archetypischen Energien wichtig – mit der Energie von Tod und Initiation. Beide spielen eine entscheidende Rolle beim Herbeiführen von Veränderungen. Obwohl Ihnen diese Vorstellung anfangs vielleicht nicht gefällt, weil Sie mit »Tod« und »Initiation« negative Assoziationen verbinden, möchte ich Sie dazu ermutigen, das nächste Kapitel unvoreingenommen zu lesen und zu entdecken, warum es ein wichtiger Schritt zur Transformation ist, wenn Sie die Angst vor der Begegnung mit diesen Energien verlieren.

Kapitel 9
Mit den archetypischen Energien von Tod und Initiation arbeiten

Schamanen gehen davon aus, dass das Leben mit einem Anfang und Ende sowie mit tiefgreifenden Transformationen verbunden ist. Anstatt Veränderungen zu vermeiden und an dem festzuhalten, was uns vertraut ist und worüber wir scheinbar die Kontrolle haben, können wir schamanische und jungianische Übungen verwenden, um mit den archetypischen Energien von Tod und Initiation zu praktizieren. Die Energien können uns helfen, unsere Ängste zu verlieren, flexibler zu werden und bessere Drehbücher für unser Leben zu schreiben. Die archetypische Energie des Todes unterstützt uns dabei, Altes loszulassen, das uns nicht mehr nützlich ist. Die archetypische Energie der Initiation verhilft uns dazu, uns unserer neuen Lebensgeschichte voll und ganz zu verschreiben, sie zu verwirklichen und die Ambivalenz gegenüber der Transformation und vielleicht die unbewussten Widerstände dagegen aufzugeben.

Die archetypische Energie des Todes

Jedes Ende stellt eine Art Tod dar. Die Vergangenheit macht Platz für die Gegenwart und hinterlässt Erinnerungen und energetische Muster. Jeder Verlust erinnert uns daran, dass die Zeit vergeht und der Augenblick unseres physischen Todes näher rückt. Teils halten wir an Beziehungen, Umständen, Gefühlen, Gewohnheiten und Glaubensvorstellungen fest, um unsere Sterblichkeit zu verleugnen. Teils geschieht dies aus der Angst heraus, dass wir nicht genug Zeit haben, um unsere neue Lebensgeschichte zu manifestieren. Wir verhalten uns auch deshalb so, weil wir Angst vor dem Unbekannten haben. Zwar funktionieren die alten Lebensumstände und Verhaltensweisen nicht mehr, aber was ist, wenn sich die neuen als noch unbefriedigender herausstellen? Wenn wir mit der psychischen Energie des Todes praktizieren, können wir uns von der Angst vor Veränderung befreien und den Wandel als etwas Positives erleben, das eine Fülle neuer Möglichkeiten mit sich bringt.

Einer der Gründe, warum ich mich für den Schamanismus interessierte, lag darin, dass ich mir eine gute Art zu sterben wünschte. Ein leichter Tod bedeutet, die Verantwortung für so viele unerledigte Geschäfte wie möglich zu übernehmen, bevor wir sterben, und den Tod noch während unseres Lebens als unseren Verbündeten zu betrachten. Sich um die unerledigten Geschäfte zu kümmern bedeutet nicht nur, sein Testament zu verfassen und die Verteilung seines Besitzes zu bestimmen, sondern auch emotionale Nähe zu seinen Lebensumständen herzustellen und so zu leben, wie wir in Erinnerung bleiben möchten.

Alles, was wir im Leben besitzen, ist nur eine Leihgabe und muss wieder hergegeben werden, wenn wir sterben. Der Legende nach soll Alexander der Große auf dem Sterbebett drei letzte Bitten an seine Generäle gestellt haben. Die erste lautete, dass seine Ärzte seinen Sarg tragen sollten. Die zweite bestand darin, dass seine Reichtümer, darunter Silber und Gold, auf dem Weg zu seinem Grab verstreut werden sollten. Sein dritter Wunsch war, dass seine Hände aus dem Sarg heraushängen sollten. Damit wollte er zeigen, dass Ärzte den Tod nicht aufhalten und wir den angehäuften Reichtum nicht mitnehmen können und dass wir mit leeren Händen auf die Welt kommen uns sie wieder mit leeren Händen verlassen.

Mit dem Tod zu leben ist ein wichtiger schamanischer Grundsatz. Wenn Sie wahrhaftig daran glauben, dass Sie von einer göttlichen Quelle abstammen und nach Ihrem körperlichen Tod wieder zu ihr zurückkehren werden, lässt Ihr Bedürfnis nach materiellem Wohlstand nach und Sie halten weniger an Ihren Erwartungen fest. Sie lernen, den Tod als Entwicklung zu sehen und nicht als Schlusspunkt. Sie können akzeptieren, dass Sie das Leben niemals völlig unter Kontrolle haben und sich ständig verändern, und Sie werden dennoch Erfüllung und Lebensfreude verspüren. Sie können Einfluss auf den Verlauf Ihres Lebens nehmen, anstatt darin gefangen zu sein.

Sie können sich den Tod als eine Kraft vorstellen, die alles tötet, was Ihnen nicht mehr nützt, und Energie freisetzt, damit etwas Neues wachsen und entstehen kann. Die Energie des Todes wirkt wie das Beschneiden der Pflanzen: Sie lenken deren Energie oder ihr Wachstum in eine bestimmte Richtung. Wenn Sie überschüssige Triebe von einem Rosenstrauch abschneiden, müssen die anderen Pflanzenteile nicht um Nahrung streiten und der Strauch setzt mehr Blüten an. Wenn Sie Tätigkeiten, Beziehungen, Ideen und emotionale Muster kappen, die Ihre Lebensenergie rauben, können Sie Ihre neue Geschichte leichter manifestieren.

Bei einem Workshop leitete ich die Teilnehmer während einer Schamanenreise an, mit dem Tod Verbindung aufzunehmen. Eine Frau bat ihn um Hilfe, um ein altes Verhaltensmuster zu beenden. Ich rief die Teilnehmer zurück ins Hier und Jetzt, bevor sie ihr Gespräch mit dem Tod beenden konnte. Zunächst war sie darüber verärgert, doch dann erkannte sie, dass das, was sie tun musste, keiner weiteren Klärung bedurfte. Sie musste nur der Spur folgen, die sie als notwendig erkannt hatte. Um uns am Handeln zu hindern, das uns schwerfällt, bleiben wir im Analysieren von Situationen stecken oder zerreden das Problem, sodass das Gespräch nicht mehr fruchtbar ist.

Wir sollten uns des Sterbeprozesses bewusst sein und ihn respektieren, sei es im wörtlichen oder übertragenen Sinne, statt das Unbehagen zu vermeiden, das uns das Ende bereitet, da Leben und Tod immer miteinander verbunden sind. Wir sollten den Verlust oder Tod einer Beziehung und eines Lebensabschnitts annehmen und uns nicht in etwas Neues stürzen, um unsere Trauerarbeit zu umgehen. Sonst könnten uns die Erkenntnisse und Lektionen entgehen, die wir oftmals gewinnen, wenn wir die Schwierigkeit gemeistert haben, den vorübergehenden Schmerz eines Verlustes bewusst zu durchleben.

Die Energie des Todes kann enorm stark, aber ebenso wie jede andere Energie auch schwach sein. Während einer Schamanenreise begegnete mir einmal eine lethargische Todesenergie. Ich begriff, dass sie wertvoll für mich war, und der Gedanke tauchte in mir auf, ich sollte den Tod in ein Café einladen, um ihn mit einer Tasse Kaffee munter zu machen. Eine schwierige Beziehung oder ein anderes Problem, das wir lösen sollten, kann uns viel Energie kosten und dazu führen, dass wir erschöpft und deprimiert sind, wenn wir die starke Kraft des Todes nicht dort einsetzen, wo es nötig ist. Sie ist die Energie, die es uns ermöglicht loszulassen, was losgelassen werden muss.

Wer kein Vegetarier oder Veganer ist, sollte sich bewusst machen, dass er gewohnheitsmäßig Tiere, die uns Fleisch als Nahrung liefern, tötet oder von anderen töten lässt. Es gehört sich daher, dass wir diejenigen, die für uns töten – oder Situationen oder Beziehungen für uns beenden –, anerkennen. Wir dürfen uns unserer Verantwortung in diesen Angelegenheiten nicht entziehen. Als potenzielle Agenten des Todes müssen wir lernen, bewusst und ohne Bösartigkeit und Unachtsamkeit den Dingen ein Ende zu machen. Dies gilt für Tiere, Pflanzen, Ideen, Beziehungen oder anderes. Wir besitzen große Macht, und damit ist die Verantwortung verbunden, sie weise und mitfühlend einzusetzen.

Ein Ende bereiten

Der Jaguar trinkt, vermehrt sich, nährt
und tötet
und frisst die Schwächeren.
Wir wissen nicht genau,
was er denkt und fühlt,
wenn er den Tod bringt.

Wissen wir, was wir denken und fühlen,
wenn wir andere töten und Ideen, Beziehungen ein Ende bereiten?
Tun wir es aus Rache, zur Strafe, um uns Nahrung zu beschaffen
oder um uns zu befreien?

Wenn es einen höheren Sinn hat,
ist das Ziel es wert,
wenn der Tod der Preis dafür ist?

Manche Todesfälle passieren zufällig, durch einen Unfall, unbewusst;
manche sind vorsätzlich geplant.
Wissen wir, was wir tun?

Wir müssen lernen, wann wir Dinge gehen lassen und wann wir dazu beitragen, dass diejenigen weiterleben, die sich noch nicht ganz verwirklicht haben. Wir sollten einer Situation oder Beziehung so begegnen, wie es angemessen für sie ist, bevor wir uns davon verabschieden oder sie abrupt beenden. Vielleicht möchten wir einen Schlussstrich ziehen, wenn sich etwas verändert hat, wenn es uns ärgert oder sich nicht mehr gut anfühlt oder unseren Bedürfnissen und Erwartungen nicht mehr entspricht. Die Weisheit lehrt uns, dass sich alle Dinge wandeln und dass alles vergeht wie die Jahreszeiten. Wenn wir im Winter unser Leben vorschnell aufgeben, verpassen wir den Frühling. Wenn wir Situationen beenden, weil wir uns unwohl darin fühlen oder enttäuscht darüber sind, dass sie uns nicht nützen, entgeht uns die Ernte ihrer Früchte, die uns die Zukunft schenkt.[13]

Schamanenreise, um dem Tod zu begegnen

Vor unserer Geburt, während unseres Lebens und sogar, nachdem wir gestorben sind, ist der Tod unser ständiger Begleiter. Die Energie des Todes drückt sich in unseren Gedanken und Gefühlen ihr gegenüber aus. Wir können versuchen, dem Tod so zu begegnen, dass wir ihn betrügen, ver-

---

13 Wir sollten einer Situation geben, was sie verdient, bevor wir sie hinter uns lassen. Wie es in »*Tarot und die Reise des Helden*« heißt, »können wir nur im Bewusstsein der Erfüllung unseren Weg in Würde gehen. Wenn wir nicht erfüllt haben, was eine Situation erfordert, würden wir nur davonlaufen, wenn wir sie hinter uns lassen«. Hajo Banzhaf: »*Tarot und die Reise des Helden. Der mythologische Schlüssel zu den Großen Arkana*«

leugnen oder ihn überwinden, besänftigen oder uns ihm unterwerfen. Wir können jede dieser Haltungen einnehmen. Indem wir dem Tod begegnen, können wir eine bessere Einstellung zu ihm finden. Vielleicht betrachten wir ihn als gleichberechtigt und leben in Harmonie mit ihm. Vielleicht erkennen wir, welchen Beitrag er zu unserem Leben leistet, ohne ihm so viel Macht zu geben, dass wir Situationen vorschnell beenden – oder sich etwas auflöst, bevor wir es wollen. Wir können auch mit der göttlichen Quelle kommunizieren, um mehr über den Tod zu erfahren, weil sie letztlich die endgültige Entscheidung darüber trifft, ob etwas sterben oder enden soll.

Sie können eine Schamanenreise machen, um dem Tod zu begegnen. Bitte denken Sie vorher über folgende Fragen nach und beziehen Sie Ihre Überlegungen dazu in Ihre Absichtserklärung mit ein:

- Welche Dinge in meinem Leben müssen sterben? Was muss neu geboren werden?
- Welche Dinge töte oder beende ich? Wie führe ich dieses Ende herbei?
- »Töte« ich bewusst oder unbewusst?
- Was habe ich vorschnell beendet? Warum habe ich zu diesem Zeitpunkt einen Schlussstrich gezogen?

Vor der Schamanenreise öffnen Sie den heiligen Raum, reinigen Ihr Energiefeld, atmen bewusst und entspannen sich, während Sie sich auf Ihre Absicht für diese spezielle Reise konzentrieren, bei der Sie vom Tod Informationen erhalten möchten, die zur Veränderung Ihrer Lebensgeschichte beitragen können.

Schamanenreise, um dem Tod zu begegnen

Stellen Sie sich vor, Sie laufen einen langen Korridor entlang zu einer geschlossenen Tür. Dabei betrachten Sie die Umgebung. Wenn Sie vor der Tür stehen, öffnen Sie sie und betreten den Raum, in dem Sie dem Tod begegnen.

Beobachten Sie, wie der Raum aussieht. In welcher Gestalt ist der Tod erschienen? Sieht er so aus, wie Sie erwartet hatten? Fragen Sie den Tod, welche Botschaft er für Sie jetzt zu diesem Zeitpunkt Ihres Lebens hat. Stellen Sie die Frage: »Was brauche ich in meinem Leben nicht mehr und was muss entfernt werden, damit ich aufblühen kann?« Dann fragen Sie ihn, was er von Ihnen möchte, was Sie für ihn tun können und bitten ihn, Ihren Wunsch zu erfüllen.

Wenn das Gespräch beendet ist, bedanken Sie sich bei der Energie des Todes, kehren auf dem gleichen Weg wieder zurück und tauchen wieder in Ihr Alltagsbewusstsein ein. Danach schließen Sie den heiligen Raum. Fertigen Sie unbedingt ein Protokoll von der Schamanenreise und Ihren Erfahrungen an und denken Sie darüber nach, wie Sie das Erlebnis in Ihr Leben integrieren möchten.

Bei vielen Menschen, die eine Schamanenreise zum Tod gemacht haben, hat sich die Einstellung zu ihm verändert. Jemand meinte dazu:

»Meine Beziehung zum Tod hat sich ganz entscheidend verändert, obwohl ich vor der Schamanenreise glaubte, ich hätte gar keine Einstellung zum Tod gehabt. Ursprünglich dachte ich, der Tod sei ein dunkler und trauriger Ort. Während der Begegnung mit ihm erkannte ich jedoch, dass der Tod ein Aspekt des Göttlichen und ein strahlend heller, einladender Ort ist. Am Schluss spürte ich, dass Tod und Leben ein und dasselbe sind.«

Ein anderer schilderte seine Begegnung mit dem Tod so:

»Ich näherte mich einem Korridor. Vor seinem Eingang war der Weg gepflastert. Dahinter tat sich ein Gewölbe auf, das wie ein Kreuzgang aussah. Als ich den Wandelgang entlangging, bemerkte ich eine natürliche Lichtquelle, die vielleicht aus den Steinen kam und alles mit einem goldenen Schimmer überzog. Als ich an die Tür kam, sah ich, dass sie aus Holz war und auf der rechten Seite ein schwarzer Eisenring als Türöffner angebracht war. Oben war die Tür abgerundet.
Ich trat in der Erwartung ein, drinnen einem gruseligen Sensenmann zu begegnen, aber das war nicht der Fall. Zuerst fiel mir auf, dass der Raum von

dem gleichen Licht wie der Kreuzgang beleuchtet wurde. Von der Größe und Höhe her erinnerte der halbkreisförmige Raum an die Krypta einer großen Kathedrale. Ich ging nach vorne zu einer Art Bühne oder Altar. Außer mir war niemand da, weit und breit kein Sensenmann. Dann entdeckte ich in der Mitte der Bühne eine aufgerichtete Kobra. Sie war kraftvoll und viel mehr als nur eine Schlange, von einer betörenden körperlichen Präsenz, von tiefer Weisheit und scharfem Verstand.

Nach einer Weile näherte ich mich mutig der Kobra und fragte sie nach ihrer Botschaft für mich. Wir tauschten uns ohne Worte aus, als würden wir uns unsere Gedanken telepathisch übermitteln. Die Kobra betonte, sie wolle, dass ich ein mutiges und erfülltes Leben führe, damit ich ein ebenbürtiger Gefährte für sie sein könne, wenn ich einmal in die Ewigkeit eingehe. Zwischen uns bestand eine sexuelle Anziehung, die weit über das Körperliche hinausging. Während der Begegnung veränderte die Kobra ihr Geschlecht und war anfangs männlich, dann weiblich und schließlich beides zugleich. Sie berührte mich zutiefst und mir war klar, dass auch ich mit ihr eins werden wollte.

Ich wünschte mir auch ein langes Leben und fragte sie, wie oft ich mich noch häuten würde, bevor wir wieder vereint sein würden. Die Kobra antwortete: »Dreißig- bis dreiunddreißigmal.« Ich hatte das Gefühl, ich sollte mich noch oft in diesem Leben mit der Schlange treffen, um ein erfülltes und mutiges Leben führen zu können. Die Schlange bestätigte das.

Als es Zeit für den Abschied war, küsste ich die Schlange und sie mich. Ich merkte, dass ich vergessen hatte zu fragen, was in mir sterben musste, aber jetzt weiß ich, dass ich die Antwort bereits kannte.«

Bei einer anderen Schamanenreise zum Tod befand sich der gleiche Mann in einer ganz anderen Umgebung. Er erzählt Folgendes:

»Der Flur, den ich betrat, lag in einem älteren Gebäude, das mehrere Stockwerke hoch war. Es wirkte wie aus den 1930er oder 1940er Jahren mit hohen Decken, Oberlichtern über den Türen, ohne Klimaanlage und mit Linoleumböden. Es ähnelte einem Schul- oder Bürogebäude. Ich lief den Gang entlang nach rechts oder nach Osten.

Ich kam zu einer Tür und ging in ein Klassenzimmer hinein. Ich wusste, der Tod würde dort sein. Es war ein wenig stickig, und die Morgenluft verriet, dass der Tag schon bald sehr heiß werden würde. In dem rechteckigen Raum waren die Tische und Stühle für die Sommerferien gestapelt. Die Tür, durch die ich eintrat, befand sich hinten im Raum, und ich drehte mich nach links, um den vorderen Bereich sehen zu können. Ich erblickte einen kleinen, unscheinbaren Mann in einem verknitterten grauen Anzug, der einen Hut trug. Er sah wie ein langweiliger Beamter oder Lehrer aus.

Ich ging zu ihm nach vorne, erklärte ihm, warum ich da war, und fragte ihn, welche Botschaft er mir brächte. Während ich dies tat, merkte ich, dass er Stumpfheit ausstrahlte. Alles an ihm, nicht nur sein Anzug und Hut, schien grau zu sein. Doch als er zu sprechen begann, war er plötzlich kein blasser Greis mehr, sondern er war lebhaft und scharfsinnig. Seine Energie war alles andere als spießig oder langweilig: Vielmehr war er kraftvoll und direkt und von einer unmissverständlichen, wenn nicht gar glasklaren Weisheit. Er freute sich nicht, mich zu sehen, meinte er mitfühlend. Er erinnerte mich daran, wie der Tod bei meiner letzten Begegnung mit ihm ausgesehen hatte, und sagte: ‚Stell dir vor, dass ich eine sexuelle und gefährliche Lebenskraft bin, kein alter Spießer. Du besitzt ein großes Potenzial, aber du musst dem Tod als einer lebendigen, mächtigen Kraft, als Schlangen- und Kobraenergie begegnen.' Dann befahl er mir abrupt, den Raum zu verlassen. Ich ging bedrückt hinaus, aber ich wusste, dass er recht hatte.«

Nach der Begegnung und Praxis mit der Energie des Todes fühlen wir uns gestärkt und erneuert. Das ist das Geschenk, wenn wir mit einer Energie praktizieren, die wir ursprünglich für erschreckend oder abstoßend gehalten haben. Der Tod kann eine positive Kraft sein, und wenn wir eine neue Einstellung zu ihm finden, kann er uns beim Verfassen einer neuen Lebensgeschichte helfen.

Doch nicht alle Todeserfahrungen sind angenehm. Vor ein paar Jahren wohnte ich einer Gruppe bei, die Todeserfahrungen mithilfe von schamanischen Ritualen herbeiführte. Danach berichteten einige Teilnehmer, sie hätten das Gefühl der Auflösung und des großen Friedens gehabt und wollten nicht mehr in ihren physischen Körper zurückkehren. Ich hingegen hatte während meiner eigenen Reise Exkremente gerochen! Kurz zuvor war ich unbemerkt in einen Hundehaufen getreten und der Gestank verfolgte mich bis in meine fantasierte Begegnung mit dem Tod. Wir nehmen die Ausscheidungen und den Müll unseres Lebens mit in diese Erfahrung. Wenn wir unser Leben klären, folgen sie uns nicht in das Leben danach oder erschweren den Übergang vom Ende in einen Neubeginn. Dann wird der Abfall zum Dünger und nährt alles, was wir zum Wachsen bringen wollen.

Der Tod als Verbündeter

Jede Transformation umfasst eine Entwicklung vom Tod zur Wiedergeburt, vom Loslassen des Alten bis zum Hervorbringen des Neuen. Vielleicht möchten Sie an allem festhalten, was funktioniert, und sich von allem trennen, was schiefläuft. Sie möchten wahrscheinlich eher Umstände erschaffen, die Sie sich wünschen, als interessante Neuerungen einzuführen, die sich als nicht nützlich für Sie herausstellen. Nach der Beendigung einer Beziehung ist es beispielsweise wichtig, wirklich loszulassen, was nicht funktioniert hat, jedoch dem anderen weiterhin nachsichtig und mitfühlend zu begegnen. Wenn Sie auf der Suche nach einem neuen Partner sind, müssen Sie wissen, welche Eigenschaften für Sie wichtig sind, die in Ihrer früheren Beziehung nicht vorhanden waren. Auf diese Weise halten Sie nicht nur nach jemandem Ausschau, der ganz anders als Ihr Ex-Partner ist, nur um danach festzustellen, dass der neue Partner und die neue Beziehung der alten sehr ähnlich ist.

Wie können wir die Energie des Todes achten und nähren, sodass sie unser Verbündeter und nicht unser Feind wird? Wir gewinnen Energie für unser Leben und bekommen die Kraft für die Arbeit mit dem Tod und das Annehmen von Verlusten, wenn wir mit der Natur, unseren Aktivitäten und unserer Ernährung bewusst umgehen. Seine Ganzheit zu leben erfordert bewusste Achtsamkeit – keine Grübelei oder zwanghafte Beschäftigung –, sondern dass wir uns in Ruhe mit dem Sinn und dem Wert unserer Erfahrungen befassen. Es ist notwendig, dass wir das Herbeiführen von Veränderungen in Erwägung ziehen oder Übergangsphasen akzeptieren und darauf vertrauen, dass das Unbekannte tatsächlich befriedigender für uns sein kann als das Vertraute.

Wenn wir Vitalität spüren, erwachen die eingefrorenen, abgestorbenen Teile von uns wieder zum Leben und verwandeln sich sogar. Wir können unseren Elan leichter finden, wenn wir uns in der Natur aufhalten. Dort spüren wir den Lebenssaft in den stillen Bäumen und den Samen in der Erde, die aufkeimen und heranwachsen werden. Wir können uns mit dieser Schöpfungsenergie verbinden. Dann fällt es uns leichter, zur Ruhe zu kommen und achtsam zu sein, Ereignisse und Gefühle zu verarbeiten und eine Vorstellung davon zu entwickeln, was wir erschaffen möchten. Eine weitere Möglichkeit, sich zu regenerieren, besteht darin, mit der Energie des ewigen Knaben, dem ewig Jungen, zu arbeiten und Situationen verspielt und neugierig zu begegnen.

Wenn Sie alte Verhaltensmuster ablegen, wird Ihnen die Innenschau dazu verhelfen, die Angst zu verlieren. Nachfolgend finden Sie ein paar hilfreiche Fragen, über die Sie nachsinnen können:

- In welchen Lebensbereichen sind Sie nicht achtsam? Wo sind Sie eingefroren oder wie abgestorben und wann reagieren Sie unbewusst und mit eingefahrenen Mustern?
- In welchen Lebensbereichen haben Sie sich vom Leben und von Ihrem Selbst abgespalten und zugelassen, dass Wesensanteile und Aspekte Ihres Lebens stagnieren oder absterben?
- Wenn Sie noch eine halbe Stunde zu leben hätten, was würden Sie machen? Was, wenn Sie noch einen Tag hätten? Einen Monat? Ein Jahr?
- Wie können die Antworten auf diese Fragen dazu beitragen, Ihre neue Lebensgeschichte zu gestalten?

Es heißt, der Heilige Franziskus habe auf die Frage, was er tun würde, wenn er noch eine Stunde zu leben hätte, geantwortet: »Wenn ich gerade in meinem Garten arbeiten würde, würde ich weiter in meinem Garten arbeiten.« Der japanische Dichter Bashō soll am Ende seines Lebens gefragt worden sein, ob er ein Gedicht über den Tod geschrieben hätte. Er erklärte, dies wäre wirklich nicht nötig gewesen, weil das ganze Leben ein Gedicht über den Tod sei. Der Lakota-Sioux und Visionär Black Elk sagte, Lakota-Krieger zögen mit folgenden Worten in den Kampf: »Heute ist ein guter Tag, um zu sterben.«[14] Jeder Tag ist ein guter Tag, um zu sterben, wenn wir ihn voll auskosten. Wenn wir diese Vorstellung berücksichtigen, ehren wir den Tod und das Leben.

Die Länge einer Schamanenreise oder eines Lebens ist nicht so wichtig wie die Aufmerksamkeit, die wir jedem einzelnen Aspekt davon widmen. Wenn wir nicht mit ganzem Herzen dabei sind und uns auf unsere Reise voll und ganz einlassen, vergeuden wir unsere Zeit. Wenn wir zu viel gleichzeitig machen, schenken wir unserer augenblicklichen Aufgabe nur einen Teil unserer Aufmerksamkeit und uns entgeht die Bedeutung einer bestimmten Erfahrung. Auf einer gewissen Ebene ist unsere Lebensreise wie ein Hologramm, in dem jedes Segment das Ganze enthält. Wenn wir jeden Lebensabschnitt, ja sogar jede Minute genießen, kann uns der Tod nicht um unsere Reise betrügen. Jeder Augenblick ist alles, was es gibt, und er ist in sich vollkommen.

Die folgenden drei Übungen dienen dazu, die Angst vor dem Tod zu verlieren und unsere Einstellung zu ihm zu verändern.

Die eigene Todesanzeige aufsetzen

Verfassen Sie Ihre eigene Todesanzeige und konzentrieren Sie sich dabei auf Ihre Erfolge, Verbindungen und Beziehungen. Überlegen Sie, ob Sie Ihr Leben verändern möchten, damit Sie eine andere Todesanzeige aufsetzen könnten. Dann stellen Sie sich vor, wie sich Ihre Todesanzeige lesen würde, wenn sie jemand anderes aufgesetzt hätte. Hätten Sie lieber eine andere Version und wie könnten Sie Ihr Leben ändern, damit andere die

---

14 John G. Neihardt: »*Black Elk Speaks: Being the Life Story of a Holy Man of the Oglala Sioux*«; S. 11

Todesanzeige anders schreiben würden? Sie könnten auch eine Kurzfassung Ihrer Todesanzeige anfertigen. Wie würde sie sich anhören, wenn sie nur ein paar Zeilen umfasst?

Die eigene Grabrede verfassen

Verfassen Sie Ihre eigene Grabrede: Eine Lobrede, in der Sie nach Ihrem Tod geehrt und anerkannt werden und die zusammenfasst, was für ein Mensch Sie waren. Überlegen Sie, was Sie in Ihrem Leben verändern müssten, damit die Anerkennung in Ihrer Grabrede ehrlich gemeint und wohlverdient ist und Ihnen gefällt. Dann stellen Sie sich vor, wie sich Ihre Grabrede anhören würde, wenn sie jemand anders verfasst hätte. Hätten Sie lieber eine andere Version und wie könnten Sie Ihr Leben ändern, damit andere die Grabrede anders schreiben würden?

Sterbebett-Visualisierung

Versammeln Sie in Ihrer Vorstellung diejenigen Menschen, mit denen Sie in Ihrer letzten Stunde sprechen oder die Sie an Ihrem Totenbett haben wollen. Nutzen Sie diese Gelegenheit, um zu vergeben und andere um Verzeihung zu bitten. Es ist auch eine Möglichkeit, Liebe zu geben und zu empfangen, andere zu segnen und gesegnet zu werden und Dinge zu sagen, die Ihrer Meinung nach ausgesprochen werden sollten, selbst wenn es schmerzlich ist. Dies ist der richtige Zeitpunkt, um die Wahrheit über Ihre Lebenserfahrungen zu sagen. Wenn Sie alles gesagt haben, verabschieden Sie sich von den Anwesenden.

Schreiben Sie auf, was Sie sagen würden und was andere Ihrer Vorstellung nach sagen würden. Fragen Sie sich: »Wäre es besser für mich, wenn ich diese Dinge jetzt ausspreche – oder sollte ich Sie erst auf meinem Sterbebett mitteilen? Wenn Sie sie jetzt sagen, fühlen Sie sich vielleicht freier, heute erfüllter in Ihrer neuen Geschichte zu leben.

Ein Mann berichtete, dass die Sterbebett-Visualisierung seine Gefühle für seine verstorbene Mutter heilte:

»Diese Zeremonie verhalf mir dazu, mich für jeden zu öffnen, mit dem ich in meiner Todesstunde sprechen wollte. Das Gespräch mit meiner Mutter befreite mich von der Last, die ich jahrelang mit mir herumgeschleppt hatte. Mich einfach zu entschuldigen und mir alles von der Seele zu reden ermöglichte mir, die negativen Schuldgefühle ihr gegenüber loszulassen.«

Die Angst vor dem physischen Tod verlieren

Durch unsere Weisheit erkennen wir, wie wir in allem, was wir tun, Leben und Tod, Anfang und Ende miteinander verknüpfen. Die Arbeit mit der Energie des Todes vermindert unsere Angst vor dem körperlichen Tod. Schließlich wird jeder von uns einmal sterben: Der Tod ist ein unvoreingenommener Dienstleister! Wenn die Zeit gekommen ist, unsere Verbindung mit unserem physischen Körper zu lösen und körperlich zu sterben, verbindet sich unser Bewusstsein mit dem ewigen, unendlichen, kosmischen Bewusstsein. Wenn wir jedoch bereits in diesem Leben mit ihm in Verbindung kommen, können wir unser unsterbliches Wesen bereits jetzt erfahren und unsere Urangst vor dem Sterben vermindern oder verlieren. Wir halten nicht länger an der falschen Vorstellung fest, der Tod sei das absolute Ende, und begreifen, dass sogar die schrecklichste Manifestation der Energie des Todes – der tatsächliche körperliche Tod – einfach nur zu einer anderen Form des Seins führt. Wir werden in unser spirituelles Selbst hineingeboren, weil wir jetzt erkennen, dass unsere Seele unsterblich ist.

Der Tod

Umfasst das Bewusstsein vor und nach dieser Daseinsform
den Tod und das Leben?

Alle Dinge sind unsterblich. Wenn die Hülle, in der die Seele wohnt, vergeht, kehrt der unsterbliche Wesenskern in das allumfassende Sein zurück und wird in etwas Neues verwandelt. Beim körperlichen Tod löst sich das individuelle Leben im allumfassenden Sein auf – wie ein Wassertropfen im Meer. Vielleicht kennt der Ozean die Geschichte der einzelnen Tropfen, aber erinnert sich der Tropfen noch an sein Leben, wenn er mit ihm verschmolzen ist?

Nach dem Tod

Was bedeutet Sterben?
Wann beginnt es, was beendet es?
Welche Träume, welche unerledigten Geschäfte,
welch unvollkommenes Vermächtnis?

Wir müssen den Traum vom unsterblichen Körper aufgeben,
das vertraute Gut und Böse eingetauscht gegen
ein unbekanntes Aufgeben des Kampfes.

Was könnte mich in der Stille erwarten?
Werde ich meine Individualität verlieren
oder behalten,
während ich mit meinem individuellen Wesenskern
wiederverwertet werde?

Am Ende des Lebenswegs, auf dem wir uns alle befinden, steht der Tod. Wie schnell er uns begegnet, hängt von vielen Dingen ab, darunter auch von unserer Beziehung zum Tod sowie dem Ayni, das wir auf allen Seinsebenen herstellen. Der Tod ist ein Teil der wechselseitigen Verbundenheit von allem. Wenn wir den Tod als unvermeidlichen Teil des Lebens erkennen, schreiben wir bessere Drehbücher für unser Leben und setzen sie leichter in die Tat um. Wenn wir älter werden, lernen wir die Kostbarkeit eines jeden Augenblicks schätzen.

Älter werden

Die Haut wird faltig, die Gelenke schmerzen, das Augenlicht lässt nach.
Die Sehnsucht verblasst, die Freude bleibt.
Das Stundenglas läuft ab.
Die Organe werden schwächer, die Verdauung macht Probleme.
Weniger Energie, mehr Verluste: Warum das alles?
Während die Hülle verfällt, müssen wir die Entscheidung treffen:
Soll die Verzweiflung zunehmen
oder die Freude über die gewonnene Lebenserfahrung,
die Lebensleistungen,
die Beziehungen zu geliebten Menschen, Freunden und der Familie?

Wenn es gleich so weit ist,
die Sanduhr umzudrehen,
öffnet sich die rissige Hülle
für das Licht der Ewigkeit
und ein frohes Lied vereint uns mit ihr:
Sie ist immer da,
doch wir sind uns ihrer nicht immer bewusst.

Jetzt lässt der Alltagslärm nach,
genug, um die Stimme Gottes im Wind, vom Sternenhimmel,
im Gras und überall im Himmel und auf der Erde zu hören.

Die Hülle reißt,
aber die Freude über die Lebensreise begleitet uns immer noch,
egal wie lang oder unvorhersehbar unser Weg ist.
Wir können ab jetzt schöne Erinnerungen sammeln,
trotz des täglichen Wandels -
ist das etwa heimlich so abgesprochen?

Die archetypische Energie der Initiation

In der Tradition der Schamanen dient die archetypische Energie der Einweihung zur spirituellen Geburt. Durch die Initiation können wir uns daran erinnern, dass wir Manifestationen der göttlichen Energie sind – dass wir alle von der göttlichen Quelle abstammen und zu ihr zurückkehren werden. Jede Einweihung öffnet uns für das Gefühl, dass wir untrennbar mit ihr verbunden sind, ein Gefühl, das uns erkennen lässt, dass wir ewige, spirituelle Wesen sind, nicht nur Lebewesen in einer individuellen Existenz, begrenzt auf eine bestimmte Lebensdauer und beschränkt auf einen physischen Körper. Einweihungserfahrungen verhelfen uns dazu, unsere Verbundenheit mit dem Göttlichen zu spüren – und zu einem neuen Bewusstsein, das wir mit in unseren Alltag nehmen.

Schamanische Einweihungen sind oftmals mit einer ritualisierten Todeserfahrung verbunden, damit der Einweihungskandidat seine Angst vor dem physischen Tod verliert, womit körperliche und/oder seelische Schmerzen einhergehen können. Obwohl die Rituale in diesem Kapitel die Erfahrung von Leid nicht zwingend erfordern, könnten sie Schmerzen verursachen, wenn etwas stirbt und Platz für etwas Neues macht. Oftmals ist Veränderung unangenehm, doch letztlich ist sie immer positiv.

Wenn wir in das Bewusstsein unseres ewigen, spirituellen Wesens eingeweiht werden, erkennen wir, dass alles eine Manifestation der göttlichen Energie ist, die unendlich viele Ausdrucksmöglichkeiten hat. Wir sind niemals getrennt von ihr, selbst wenn wir uns allein fühlen. Wenn wir dies erst einmal verstanden haben, werden uns die entsprechenden schamanischen und jungianischen Rituale leichter fallen. Es gelingt uns besser, unsere Widerstände gegen die Vorstellung von überpersönlichen Dimensionen aufzugeben.

Immer wenn wir etwas Altes loslassen und uns auf eine neue Ebene des Seins begeben, eine neue Einstellung gewinnen oder eine neue Situation erschaffen, ist unsere Erfahrung nicht wirklich einzigartig, obwohl sie individuelle Züge trägt. In gewisser Weise befinden wir uns in Gesellschaft von Menschen aus der Vergangenheit, Gegenwart oder Zukunft, die etwas mit uns gemeinsam haben, wenn wir uns eine neue Rolle oder ein neues Organisationsprinzip zulegen. Beispielsweise wenn wir zu einem Elternteil werden, werden wir in die Gemeinschaft der Mütter und Väter initiiert. Die veränderte Rolle geht mit einer Einweihungsenergie einher, die das persönliche, individuelle Energiefeld verändert und beeinflusst. Der Hochschulabsolvent wird nach seinem Abschluss immer mehr sein als jemand, der eine Berufsausbildung abgeschlossen hat, und jemand, der eine Krankheit oder ein Trauma überwunden hat, wird zu den Überlebenden gehören. Es gibt kein Zurück mehr. Die Vergangenheit ist unwiederbringlich vorbei. Auch wenn wir in unsere spirituelle Natur eingeweiht worden sind, wird uns diese Erfahrung für immer unvergesslich bleiben. Wir werden uns immer bewusst sein, dass wir mit allen Manifestationen des Göttlichen verbunden sind. Die Bewusstheit trägt dazu bei, dass wir den Mut finden, einen unbekannten Weg einzuschlagen.

Lebensübergänge können wie eine Einweihung sein. Wenn wir sie als solche betrachten, verstehen wir, wie sie uns energetisch verändern und uns mit anderen Menschen verbinden, die ähnliche Erfahrungen gemacht haben. Wir fühlen uns nicht mehr so allein und erkennen, dass wir aus der Weisheit und Energie dieser größeren Gruppe schöpfen können, um uns zu informieren, unterstützen und inspirieren zu lassen. Dies ist ein großes Geschenk, das uns die Einweihungsenergie macht.

Eine in der amerikanischen Kultur nicht sehr verbreitete Form der Einweihung ist die Initiation in eine Ahnenreihe oder Abstammungslinie wie die Einweihung in die Priesterschaft oder eine alte Tradition. Dabei wird Energie vom Ahnen auf den Einweihungskandidaten übertragen. Dies ermöglicht ihm, die Schwingung der Ahnenreihe weiterzutragen und sie zu nutzen, wenn es nötig ist.

Sie können auch allein mit der Energie der Einweihung praktizieren. Bitten Sie die göttliche Quelle, Sie in eine neue Gruppe einzuweihen, wie zum Beispiel eine Selbsthilfegruppe für Krebskranke oder eine Gruppe für Mütter und Väter mit erwachsenen Kindern, damit Sie ein Leben nach einem neuen Drehbuch beginnen können. Es kann schwierig sein, neue Rollen im Leben zu akzeptieren – sie sind uns nicht vertraut, und es könnte sein, dass wir an uns selbst zweifeln. Indem wir unsere Absicht auf die Erweckung der Einweihungsenergie lenken, können wir unsere Ambivalenz gegenüber der Transformation aufgeben, die wir gerade durchleben.

Bei Einweihungsritualen wie einer Konfirmation, einem Hochschulabschluss oder einer Hochzeit werden traditionelle Symbole verwendet, die den Menschen helfen, in ihre neue Rolle zu finden. Oftmals benutzen sie dabei Symbole, die an die Transformation erinnern: ein Schmuckstück mit einem religiösen Symbol, ein Abschlusszeugnis oder ein Ehering. Obwohl Einweihungsrituale wie eine Hochzeit oder eine Konfirmation das Leben verändern können, ist dies nicht immer der Fall. In der Tat können diese Zeremonien nichtssagend sein, wenn wir uns der Transformation nicht voll und ganz überlassen. Mit dem Einweihungsprinzip zu arbeiten ermöglicht uns, nicht mehr zu schwanken und den Übergang in eine neue Identität zu schaffen. Es hilft uns dabei, uns von den Energien zu befreien, die uns davon abhalten, uns auf die Veränderungen einzulassen, die wir uns in unserem Leben wünschen.

Die folgende Schamanenreise kann Ihnen helfen, mit der Einweihungsenergie in Verbindung zu kommen und mit ihr zu kommunizieren. Um sich selbst einzuweihen, können Sie einige der Rituale aus Kapitel 10 verwenden oder sich einer Gruppeneinweihung anschließen. Vor der Schamanenreise öffnen Sie den heiligen Raum, reinigen Ihr Energiefeld, atmen bewusst und entspannen sich, während Sie sich auf Ihre Absicht für diese spezielle Reise konzentrieren.

Schamanenreise zur Einweihung

Stellen Sie sich vor, Sie befinden sich an einem angenehmen Platz auf einem Berg. Laden Sie den Archetyp der Einweihung ein.

Wenn Sie die Einweihungsenergie spüren, beobachten Sie, ob sie eine bestimmte Gestalt annimmt. Wie sieht sie aus? Wie fühlt sie sich an?

Lassen Sie die Einweihungsenergie auf sich wirken und fragen Sie sie, welche Botschaft sie heute für Sie hat, was sie von Ihnen möchte und was Sie für sie tun können, und bitten sie, Ihren Einweihungswunsch zu erfüllen. Worin will die Energie Sie einweihen? Bitten Sie um ein Symbol, mit dem Sie kommunizieren können. (Sie können dieses Symbol visualisieren, wenn Sie mit ihm sprechen, oder den an früherer Stelle erwähnten Redestein verwenden.)

Danach bedanken Sie sich bei der Energie der Einweihung für die heutige Zusammenarbeit. Dann kehren Sie an den Ausgangspunkt zurück.

Nach Beendigung der Schamanenreise schließen Sie den heiligen Raum. Fertigen Sie ein Protokoll von Ihren Erkenntnissen an und denken Sie darüber nach, wie Sie das Einweihungserlebnis in Ihren Alltag und Ihr neues Leben integrieren können.

Beim ersten Mal könnten Sie darum bitten, in Ihre spirituelle Natur eingeweiht zu werden. Bei weiteren Schamanenreisen können Sie auch andere Absichten bekunden. Sie könnten beispielsweise den Wunsch haben, voll und ganz annehmen zu können, dass Sie ein Trauma überlebt haben. Alternativ könnten Sie die göttliche Quelle einfach darum bitten, die Einweihungsenergie durch Sie fließen zu lassen, damit sie die Wandlung herbeiführt, die sie für die richtige hält.

Einweihung

Die Einweihung verwandelt einen Zustand, der im Entstehen
begriffen ist,
in einen Zustand, der entsteht.
Können Leid und Angst einen ungesunden Raum durchbrechen
oder wird er durchbrochen, wenn sie nicht mehr da sind?
Enthüllt Klarheit das Schicksal
oder ist es das kollektive Schicksal der Einweihungskandidaten?
Eine gerichtsmedizinische Obduktion kann die Entscheidung
erleichtern
oder eine Sammlung postmortaler Gedichte.

Die Veränderungen nach einer Einweihung

Wenn wir die Einweihungsenergie durch uns wirken lassen, verändert sich unser Energiefeld und wir stellen schon bald fest, dass uns die Welt die inneren Veränderungen spiegelt. Wir nehmen sie tatsächlich anders wahr und haben eine andere Einstellung, weil wir uns nun in der Gemeinschaft von spirituellen Wesen, geheilten Trauma-Patienten, Müttern und Vätern, Kämpfern, Lehrern, Heilern usw. befinden. Wir finden andere Menschen, ziehen sie an und kommen in Resonanz mit ihnen und Situationen, die uns vorher entgangen sind. Eine Mutter wird beispielsweise nie mehr Nachrichten- oder Kinobilder von leidenden Kindern ertragen können, ohne starke Gefühle wie überwältigendes Mitgefühl oder Wut zu verspüren. Wer in seine spirituelle Natur eingeweiht wurde, empfindet eine Verbundenheit mit anderen spirituell Eingeweihten. Wer eine Sucht überwunden hat, wird nie mehr vergessen, was diese Krankheit bedeutet, aber er wird nicht mehr von ihr bestimmt, weil er sich mit einer Gemeinschaft von Genesenden identifiziert. Vielleicht kann er in einer Menschenmenge schnell denjenigen ausmachen, der abhängig oder von einer Abhängigkeit geheilt ist, da er immer eine Verbindung zu diesem Menschen hat, aber jetzt kein Zwang mehr besteht, diese Verbindung aufrechtzuerhalten oder gemeinsam mit ihm Drogen zu konsumieren. Vielleicht zieht er immer noch Suchtkranke an, die unbewusst spüren, dass er sie versteht und die Energie eines Menschen ausstrahlt, der die Sucht überwunden hat, was sie sich selbst wünschen. Ob er auf ihren Wunsch eingeht, mit ihm in Verbindung zu treten, entscheidet er jetzt bewusst, nicht automatisch und unbewusst.

Wenn die Einweihungsenergie nicht vorhanden oder schwach ist, wenn wir Veränderungen durchleben, haben wir nicht das Gefühl, vollständig transformiert zu sein. Der Mensch, der wieder allein lebt, den Krebs besiegt hat oder sich zu seiner Homosexualität bekennt, kann mithilfe von schamanischen und jungianischen Übungen die Einweihungsenergie in sich erwecken, um sich von Zweifeln, Widerständen und Unbehagen zu befreien.

Um mit den Energien von Tod und Einweihung weiterzuarbeiten, die Sie bei der Veränderung Ihrer Lebensgeschichte unterstützen werden, könnten Sie ein Ritual oder eine Zeremonie durchführen. Darüber werden Sie in Kürze mehr erfahren, doch zuvor sollten Sie noch die Arbeit mit Träumen und mit der Natur kennenlernen, die Ihre Einsichten vertiefen und neue transformierende Energien erwecken kann.

Kapitel 10
Arbeiten Sie mit Träumen und der Natur an der Manifestation Ihrer neuen Lebensgeschichte

Schamanen und jungianische Psychoanalytiker glauben an die Kraft der Träume, um sich den Einfluss der archetypischen Energie und des Unbewussten auf Ihr aktuelles Leben bewusst zu machen. Zusätzlich enthalten Träume die Weisheit der transpersonalen Ebene, die Ihnen Einblicke in die zukünftigen Geschehnisse verschaffen oder zur Entscheidungsfindung beitragen kann.

Traumarbeit

Wenn Sie oft träumen, schreiben Sie alle Träume auf und wählen Sie einen Traum aus, der Ihnen am interessantesten erscheint oder Sie am stärksten bewegt. Später können Sie dann auf andere Träume zurückkommen und mit diesen arbeiten. Wenn Sie selten träumen oder sich nur an ein paar Bilder oder Traumfragmente erinnern können, arbeiten Sie mit diesen Eindrücken, weil Sie Ihnen wertvolle Informationen liefern können.

Es gibt keine richtige Arbeitsweise mit Träumen, doch meine Erfahrung zeigt, dass die folgenden zehn Anregungen in der beschriebenen Reihenfolge sehr hilfreich sein können.

1. Nehmen Sie sich vor dem Einschlafen vor, sich an Ihre Träume zu erinnern. Auf diese Weise stellt sich Ihr Geist darauf ein, nach dem Aufwachen nicht sofort ins Alltagsbewusstsein zu wechseln, bevor Sie Ihre Träume notieren konnten.

2. Zeichnen Sie Ihre Träume unmittelbar nach dem Erwachen schriftlich oder mit einem Aufnahmegerät auf. Versuchen Sie nicht, die Träume während der Aufzeichnung zu analysieren, da Sie sonst Details vergessen könnten, die Ihnen vielleicht unbedeutend erscheinen, sich später aber als wichtig herausstellen. Ein Traum, der einfach nur merkwürdig oder banal wirkt und keine starken Emotionen weckt, kann trotzdem ausgesprochen hilfreiche Informationen enthalten.

3. Erzählen Sie Ihren Traum mindestens zweimal laut und schreiben ihn dann mindestens zweimal auf. Ihren Traum mehr als nur einmal laut zu erzählen oder ihn ein zweites oder drittes Mal zu notieren, ist sehr hilfreich, weil die Veränderungen in den verschiedenen Versionen sehr aufschlussreich sein können. Es könnte beispielsweise passieren, dass Sie bei der Wiederholung ein unvorhergesehenes Gefühl verspüren. Vielleicht stellen Sie fest, dass Sie die Details eines Traums nur sehr ungenau wiedergeben, obwohl die Traumereignisse auf den zweiten Blick sehr verstörend sind. Vielleicht haben Sie unbeabsichtigt etwas weggelassen oder hinzugefügt: Finden Sie heraus, warum das so ist.

4. Wählen Sie ein paar Traumsequenzen aus, über die Sie nachdenken möchten. Achten Sie darauf, was Ihnen spontan zu den Traumbildern einfällt. Welche Assoziationen wecken die Bilder, an die Sie sich erinnern? Schlagen Sie in keinem Traumdeutungsbuch nach oder denken über die zahlreichen Interpretationsmöglichkeiten der Symbole oder Ereignisse in einem Traum nach. Ihre persönlichen Erfahrungen bestimmen, welche Symbole in Ihren Träumen auftauchen und was sie bedeuten, deshalb sollten Sie sie nicht voreilig verallgemeinern. Versuchen Sie in Ihrem Alltag oder vielleicht sogar in Ihrer Vergangenheit etwas zu finden, das in einem Zusammenhang mit den Traumgeschehnissen steht. Wenn Sie zum Beispiel geträumt haben, dass Sie sich in der Küche Ihrer Großmutter befinden, während sie kocht, könnte dies darauf hindeuten, dass der Traum etwas mit Nähren oder buchstäblich damit zu tun hat, wie Ihre Großmutter Sie nährt. Womög-

lich fällt Ihnen zu der Szene in der Küche aber auch ein, dass Sie dort gerade neben Ihrer Großmutter standen, als Ihr Vater an einem Herzinfarkt starb. Vielleicht handelt der Traum von naiver Unwissenheit angesichts einer drohenden Gefahr oder von mangelnder Wachsamkeit oder einem Zustand der Unschuld vor einem Ereignis, das Ihr Leben tief erschüttert hat. Die Bedeutung der Traumsymbole sollten Sie erst später analysieren, nachdem Sie über Ihre persönlichen Assoziationen zu den Traumbildern nachgedacht und mit den Symbolen oder Gefühlen, die mit dem Traum verbunden sind, kommuniziert haben. Sie müssen nicht jede Szene oder jeden Traum analysieren. Am besten konzentrieren Sie sich auf diejenigen, die Ihnen am lebhaftesten in Erinnerung geblieben oder die emotional am stärksten geladen sind.

5. Erzählen Sie den Traum nach. Diesmal fügen Sie der Nacherzählung des Traums die Assoziationen zu bestimmten Bildern hinzu. Schreiben Sie diese neue, ergänzte Fassung Ihres Traums auf.

6. Sprechen Sie mit den Traumbildern, Symbolen oder Gefühlen, von denen Sie glauben, wichtige Erkenntnisse zu erlangen. Wenn es Ihnen hilft, verwenden Sie dabei Ihren Redestein.

7. Finden Sie heraus, in welchem Gefühlszustand Sie sich im Traum befunden haben, und kommunizieren Sie mit Ihren Gefühlen. Kam im Traum eine Situation vor, die Sie im Wachzustand verängstigt hätte, die aber scheinbar ganz normal oder sogar banal wirkte? Tauchte ein furchterregendes Bild auf, das Angst, Erschrecken, Trauer oder Wut hervorrief? Die Gefühle, die Sie im Traum gespürt haben, sind ebenso wichtig wie die Bedeutung der Symbole. Sie können mit beiden sprechen, um Informationen zu erhalten oder um sie zu verstehen. Wenn Sie im Traum verärgert waren und nicht wussten warum, könnten Sie sich mit der Wut austauschen. Sie könnten fragen, warum sie sich gezeigt hat, als Sie Obst aus einer Schale aussortierten, und welche Bedeutung diese Wut Ihren Alltagserfahrungen verleiht. Dann könn-

ten Sie mit der Obstschale in Kontakt treten und Sie nach ihrer Botschaft für Sie fragen.

8. Überlegen Sie, in welchen Alltagssituationen Sie ähnliche Gefühle wie im Traum erlebt haben oder erleben – und wo sich die Themen aus dem Traum im Alltag gezeigt haben oder zeigen. Wann haben Sie die Gefühle und Themen aus dem Traum zum ersten Mal wahrgenommen?

9. Denken Sie über die universelle Bedeutung der Traumsymbole nach. Was könnte ein Bild aus dem Traum sonst noch bedeuten? Ein See oder ein Wald könnte zum Beispiel für das Unbewusste stehen, während die Küche Transformation bedeuten könnte. Wenn Sie mit Ihren Träumen arbeiten, um die darin verborgene Weisheit zu entdecken, sollten Sie beachten, dass manche Traumbotschaften auch wörtlich verstanden werden können. Wenn Sie von einem Golden Retriever geträumt haben, könnte dies bedeuten, dass ein Teil von Ihnen sich danach sehnt, etwas »Goldenes« oder Wertvolles zurückzuholen, das sie nicht wertschätzend behandelt oder übersehen haben, oder es könnte auch ganz einfach darauf hinweisen, dass Sie sich einen Golden Retriever als Haustier zulegen werden. Wenn Sie mit dem Hund oder irgendeinem anderen Symbol kommunizieren, denken Sie daran, dem Symbol mit Respekt zu begegnen und ihm zuzuhören, anstatt mit ihm zu diskutieren oder ihm Ihre Meinung aufzwingen zu wollen. Bedanken Sie sich für seine Botschaft und beenden Sie die Unterhaltung.

10. Wenden Sie das Gelernte an. Überlegen Sie, wie Sie die Traumbotschaften und die darin enthaltene Energie nutzen können, um Ihr Leben und Ihre Geschichte zu verändern.

Wenn Sie diesen zehn Schritten folgen, können Ihre Träume dazu beitragen, ungelöste Probleme und Lösungsmöglichkeiten zu entdecken. Sie können Ihnen auch mitteilen, dass Sie bereit für eine Veränderung sind oder sie innerlich bereits vollzogen haben und jetzt Ihre Verhaltensweisen und Gewohnheiten dementsprechend ändern müssen.

Ein Mann schildert einen Traum, der ihm wichtige Informationen und die Bestätigung für seinen neuen Lebensplan lieferte. Er träumte dies, nachdem er sich lange mit seinem neuen Lebensdrehbuch beschäftigt hatte. Der Traum hob die Bedeutung hervor, sich so anzunehmen, wie er wirklich war, und nicht mehr den Erwartungen seiner Eltern, Freunde oder Nachbarn entsprechen zu wollen. Er meinte, er hätte dies träumen können, nachdem er seine Ängste und Blockaden losgelassen hatte.

»Ich wurde als Gast in die Fernsehshow Saturday Night Live eingeladen. Das war eine große Ehre. Ich sollte improvisieren und ganz authentisch sein. Dann sollte ich mit einer anderen Person einen Sketch aufführen und im Vergleich mit ihr konnte ich meinen Humor unter Beweis stellen. Weil ich authentisch und echt war, wirkten meine Sketche komisch. Aufgrund meines Erfolgs wurde ich erneut in die Show eingeladen.
Die Herausforderung im Traum bestand darin herauszufinden, wer ich wirklich bin, und mich unverstellt zu zeigen. Einmal schienen mich die Mitarbeiter am Set vergessen zu haben, daher musste ich sie daran erinnern, wer ich war. Danach behandelten sie mich mit größtem Respekt.
Dann wechselte die Traumszene zu einem Geschäft, in dem es Vitaminpräparate zu kaufen gab. Ich diskutierte mit anderen Kunden darüber, ob man bestimmte Vitamine einnehmen sollte. Ich war ruhig und gab ihnen Ratschläge. Ich war mir sicher, was ich wusste und was nicht. Ich verließ das Geschäft, um in der Talkshow aufzutreten. Ich war spät dran. Doch meine Verspätung war kein Problem, aber mir fiel auf, dass ich die Bedürfnisse anderer Leute wieder über meine eigenen gestellt hatte, und das wollte ich nicht mehr. Es sollte das letzte Mal sein, dass ich mich so verhalten hatte.«

Der Mann arbeitete so mit seinem Traum, wie in diesem Kapitel vorgeschlagen, und gelangte zu dem Schluss, dass der Traum zu einem Teil eine Bestätigung seines Unbewussten und seiner Seele war, dass er Respekt verdient hatte und seine größte Herausforderung darin bestand, ganz er selbst zu sein. Er lernt seitdem, wie ihm das gelingen kann, indem er sich durchsetzt, mehr vertraut und akzeptiert, dass er nicht mehr können muss und noch schneller auf die Bedürfnisse anderer eingehen und seine eigenen zurückstellen muss. Er hat seine Selbstannahme so weit entwickelt, dass er sich viel freier fühlt.

Sie können die Energie und Information, die Sie durch die Traumarbeit gewonnen haben, in Ihr Alltagsleben integrieren. Vielleicht beruhigen sich Ihre aufgewühlten Gefühle beim nächsten Mal, wenn Sie einen zwischenmenschlichen Konflikt austragen müssen, und Sie spüren Ihren Mut. Wenn Sie einen Traum hatten, der Ihnen das Gefühl von Selbstvertrauen, Kraft oder Verwandlung vermittelt, sollten Sie ihn nicht ignorieren. Vertrauen Sie darauf, dass Ihr Geist und die göttliche Quelle Ihnen damit sagen wollen, dass Sie die gleichen Gefühle auch im Wachzustand empfinden können.

Die Einsichten und der Mut, den wir bei der Traumarbeit bekommen, helfen uns dabei, uns mit wichtigen Wahrheiten zu konfrontieren und Veränderungen herbeizuführen, wie der folgende Traum einer Frau zeigt, der sich später in ihren Alltagserfahrungen spiegelte. Obwohl sie ihn anfangs nicht verstand, vertraute sie seiner Botschaft, und seine Bedeutung wurde ihr schließlich klar.

»Im Traum wanderte ich mit meinen Söhnen über steile Berge und durch grüne Täler. Wir liefen unter einer Eisenbahnbrücke durch und ich bemerkte, dass sie in der Mitte baufällig und für die Züge nicht mehr sicher war. Dann wechselte die Traumszene und ich befand mich mit einer anderen Person, die mein Mann sein konnte, in einem Führerhaus einer Lok. Plötzlich sah ich, wie wir uns der beschädigten Brücke über dem tiefen Tal näherten, und wusste, dass der Mittelteil der Brücke das Gewicht eines Zuges nicht mehr aushalten würde. Ich rief: ›Stopp!‹, und der Zug hielt an. Ich beobachtete, wie ein leichterer Zug auf die Brücke zukam, der sich mit uns auf Kollisionskurs befand. Einen Monat nach diesem Traum reisten mein Mann und ich in die Appalachen. Wir bogen vom Hauptwanderweg ab, um in einem Nationalpark zu wandern. Dabei gewann ich Erkenntnisse über körperliche Symptome, die während meiner Arbeit auftauchen und über den Stress, unter dem ich stehe. Ich dachte darüber nach, wie (und mit wem) ich meine Zeit verbringen wollte und wie mich meine Ernährungsgewohnheiten, meine sportliche Aktivität und mein Umgang mit Geld unter Stress setzten.

Als ich diese Einsichten mit meinem Mann teilte, reagierte er auf eine Art, die sich für mich wie Kritik anfühlte. Ich verkroch mich in mein Schneckenhaus. Seine Worte stürzten mich in einer Sekunde von der Aussichtsplattform der Erkenntnis hinab in einen primitiven Seinszustand. Wir fuhren gerade durch ein grünes Tal, das sich zwischen steilen Bergwänden schlängelte. Die Straße war schmal und kurvenreich und plötzlich hatte ich ein Déjà-vu-Erlebnis, so als würde ich die Gegend bereits kennen. Ich kannte sie aus meinem Traum. Das brachte mich auf den Gedanken, die einmalige Gelegenheit zu ergreifen und zu rufen: ›Haltet den Zug an, diese Brücke kann sein Gewicht nicht mehr tragen.‹ Also rang ich mich dazu durch und öffnete mich für die Möglichkeit, den Zug meiner Ehe anzuhalten. Ich ging das Risiko eines Streits ein, der aufkommen würde, wenn ich über meine verletzten Gefühle sprach. In den darauffolgenden Stunden sprachen mein Mann und ich ausführlich über unsere Probleme, und das war sehr gut. Es war eine Chance, unpassende Verhaltensweisen von uns beiden zu erkennen und einen anderen Weg einzuschlagen.«

Symbole und Metaphern dienen oftmals als Brücke zu einer neuen Lebensgeschichte oder vom Unbewussten, das für eine Veränderung bereit ist, zum Bewusstsein, dessen Aufgabe darin besteht, die Veränderung im Wachzustand zu manifestieren. Wir glauben vielleicht, noch nicht so weit zu sein, um uns mit einer Angst auseinanderzusetzen, bis ein Traum enthüllt, das die Energie tatsächlich in uns ist und uns dabei unterstützt, den Schritt zum Neubeginn zu wagen.

Neben der Arbeit mit den Symbolen in Ihren Träumen sollten Sie auch auf Symbole achten, die im Alltag auftauchen. Wenn Ihnen immer wieder ein Liedertext oder eine Gedichtzeile einfällt oder Sie öfter einem ungewöhnlichen Gegenstand oder einem Tier begegnen, während Sie Ihren alltäglichen Beschäftigungen nachgehen, oder Ihnen Worte in den Sinn kommen, die etwas mit Ihnen zu tun haben, schenken Sie ihnen Beachtung. Auch dann, wenn Ihnen ein Traumsymbol auch im Alltag erscheint. Ergründen Sie die Bedeutung des Symbols mithilfe des inneren Dialogs und der Meditation.

Arbeiten mit der Natur

Wenn Sie Zeit in der Natur verbringen, öffnen Sie sich für die Energie und das Wissen, das durch die Elemente (Erde, Luft, Feuer und Wasser), Lebewesen und Pflanzen übertragen wird. Darüber hinaus rufen Sie während Ihres Ausflugs mithilfe von schamanischen und jungianischen Ritualen diese Naturkräfte herbei, die Sie bei der Veränderung Ihres Lebens und beim Verfassen einer neuen Lebensgeschichte unterstützen.

Die göttliche Quelle hat die Natur erschaffen und durchdringt sie, sodass sie ein Abbild des Göttlichen ist. Der Vogelgesang, die Geräusche der Eichhörnchen, das Rauschen der Wellen und der Blätter prägen sich den entsprechenden Gehirnregionen in Form von Sinneswahrnehmungen ein. Sie schenken uns Ruhe und tragen dazu bei, dass unser Gedankenkarussell zum Stillstand kommt. Wenn wir uns in der Natur aufhalten, fällt es uns leichter, über die Zyklen des Heranwachsens, von Tod und Wiedergeburt nachzudenken und darüber, wie wir innere Ausgeglichenheit und Abwechslung im Leben ausbalancieren. Wir brauchen Raum zum Nachdenken, damit wir bessere Geschichten für uns und das größere Ganze der Menschheit schreiben können. Schamanen wissen seit Anbeginn, dass uns die Natur bei diesem wichtigen Prozess des Nachdenkens und Träumens unterstützt.

Eine Frau, die schamanisch gearbeitet und die dabei gewonnenen Erkenntnisse in ihre neue Lebensgeschichte integriert hatte, beschreibt die Wirkung der Natur auf sie folgendermaßen:

»Wie komme ich mit all den Verpflichtungen in meinem Leben klar? Wie gelingt es mir, zum richtigen Zeitpunkt Spaß zu haben, und wie übernehme ich meine Führungsposition mit Würde, wenn ich dazu aufgerufen bin? Wie kann ich denjenigen helfen, die einen Großteil ihrer Zeit in der gleichen Hoffnungslosigkeit und Verzweiflung verbringen wie ich vor Kurzem? Wie schaffe ich all das, während ich gleichzeitig meine Familie versorge und eine gute Mutter bin? Diese Fragen bewegen mich. Ich könnte wahrscheinlich schneller Antworten darauf finden, wenn ich mich einen Monat lang in ein spirituelles Retreat zurückziehen würde, doch das Leben fordert mich jeden Tag: als Mutter von kleinen Kindern, als Führungskraft einer Firma, die vor Herausforderungen gestellt ist, und als Partnerin in einer neuen Beziehung. Ich wurde dazu ermutigt, so viel Zeit wie möglich in der Natur zu verbringen, und habe festgestellt, dass dieser gute Rat erstaunlich wirkungsvoll war. Ich nehme die Blätter der Bäume, die Planetenbewegungen am Himmel oder die Mondphasen und das Wasser des Sees viel bewusster wahr ... und diese Beobachtungen helfen mir, mich wieder mit dem göttlichen Geist zu verbinden.«

Vor einigen Jahren nahm ich an einer Konferenz über C. G. Jung und Religion teil. Die Diskussionen waren größtenteils sehr verkopft. Doch während der Vorträge schilderten einige der Redner ihre Erfahrungen in der Natur – in den Wäldern, im Garten oder am Wasser. Danach hatte ich jedes Mal das Gefühl, dass sich der Klang ihrer Stimme ebenso veränderte wie ihre Haltung – sie wirkten entspannter, natürlicher und konnten die Zuhörer begeistern. Sich in der Natur aufzuhalten hilft dabei, vom Kopf in unser Herz zu kommen.

Schamanen kommunizieren regelmäßig mit der Natur und dem Göttlichen, das jeder Schöpfung innewohnt, indem sie draußen Zeremonien und Rituale abhalten. Wenn sie in der freien Natur praktizieren, beziehen sie oftmals die Elemente der Natur mit in ihr Ritual ein – indem sie beispielsweise Wasser, Feuer, Blumen, Holz usw. verwenden.

Schamanen glauben, dass das Göttliche durch alle Aspekte der Natur zu uns spricht. Sie wissen, dass Tiere über ein Bewusstsein und Intelligenz verfügen. Ein Schamane erkennt die Bedeutung einer Begegnung mit einem bestimmten Lebewesen oder einer Landschaftsformation, einem Wetterereignis oder anderen Naturerscheinungen. Auch Sie können bewusst mit diesen Erscheinungen oder Formationen umgehen, indem Sie sich von Ihrer Intuition leiten lassen, um zum Beispiel zu verstehen, warum plötzlich ein junger Fuchs Ihren Weg gekreuzt hat oder warum das Licht, das durch die Blätter fällt, ein bestimmtes Muster auf dem Boden ergibt, das eine Botschaft für Sie enthält. Verbringen Sie Zeit in der Natur, hören Sie den Elementen zu und sprechen mit ihnen. Sie können auch Kontakt mit dem Wasser der Meere, Seen, Flüssen und Strömen aufnehmen, den Bergen, den Wüsten, Wildblumen, Vögeln, Fischen, dem Sand, der Sonne, dem Mond und den Sternen oder jedem anderen Aspekt des Naturreichs.

Obwohl es schwierig sein kann, sich vorzustellen, dass alle natürlichen Erscheinungen eine Energie besitzen, mit der Sie in Verbindung treten können, möchte ich Sie daran erinnern, dass sogar die scheinbar überaus dichte und unbewegte Materie in einem Felsen nur so vor Energie sprüht. Laut der Schamanen ist die Schwingung des Gesteins niedriger als beispielsweise die Energiefrequenz der Bäume und Tiere. Doch selbst wenn das so ist, enthalten die Felsen eine Unmenge Energie. Sie werden die Qualität ihrer Energie erkennen, wenn Sie mit ihnen praktizieren und kommunizieren. Freunden Sie sich mit den Steinen und der übrigen Natur an. Sie werden feststellen, dass Sie allmählich spüren können, was die Natur erlebt und gesehen hat.

Als ich einmal durch alte Ruinen in Peru lief, spürte ich dort Schmerz und Traurigkeit. Doch ich nahm auch die Transzendenz wahr, die ebenfalls präsent war. Ich erkannte, dass die alten Steine ein Bewusstsein hatten und die Energie der Geduld in sich trugen. Ich sprach mit ihnen, um etwas darüber zu erfahren, was sie mich lehren konnten. Sie erklärten mir, ich sollte meine Energie klug einsetzen, damit ich ein paar Aufgaben gut erfüllen könne, anstatt mich bei dem Versuch zu verausgaben, viele Dinge auf einmal, aber deshalb nur oberflächlich zu erledigen.

Geduld

Geduld bedeutet,
auf Führung zu warten,
wenn sie von einer inneren Stimme stammt.
Geduld erfordert,
die Erwartung loszulassen,
dass sich die Dinge rechtzeitig und
in einer bestimmten Art und Weise entfalten müssen,
und den Tanz der Ereignisse im Leben,
die wir beeinflussen können,
mit denen, auf die wir keinen Einfluss haben, anzunehmen.

Geduld ist nur eine von vielen Qualitäten der Natur. Wenn Sie sich mit transpersonalen Dimensionen einschließlich der Natur beschäftigen, versuchen Sie, eine persönliche Beziehung zu allen Wesen herzustellen, denen Sie dabei begegnen. Ehren Sie die Begegnung so, als würden Sie mit einem lieben Freund Zeit verbringen, und werden Sie sich Ihrer emotionalen Reaktion auf die Natur und den Austausch mit ihr bewusst.

Als ich einmal mit einem Schamanen über das Feuer sprach, fragte er mich: »Was bedeutet es für dich?« Ich antwortete, Feuer enthielte alle vier Elemente: Natürlich Feuer, aber auch Luft, weil sie das Feuer schürt und deshalb im brennenden Holz vorhanden ist. Aber das Holz enthält auch Wasser und Erde, die den Baum ernährt haben, und deshalb vom Feuer verzehrt werden. »Feuer«, sagte ich, »nimmt auf, verzehrt, befreit, verwandelt und verwertet die Elemente ebenso, wie es Erde, Luft und Wasser tun.« Dann fragte ich ihn, welche Bedeutung Feuer für ihn habe. Er erwiderte, das Feuer sei sein Freund, der ihn tröste und beschütze, ihn nähre und glücklich mache. Wir spürten, dass beide Antworten stimmig waren, doch seine bewies, dass er eine persönliche Beziehung zum Feuer hatte anstatt einer verkopften Vorstellung davon, welche Bedeutung es haben könnte.

Eine Frau begab sich in die Natur, um eine Sandmalerei anzufertigen (ein Ritual, über das Sie später mehr erfahren werden) und erzählte dann die folgende Geschichte:

»Ich ging zu einem Ort, an dem es eine Stelle mit trockenem, ausgedörrtem Erdboden gab. Um sie herum wuchsen Unkraut und Gras. Ein großer, alter, wunderschöner Baum spendete Schatten. Der Erdboden war an einer Stelle herzförmig aufgebrochen, sodass ich sehen konnte, was sich darunter befand, und einen Zugang in sein Inneres fand. Ich spürte keinen Impuls, dort eine Sandmalerei anzufertigen, entschied mich jedoch, mit dieser Naturerscheinung zu sprechen.«

Frau: Wie wurdest du geformt? Wie ist das passiert?

Antwort: Alle Elemente wirkten auf mich ein – die Erde, das Wasser, das Feuer, die Hitze der Sonne und der Wind. Damit diese Form genauso entstand, waren sie alle notwendig.

Frau: Welche Botschaft bringst du mir?

Antwort: Wenn du dich öffnen, loslassen oder dich verwandeln möchtest, geh hinaus in die Natur und erlaube ihr, auf dich einzuwirken. Du musst dich ihr nicht mit großem Ernst oder Verständnis nähern und kein bestimmtes Ritual und keine perfekte Zeremonie abhalten. Geh einfach hinaus. Du wirst dich dabei nach und nach verändern, so wie ein Stein verwittert und seine harten Kanten vom Wasser geschliffen werden.

Frau: Was kann ich für dich tun?

Antwort: Werde weicher und trinke mehr Wasser. Lass zu, dass du flexibler und geschmeidiger wirst. Erlaube deinen saftigen Wesensanteilen, sich zu zeigen.

Frau: Das klingt aber nach etwas, das ich für mich und nicht für dich tun soll!

Antwort: Ja, aber sind wir denn nicht eins?

Frau: Aber wenn ich weicher werde, hindert es mich dann nicht daran, mich für die Energien zu öffnen, die ich brauche?

Antwort: Du musst dich nicht noch mehr öffnen. Du bist bereits offen. Du brauchst mehr Sanftheit, Freude, Lachen und Leichtigkeit. Deine Anmut wird das anziehen, was du dir wünschst. Entspanne dich und bleibe offen. Versteife dich nicht und verdorre nicht.

Frau: Wenn ich darüber nachdenke, klingt es, als würde ich in Anmut älter werden. Ist das deine Botschaft? Kann ich auf diese Weise anmutig älter werden?

Antwort: Ja, und es bedeutet noch viel mehr. Vertraue, warte ab und mach weiter so – geh hinaus in die Natur –, dann wird deine Anmut dich erhellen. Die Verwirrung wird sich legen. Liebe aus ganzem Herzen. Es ist wirklich in Ordnung!

Frau: Danke, dass du mit mir gesprochen hast.

Antwort: Ich bin hier, um auch in Zukunft mit dir zu sprechen.

Die Frau war bereit, mit einem Ort in der Natur so zu sprechen, als wäre er ein alter Freund, der seine Weisheit mit ihr teilt.

Obwohl es Ihnen vielleicht leichter fällt, in der Absicht, mit der Natur zu kommunizieren, in die freie Natur gehen, ist es auch eine wertvolle Erfahrung, einfach Zeit in der Natur unter den Bäumen, dem Himmel und im Gras zu verbringen, ohne einem bestimmten Plan zu folgen. Wenn dann ein synchrones Ereignis passiert oder Sie ein Tier, eine Pflanze oder einen Felsen entdecken, zu dem Sie sich hingezogen fühlen, nehmen Sie damit Verbindung auf.

Mit Hilfe der göttlichen Quelle werden Sie offen für die Stimme des ganzen Naturreichs, das Sie umgibt, und gewinnen Erkenntnisse und Energie für Ihre neue Lebensgeschichte.

Bedeutungen

Der Schmetterling flattert herum und fragt sich,
was aus ihm als Nächstes wird.
Er wurde auf einem Löwenmäulchen erleuchtet und vergaß
die Frage.
Die Blume erblühte und verwelkte,
sie wusste nie, ob sie eine Metapher oder ein Symbol war.

Finden Sie Möglichkeiten, in Harmonie mit der Natur in Ihrer Umgebung zu leben. Drücken Sie Ihre Dankbarkeit und Wertschätzung für sie aus. Die Natur kann Ihre Aufmerksamkeit spüren und wird darauf reagieren.

Sie können lernen zu spüren und wahrzunehmen, dass die Natur Sie beobachtet, so wie Sie sie beobachten. Versuchen Sie, die Natur zu fühlen und intuitiv zu erfahren. Sie werden wahrnehmen, wann Sie sich im Ayni befinden und ein Leben führen, das Ihnen und der göttlichen Quelle gefällt, wenn Sie die Natur genießen und sich nicht vorstellen können, sie auszubeuten oder zu zerstören.

Jeder von uns ist ein Teil der Natur und untrennbar mit ihr verbunden. Wir können ihr unseren Respekt beweisen, indem wir weniger ökologische Fußabdrücke auf dem Planeten hinterlassen, die Tiere und Pflanzen schützen und neue Arten entdecken und sie gut behandeln. Wenn wir die Natur achten und bewusst und aufrichtig mit ihr umgehen, werden sich unser Leben und unsere Beziehung zum Naturreich verändern. Wenn wir draußen sind, werden wir Tiere und Pflanzen entdecken, die wir vorher übersehen haben. Wir werden synchrone Ereignisse erleben, die uns spiegeln, was gerade auf unserer Seelenreise passiert. Genau das geschah, als das verlöschende Feuer, mit dem ich praktiziert hatte, plötzlich wieder aufflackerte, als ich mich im Stillen meinem schamanischen Weg tiefer verpflichtete.

Um Ihre Verbundenheit mit dem Naturreich zu bekräftigen, können Sie Gegenstände aus der Natur mit in Ihre Rituale einbeziehen. Blätter, Steine, Wasser und natürliche Objekte dienen als symbolische Stellvertreter von Gefühlen, Problemen, energetischen Einflüssen usw.

Sie können sich auch von Natureindrücken inspirieren lassen. Ein Mann, der mit Menschen arbeitete, die sich um einen Ausbildungsplatz bewerben wollten, schildert folgende Begebenheit:

»Meine Arbeit kann für mich und diejenigen, mit denen ich zu tun habe, mühsam und langweilig sein. Nach Begegnungen mit Totems und Krafttieren hatte ich den Impuls, die Maus und die Eule zur Beschreibung unserer Zusammenarbeit zu verwenden. Erstens arbeitet das Team wie die Mäuse, die überall herumjagen und in all die winzigen Verstecke kriechen, um dort Daten für den Bericht zu finden. Dann verhält es sich wie die Eulen, welche die Datenmäuse jagen und fressen. Als Eulen erlangen die Teammitglieder eine breitere Perspektive für die wichtigen Details. Die Eulen produzieren daraufhin ein Gewölle, das alle ‚Knochen' oder wesentlichen Bestandteile enthält, die dann wieder zusammengesetzt werden können, wenn man sie aus dem Gewölle sammelt, und die ein sinnvolles Informationsskelett ergeben. Diese Erklärung der Arbeitsweise war sehr unterhaltsam und vermittelte genau, worin die Aufgaben bestanden. Es sprach die unglaubliche Begabung der Menschen an, die als Team zusammenarbeiteten, um ein ‚Gewölle' hervorzubringen.«

Vielleicht gefallen Ihnen Rituale und Zeremonien, um mit archetypischen Energien zu praktizieren. Wenn Sie möchten, können Sie Symbole und Bilder aus der Natur miteinbeziehen, die eine Bedeutung für Sie haben. Als Nächstes werden Sie etwas über einige traditionelle Rituale und Zeremonien erfahren, die Sie allein oder mit einer Gruppe durchführen können, und lernen, wie Sie Symbole und Gegenstände noch wirkungsvoller einsetzen.

Kapitel 11
Rituale und Zeremonien für die Manifestation Ihrer neuen Lebensgeschichte

Wir können Rituale und Zeremonien nutzen, um unsere Gegenwart loszulassen und Raum für die Verwirklichung unserer neuen Lebensgeschichte zu schaffen. Beide sind eine Gelegenheit, das Göttliche zu ehren und ihm zu danken, uns Zeit für Spiritualität zu nehmen und uns an einen heiligen Ort zu begeben, wo alles noch im Beginn begriffen ist und die Vergangenheit keine Macht mehr über uns hat.[15] In diesem Moment und in dieser Dimension ist alles möglich und wir erhalten dort die Energie und Information, damit wir mit den Möglichkeiten in Verbindung kommen können. Die inneren Veränderungen, die wir bewirken, entgehen vielleicht den anderen, doch während wir unser neues Leben manifestieren, zeigen sie sich allmählich.

Rituale bringen uns mit archetypischen Geschichten in Berührung. Mythen und Themen werden lebendig, die von der göttlichen Quelle stammen und über die Menschheitsgeschichte hinweg in allen Kulturen auftauchen. Diese Geschichten kommen auf viele verschiedene Arten zum Ausdruck, aber ihre universell gültigen Eigenschaften sind immer gegenwärtig. Wir halten Rituale ab, damit wir Geburt, Tod, Heirat, Jagdglück, Aussaat und viele andere Aktivitäten feiern. Das Ritual an sich hilft uns, uns mit unserer Erfahrung nicht allein zu fühlen und zu spüren, dass wir universelle Ereignisse mit anderen teilen. Sogar ein Stadtmensch, der keine Ernte auf dem Land miterlebt hat, kann ein Ritual verwenden, um mit der Energie der Ernte in Kontakt zu kommen und um sein neues Leben und sich selbst damit aufzuladen.

Lange dachte ich, Rituale und Zeremonien erforderten viel Aufwand und

---

15 Siehe bei Mircea Eliade: »*Das Heilige und das Profane: Vom Wesen des Religiösen*«

Vorbereitungszeit. Doch inzwischen habe ich herausgefunden, dass nur die Präsenz und Konzentration nötig ist, damit sie wirken. Wir müssen uns nicht an formale Abläufe halten und brauchen keine bestimmten Requisiten. Rituale und Zeremonien, die mit Absicht, Energie, Hingabe, Respekt und Dankbarkeit ausgeführt werden, um die göttliche Quelle zu ehren und mit ihr in Verbindung zu kommen, sind wirkungsvoll – selbst wenn nur Sie allein daran teilnehmen und die / der Einzige sind, die / der sich in einen anderen Bewusstseinszustand versetzt.

Wenn Sie spirituelle Ahnen haben, das heißt mit einer Ahnenreihe von Lehrern und Adepten einer bestimmten Weisheitslehre verbunden sind, können Sie den Vorschriften für die Rituale und Zeremonien der jeweiligen Tradition folgen. Doch sollten Sie diesen Ritualen blind gehorchen und sie ohne Gefühl oder Verbundenheit mit dem Göttlichen ausführen, werden sie bedeutungslos. Dann gewinnen Sie keine neuen Erkenntnisse oder laden sich nicht mit neuer Energie auf. Dann tun Sie nichts anderes, als einem vorgegebenen Ablaufplan zu folgen.

Mit Ritualen und Zeremonien arbeiten

Ein Ritual oder eine Zeremonie kann verwendet werden, um Dankbarkeit und Respekt auszudrücken, Nähe oder Harmonie herzustellen, unerwünschte Energien aufzulösen und bestimmte andere Energien in Ihr Leben fließen zu lassen, wie die Energie der Einweihung, des Todes usw. Wir können Zeremonien und Rituale auch abhalten, um unsere verletzten, unglücklichen Wesensanteile zu heilen. Sie könnten die Absicht bekunden, weniger launisch, kritisch oder abhängig von trostspendenden Nahrungsmitteln werden oder sich mehr auf die positiven Seiten Ihrer Arbeit konzentrieren zu wollen. Sie könnten sich auch wünschen, ein Ritual oder eine Zeremonie für die Verwirklichung eines neuen Kapitels aus Ihrer Lebensgeschichte zu machen, um den Abschluss einer Lebensphase und den Neubeginn zu feiern.

Um den Einfluss einer bestimmten Energie zu vermindern und eine andere Energie in Ihr Leben zu holen, ist wahrscheinlich mehr als ein Ritual erforderlich. Sie können mit einem beginnen und später andere Rituale zur Unterstützung verwenden, um alte Gewohnheiten abzulegen und Energien aufzulösen, die Ihnen geschadet haben. Alle Energien stammen von der göttlichen Quelle und stehen jedem zur Verfügung.

Rituale und Zeremonien verbinden Sie mit der göttlichen Energie. Wenn Sie diese Verbindung wahrnehmen oder spüren, gibt es viele gute Möglichkeiten, um mit der göttlichen Quelle zu sprechen und sie um Hilfe zu bitten. Wie bei den Schamanenreisen brauchen Sie innere Ruhe und Offenheit, um die göttliche Stimme hören zu können. Deshalb sind die Vorbereitungen wie das Öffnen des heiligen Raums, das Reinigen des Energiefelds und die Veränderung des Bewusstseins durch bewusstes Atmen von wesentlicher Bedeutung. Wenn Sie draußen in der Natur praktizieren, denken Sie daran, dass Sie während der Öffnung des heiligen Raums auch die Naturgeister zur Zeremonie einladen sollten. Diese Naturgeister sind Energien der Natur, und manche Menschen glauben, die Geister von Menschen, die in dieser Gegend einmal gelebt haben, wohnen in ihnen. Indem Sie diese Geistwesen einladen, mit Ihnen zu praktizieren, ehren Sie sie und tragen zu deren Heilung bei.

Die Botschaften, die Sie von der göttlichen Quelle empfangen, kommen in vielfältiger Weise zum Ausdruck. Sie können in Form von Worten erscheinen, aber auch als Farbe, Musik, Duft, Inbild und Empfindung, die als Metaphern dienen. Wenn Sie mit dem Göttlichen kommunizieren, können auch Sie all diese Ausdrucksmittel benutzen, um Ihre Botschaft zu übermitteln. Wenn Sie den heiligen Raum öffnen und sich an die vier Himmelsrichtungen wenden, sollten Ihre Bewegungen deutlich machen, dass Sie die Kraft respektieren, die mit der Himmelsrichtung verbunden ist. Sie können bei Ihrer Anrufung Worte verwenden und Farben oder Bilder visualisieren, die hilfreich sind, um sich mit bestimmten Energien zu verbinden, zum Beispiel die Vorstellung eines Jaguars, wenn Sie sich nach Westen wenden, und das Bild eines Kolibris, wenn Sie den Norden anrufen, oder irgendeine andere Visualisierung, die Sie mit der jeweiligen Himmelsrichtung assoziieren. Wenn Sie im Anschluss daran den Kräften des

Himmels und der Erde Ihren Respekt erwiesen haben, können Sie entsprechende Bilder visualisieren, die für diese Kräfte stehen oder sie verkörpern.

Die von mir empfohlenen Rituale und Zeremonien können allein oder in der Gruppe gemacht werden. Wenn Sie ein Gruppenritual veranstalten, kann der Vergleich der Erfahrungen der einzelnen Teilnehmerinnen und Teilnehmer im Anschluss sehr aufschlussreich sein. Manchmal tauchen bei einigen die gleichen Bilder und Gefühle auf, während sie dem Ritual gemeinsam beiwohnen. Dann könnten Sie überlegen, warum mehrere Menschen die gleiche Botschaft erhalten haben.

Das erste Ritual, mit dem ich Sie bekannt machen möchte, ist die Sandmalerei. Sie wird in traditionellen, indigenen Gesellschaften verwendet und ähnelt der Sandkastenarbeit nach C. G. Jung. Später werde ich erklären, wie Sie eigene Rituale und Zeremonien finden können, um Zugang zu Energien und Erkenntnissen zu erlangen, die Ihnen beim Verfassen, Überarbeiten und Verwirklichen einer neuen Lebensgeschichte nützlich sein werden.

Sandmalerei

Eine Sandmalerei ist eine symbolische energetische Darstellung einer Person oder von Aspekten aus deren Leben, die zu Erkenntnissen führt und neue Energien freisetzt. Das Alltagsbewusstsein kann sich die komplexen Zusammenhänge der verschiedenen Ereignisse und Situationen in unserem Leben und deren Einfluss auf uns nur schwer vorstellen. Indem Sie mithilfe von Symbolen in einem Sandgemälde mit dem Unbewussten arbeiten, können Sie wertvolle Einsichten gewinnen und neue Energien zur Veränderung Ihres Lebens erschließen.

Eine Möglichkeit, im Freien eine Sandmalerei zu gestalten, besteht darin, mit einem Stock auf dem Boden einen Kreis zu malen und ihn mit Naturgegenständen wie Steinen, Holzstücken und Blumen zu füllen, die mit bestimmten Lebensbereichen oder emotionalen Themen und Verhaltensweisen verbunden sind, mit denen Sie sich beschäftigen möchten. Sie können auch drinnen arbeiten und ein Sandgemälde mit Papier und Bleistift anfertigen und Symbole zeichnen. Bei der Sandmalerei ist es das Wichtigste, dass Sie sich vom Unbewussten und der Intuition leiten lassen, wo Sie die Objekte im Kreis anordnen, und zu spüren, wo sie hingehören, anstatt sich mit dem Alltagsbewusstsein eine logische Anordnung auszudenken. Wenn Sie sich mit Ihrer Angst konfrontieren möchten, die Sie daran hindert, Ihre Ziele und gewünschten Veränderungen zu erreichen, könnten Sie sich einen Gegenstand in der Natur suchen, der für Sie die Angst symbolisiert – vielleicht ein Stock, Stein oder Blatt, dessen Form Ihnen ins Auge springt. Während Sie den Gegenstand in der Hand halten, atmen Sie bewusst durch ihn aus und stellen sich dabei vor, dass Sie die Angst auf ihn übertragen. Danach legen Sie ihn an einer passenden Stelle auf Ihr Sandgemälde. Dann betrachten Sie die Lebensbereiche, in denen Sie die Angst blockiert, und übertragen die unterschiedlichen Befürchtungen – wie die Angst, keine gute Mutter oder kein guter Vater zu sein, oder die Angst, bei der Beförderung übergangen zu werden – mit Ihrem Atem in verschiedene Gegenstände. Während Sie mit der Sandmalerei praktizieren, werden Sie Ihre Ängste besser verstehen.

Bei der Anfertigung einer Sandmalerei können Sie sich mit einem Gefühl oder Verhalten beschäftigen, wie zum Beispiel mit Angst, Ambivalenz oder Ablehnung. Sie könnten sich auch mit einem Thema aus Ihrem Leben auseinandersetzen wie Ihrer Gesundheit oder Berufung. Es kann auch hilfreich sein, sich mit zwei Aspekten Ihres Lebens zu konfrontieren, von denen Sie vermuten, dass Sie in einem Zusammenhang stehen – wie die Gesundheit mit dem seelischen Befinden.

Wenn Sie Ihre Sandmalerei fertiggestellt haben, betrachten Sie die Muster, die entstanden sind, und denken Sie über ihre Bedeutung nach. Welche Objekte haben Sie beispielsweise für sich und Ihre Gefühle in Beziehungen ausgewählt? Welche Gegenstände stehen für Ihre Arbeit, Ihre Hobbys und Ihre Gesundheit? Wo im Kreis haben Sie sie hingelegt und warum? Als ich einmal ein Sandgemälde anfertigte, trat ich zurück und erkannte, dass ich die Symbole für die verschiedenen Lebensbereiche so angeordnet hatte, dass sie sich nicht berührten. Mir wurde meine Gewohnheit bewusst, mein Leben zu unterteilen, und die Weisheit, die ich in einem Bereich erlangt hatte, nicht auf einen anderen zu übertragen.

Wenn Sie Ihre Sandmalerei zum ersten Mal betrachten, könnten Sie etwas übersehen. Wenn Sie sie später noch einige Male ansehen, werden Ihnen wahrscheinlich Dinge auffallen, die Ihnen vorher entgangen sind und durch die Sie neue Erkenntnisse erlangen können. Sprechen Sie mit den Gegenständen und ihrer Energie, um mehr zu erfahren.

Der Zweck der Praxis mit Sandmalerei besteht darin, einen objektiven Blick zu erlangen, der Ihnen vielleicht fehlt, wenn Sie Ihre Themen innerlich bearbeiten, indem Sie psychologisch analysieren oder mit Ihren Emotionen in Kontakt kommen, während Sie darüber nachdenken. Wenn Ihre Themen von materiellen Gegenständen dargestellt werden, die Sie dafür ausgewählt haben, fällt es Ihnen leichter, sich damit zu identifizieren, weil Sie eine Darstellung in der Außenwelt geschaffen haben, die Sie sehen und beeinflussen können. Sie können Ihre Gefühle erforschen, ohne so sehr von ihnen gefangen genommen zu werden, dass Sie blind dafür sind, was sie daraus lernen und über sich und Ihr Leben erkennen sollten.

Stellen Sie keine anderen Menschen in Ihren Sandmalereien dar – nur Ihre Gefühle für sie. Sie könnten zum Beispiel ein Objekt für Ihre Gefühle für Ihren Ex-Partner oder für »Mutterschaft« oder »Vaterschaft« anstatt für Ihr Kind wählen, um nicht unerlaubt auf die Energie eines anderen Menschen einzuwirken.

Eine Sandmalerei in der Natur anzufertigen kann besonders wirksam sein, um eine Transformation herbeizuführen. Wenn Sie im Freien arbeiten, laden Sie die Energien der Natur und des Kosmos ein, Sie bei der Heilung zu unterstützen und die einzelnen Aspekte, die von Ihrem Sandgemälde symbolisiert werden, ins Gleichgewicht zu bringen. Sie können die Energie des Südens anrufen, verkörpert von der Schlange oder Anakonda, um den Schmerz der Vergangenheit abzuwerfen und sanft auf Mutter Erde zu wandeln. Sie könnten die Energie des Westens, des Jaguars oder Pumas, rufen, damit sie Ihnen hilft, Ihre Balance zu finden.

Sie können eine Sandmalerei auch einige Tage dort belassen, um später zurückzukehren und nachzuschauen, wie sie sich verändert hat, oder um selbst etwas daran zu verändern. Sie können weitere Symbole hinzufügen oder Gegenstände entfernen oder sie an eine andere Stelle im Kreis hinlegen, die Ihnen passender erscheint. Die Anordnung der Sandmalerei kann Ihnen Informationen über innere Entwicklungsprozesse liefern. Ist sie überfüllt, unausgewogen, gespalten, groß oder klein? Drängt es Sie dazu, die Symbole anders anzuordnen? Gibt es einen Aspekt, der nirgends dazuzugehören scheint und scheinbar nicht zu den anderen Wesensanteilen passt? Hat die Natur Gegenstände entfernt oder neue hinzugefügt? Welche Bedeutung erkennen Sie darin?

Wenn Sie möchten, können Sie mit der Sandmalerei kommunizieren und folgende vier Fragen stellen:

- Welche Botschaft bringst du mir?
- Was willst du von mir?
- Kannst du mir ________ geben? (Tragen Sie hier Ihre Bitte ein.)
- Was kann ich für dich tun?

Wenn Sie das Gefühl haben, von den Symbolen alles erfahren zu haben, was notwendig ist, bewegen Sie Ihre Arme so, als würden Sie die Energie aus dem Bild schöpfen, und übertragen Sie sie mit Ihren Händen dort auf Ihr Energiefeld, wo es Ihnen richtig erscheint. Geben Sie alle Gegenstände, die Sie verwendet haben, zurück an die Natur und entfernen Sie alle Spuren der Sandmalerei. Versetzen Sie den Ort wieder in seinen ursprünglichen Zustand, so als hätte es Ihre Sandmalerei nie gegeben, damit Sie nicht mehr von ihrer Energie beeinflusst werden. Auf diese Weise können Sie neu beginnen und Ihre neue Lebensgeschichte verwirklichen. Sie haben die Energie der Sandmalerei integriert.

Bei der Anfertigung und Praxis mit einer Sandmalerei kommen Sie in einen symbolischen und energetischen Austausch mit der göttlichen Quelle, doch wie bei allen schamanischen Ritualen müssen Sie die Erfahrung umsetzen und die veränderte Energie zum Ausdruck bringen. Vielleicht sind noch einige Schamanenreisen und innere Dialoge erforderlich, um herauszufinden, warum sich Ihr Unbewusstes der Transformation, die Sie sich bewusst wünschen, noch widersetzt. Veränderung geschieht schrittweise und wird allmählich stärker. Der Wunsch nach einer dramatischen, einschneidenden Veränderung im Leben, die Ihre Geschichte für alle Zeit verwandeln und Sie von Ihren alten Gewohnheiten heilen wird, entspringt dem Ego. Amüsieren Sie sich darüber, doch erwarten Sie nicht, dass sich diese Wunschvorstellung durch irgendein Ritual erfüllen wird, egal wie mächtig es zu sein scheint, wenn Sie es durchführen.

Nachdem Sie eine Sandmalerei angefertigt, mit ihr praktiziert und sie wieder entfernt haben, beantworten Sie folgende Fragen in einem Tagebuch und lesen Sie Ihre Antworten später noch einmal durch, um herauszufinden, ob Sie etwas Neues erkannt haben:

- Wie fühlte es sich an, eine Sandmalerei anzufertigen?
- Warum haben Sie den Platz für die Sandmalerei ausgewählt?
- Wie haben Sie die Themen, Probleme und Lebensbereiche ausgesucht, die Sie in Ihrer Sandmalerei abgebildet haben?
- Welche Gegenstände haben Sie für die Lebensbereiche ausgewählt, mit denen Sie sich beschäftigen wollten? Warum haben Sie sich für diese bestimmten Objekte entschieden?
- Wie fühlte es sich am Anfang an, mit dem Sandgemälde zu praktizieren?
- Haben Sie sich wiederholt damit beschäftigt und welche Botschaft übermittelte es, nachdem Sie noch einmal darauf zukamen?
- Wie fühlte es sich an, als Sie die Energien der Sandmalerei auf Ihr Energiefeld übertrugen, bevor Sie die Sandmalerei wieder entfernten?
- Welche Veränderungen zeigten sich oder welche Entwicklungen kamen infolge der Praxis mit Ihrem Sandgemälde in Gang?

Feuerzeremonien

Seit Millionen von Jahren gibt es in allen indigenen Kulturen auf der Welt Feuerzeremonien. Sie tragen dazu bei, sich von alten Energien zu befreien, sich für neue zu öffnen und Raum für neue Möglichkeiten in unserem Leben zu schaffen. So können wir in Einklang mit unserer neuen Geschichte leben, anstatt in der gegenwärtigen stecken zu bleiben. Wenn Sie gerade einige energetische Veränderungen erfahren haben – vielleicht aufgrund von Schamanenreisen und dem inneren Dialog oder der Praxis mit Sandmalerei –, kann Ihnen eine Feuerzeremonie mehr transformierende Energie schenken und vielleicht auch zu neuen Erkenntnissen verhelfen.

Holz oder Papier stammt von den Elementen Feuer (der Sonne), Wasser, Luft und Erde (mittels Nährstoffen) ab. Wenn Sie diese Materialien verbrennen, setzen Sie die Energie dieser Elemente frei. Alle werden vom Feuer repräsentiert und transformiert. Durch das Verbrennen von Holz oder Papier befreien Sie sich von etwas (vom Holz oder Papier), erschaffen jedoch auch etwas Neues (Asche, Hitze, Licht, Rauch). Etwas stirbt und etwas anderes wird geboren.

Pusten Sie mit Ihrem Atem die Energie von etwas, von dem Sie sich und Ihre Aura befreien möchten, in einen Stock. Wenn Sie sich beispielsweise von dem Wunsch lösen möchten, etwas Besonderes sein zu wollen, der aus Ihrem Ego kommt, können Sie ihn mit Ihrem Atem auf einen Stock oder ein Blatt Papier übertragen. Diesen Stock oder dieses Blatt Papier können Sie dann rituell verbrennen. Dann hauchen Sie mit Ihrem Atem Ihre Absicht für das, was geboren werden soll – zum Beispiel mehr Bescheidenheit –, in einen anderen Stock oder ein anderes Blatt Papier und verbrennen es.

Pusten Sie das, was gelöst werden soll, in den ersten Stock und in den zweiten das, was Sie dazugewinnen möchten. Wenn Sie beide Stöcke verbrennen, können Sie die beiden Energien austauschen, wie die Energie des egoistischen Bedürfnisses gegen die der Bescheidenheit. Eine Frau pustete die Energie des Vergleichens, der Unzufriedenheit mit dem, was sie besaß, und dem Wunsch nach mehr, in den ersten Stock und in den zweiten Stock alles, wogegen sie diese Energie austauschen wollte: Dankbarkeit für das, was sie besaß, das Positive in ihrer augenblicklichen Situation erkennen und das, was sie hatte, zu genießen und das Beste daraus zu machen. Der Rauch des Feuers wird die alte, unbrauchbare Energie forttragen, und die Schamanen glauben, dass er auch Ihr Gebet um Veränderung hinauf in den Himmel schickt. Sie können die Energie der Verwandlung in Form von Hitze spüren, die in Ihnen aufsteigt. Wenn Sie möchten, können Sie mit Ihren Händen die reinigende und belebende Qualität des Feuers in Ihr Energiefeld übertragen und an die Stelle bringen, die sich richtig anfühlt, wie zum Beispiel auf den Bauch, das Herz oder den Kopf. Nachdem Sie symbolisch abgeschüttelt haben, was gelöst werden muss, und in sich aufgenommen haben, was dazugewonnen werden muss, können Sie das Feuer bitten, Sie in Harmonie zu bringen.

Zuletzt pusten Sie Ihre Wünsche für das Wohl des Planeten und Ihre Dankbarkeit in einen Stock, um Pachamama, Mutter Erde, zu ehren und auf diese Weise Ihre Verbundenheit mit der Erde und ihren Energien zu bekräftigen. Dann legen Sie den Stock ins Feuer. Wenn Sie Ihren Wunsch, zum Wohl aller Menschen und Lebewesen beitragen zu wollen, noch einmal kundtun, können Sie die Verbindung mit den Energien und Wesen, die Sie umgeben, besser spüren. Sie erkennen die Hilfe des Feuers bei Ihrer eigenen und der kollektiven Transformation an. Vielleicht machen Sie auch die Erfahrung, die Energie der Einweihung zu empfangen, und fühlen, wie Sie zu einem Teil einer menschlichen Gemeinschaft jenseits von Zeit und überall auf dem Globus werden, die das Gleiche gefühlt und erlebt hat wie Sie, als Sie mit dem Feuer arbeiteten. Wenn Sie in Stille ein Feuer betrachten, können Erinnerungen geweckt werden, die Sie mit dem kollektiven Unbewussten von Menschen teilen, die um ein Feuer sitzen, um zu kochen, miteinander zu essen, sich warmzuhalten, zu reden, Geschichten zu erzählen, zu singen oder ein Ritual zu feiern.

Wie bei allen Symbolen und Energien, die Ihnen begegnen, können Sie das Feuer nach seiner Botschaft fragen und danach, was es von Ihnen will, damit es Sie bei Ihrer Transformation unterstützen kann. Sie können fragen, wie Sie dem größeren Ganzen dienen und harmonischer leben und Ihre neue Lebensgeschichte manifestieren können. Lauschen Sie den Antworten, die in Ihnen auftauchen. Formulieren Sie Ihren Wunsch an das Feuer, was es Ihnen geben soll. Schließlich fragen Sie es, was Sie für es tun können.

Sie können eine Feuerzeremonie mit einem großen Feuer an einer Feuerstelle im Freien veranstalten oder Sie nutzen ganz einfach die Flamme einer Kerze und pusten Ihre Wünsche in Zettel aus Papier anstatt in einen Stock und verbrennen sie anschließend. Sie können auch mit Ihren Händen eine Schale formen und Ihre Wünsche mit Ihrem Atem auf die Handflächen übertragen und sie dann mit einer Handbewegung in die Flamme schicken, die sie aufnimmt und verwandelt.

Wenn Sie eine Feuerzeremonie abhalten, wird Ihnen auf energetischem Weg spirituelle Unterstützung für die gewünschten Veränderungen zuteil. Sie sollten die Lektionen des Feuers in Ihren Alltag integrieren, um die Veränderung hervorzubringen, indem Sie richtige Entscheidungen treffen und richtig handeln.

Nach der Feuerzeremonie sollten Sie sich Zeit nehmen, um über Ihre Erfahrungen nachzudenken und Ihre Antworten auf folgende Fragen in einem Tagebuch zu notieren:

- Welche Erwartungen hatten Sie vor der Feuerzeremonie? Wurden sie erfüllt? Konnten Sie die Energien loslassen, die nicht mehr nützlich für Sie waren, neue Energien hereinholen und Energie für das kollektive Wohlergehen aussenden?
- Entsprach Ihre Erfahrung bei der Zeremonie Ihrer Erwartung oder nicht?
- Konnten Sie die Antworten des Feuers auf Ihre Fragen deutlich »hören«? Haben Sie die Antworten gespürt oder vor Ihrem geistigen Auge gesehen?
- Welche Lektionen hält das Feuer für Sie bereit?
- Wie kann Ihnen die Erfahrung bei Ihrer Feuerzeremonie helfen, Ihre Lebensgeschichte zu verändern?

Despacho-Zeremonien

Ein Despacho, das spanische Wort für »Abschicken« oder »Senden«, ist eine zeremonielle Danksagung an Mutter Erde (Pachamama) und das Göttliche. Sie stammt aus den Anden, und ich lernte sie in Peru kennen. Bei einem Despacho wird ein gefaltetes Päckchen aus Papier verwendet, in dem sich symbolische Gegenstände befinden, die während der Zeremonie dort hineingelegt werden. Das Dankgebet wird ausgesandt, wenn das Despacho rituell verbrannt wird.

Mit einem Despacho wird Mutter Erde in all ihren Erscheinungsformen geehrt, ebenso die unsichtbaren Welten, mit denen wir verbunden sind: die Vergangenheit, Gegenwart und Zukunft; die Unterwelt mit unseren vergangenen Leben, Verwundungen, Verbindungen zu den Ahnen und Potenzialen; die Mittelwelt, die für unsere irdische Existenz steht, und die Oberwelt, die unsere Zukunft mit den Möglichkeiten für unser gegenwärtiges Schicksal birgt. Die Zeremonie bezeugt auch unseren Respekt gegenüber dem Tanz der männlichen und weiblichen Energien und der Energien der harmonischen Gedanken, Liebe und liebevollen Handlungen.

Sie können eine Despacho-Zeremonie zu einem der oben genannten Ziele durchführen, aber auch um Energien loszulassen, von denen Sie sich befreien möchten, um neue Energien in Ihr Leben zu holen oder eine wichtige Veränderung zu bekräftigen und anzunehmen. Sie könnten beispielsweise ein Despacho veranstalten, nachdem Sie eine neue Einstellung zu Ihrer Gesundheit entwickelt haben oder umgezogen sind.

Despacho-Zeremonien können von einer Person, aber auch in der Gruppe durchgeführt werden, deren einzelne Teilnehmer ihre Energien in Einklang bringen müssen. Sagen wir einmal, Sie wollten nach dem plötzlichen Tod eines Familienmitglieds wieder Harmonie in die Familie bringen. Ein Despacho würde jedem helfen, die Energie der Trauer loszulassen und seine Verbundenheit mit der Familie, die nun eine neue Form angenommen hat, erneut zu bekräftigen. Schamanen empfehlen, ihm Uhrzeigersinn vorzugehen, wenn wir etwas Neues hereinholen oder unterstützen möchten, und gegen den Uhrzeigersinn, die Richtung des Bannens und Auslöschens, wenn wir Unerwünschtes abschütteln wollen. Wenn Sie also Harmonie in eine Gruppe bringen möchten, legen die Teilnehmerinnen und Teilnehmer ihre Gaben im Uhrzeigersinn in das Despacho-Päckchen.

Ein Despacho beginnt mit einem quadratischen Blatt Papier. Die Größe spielt keine Rolle, doch die Maße von etwa 45 mal 45 Zentimeter sind dafür gut geeignet. Falten Sie die untere Ecke nach oben und die obere nach unten und die äußere rechte und linke Ecke nach innen, sodass ein Viereck entsteht. Beim Auseinanderfalten ergeben sich insgesamt neun Quadrate, eines in der Mitte, umgeben von acht Quadraten.

Bei der Despacho-Zeremonie können Dinge aus der Küche verwendet werden (wie Brot und Salz) oder Gegenstände aus der Natur, die als Symbole für die unterschiedlichen Lebensbereiche, die Erde, den Himmel und das Universum stehen, für das Sie sich bedanken und zu seiner Harmonisierung beitragen möchten. Sie können die beim Despacho verwendeten Elemente in unterschiedlicher Weise anordnen, entweder in einer traditionellen Anordnung oder nach Ihrer eigenen Intuition, die von der göttlichen Quelle inspiriert ist. Eine Legeweise besteht darin, die Gegenstände bewusst in die Mitte des Blattes zu legen, wobei jedes etwas Bestimmtes symbolisiert.

Sie können auch Ihre Opfergaben, die Ihre Dankbarkeit ausdrücken sollen, in die Mitte des Papiers legen. Dabei geben Sie den Himmeln und Mutter Erde deren Energie zurück. Sie könnten beispielsweise Zucker auf das Papier streuen, der die Süße des Lebens darstellen soll, und Gewürznelken als Symbol für seine Würze. Sie könnten Dinge hinzufügen, die für Fruchtbarkeit, Neubeginn, Freude, Kreativität und die Natur stehen: die Meere, Berge, Felsen, Pflanzen, Tiere und Sonne, Mond und Sterne. Sie könnten Salz verwenden, das den Geschmack oder die befreiende Heilwirkung der salzigen Tränen repräsentiert. Papiergeld aus einem Gesellschaftsspiel könnte Ihre Dankbarkeit für Wohlstand oder eine Bitte um zusätzliche Einnahmequellen, die Ihnen das Universum schickt, zum Ausdruck bringen. Samen dienen als Symbol für Neubeginn und Kreativität.

Bei einer Gruppenzeremonie können die Teilnehmerinnen und Teilnehmer entweder im Kreis sitzen oder stehen. Wenn sie vom Leiter der Zeremonie aufgefordert werden, können sie einzeln an den Platz treten, an den die symbolisch bedeutsamen Gegenstände gelegt wurden, diejenigen aussuchen, die für sie von Bedeutung sind, und sie den Gaben auf dem Despacho hinzufügen. Vielleicht möchten sie still oder leise ein Gebet oder einen Segen mitgeben, während sie die Gegenstände aussuchen und platzieren – wie zum Beispiel »Dies ist für alle misshandelten Tiere« oder »Dies ist für die Krankenschwestern und Helfer, die für Mutter gesorgt haben, als wir es nicht konnten«. Die spontanen Äußerungen derjenigen, die am Ritual teilnehmen, können eine starke Wirkung auf die Zuhörer haben.

Bei den traditionellen Zeremonien aus den Anden symbolisieren jeweils drei aufeinandergelegte Coca-Blätter die drei Welten. Sie können sie durch Lorbeerblätter ersetzen. Die drei Blätterstapel werden im Kreis herumgereicht, während der Gruppenleiter die Despacho-Gaben einsammelt. Jede Teilnehmerin und jeder Teilnehmer pustet sein Gebet, einen Segensspruch, seinen Dank oder seinen Wunsch in die Blätter und gibt sie dann weiter, wobei jedes Blatt mit der Energie der einzelnen Gruppenmitglieder aufgeladen wird. Nachdem jeder Blätterstapel einmal die Runde gemacht hat und wieder bei der Leiterin oder dem Leiter der Zeremonie angekommen ist, legt dieser erst ein rotes, dann ein weißes Blütenblatt (rot steht für die weiblichen und weiß für die männlichen Energien) auf jeden Stapel. Der Leiter oder die Leiterin legt die einzelnen Stapel mit seinen Gebeten auf das Despacho.

Wenn alle Gegenstände auf dem Papier platziert wurden, können Sie sie mit Rot- und Weißwein besprenkeln, um symbolisch das Gleichgewicht des Weiblichen und Männlichen herzustellen. Wenn Sie sich im Freien aufhalten, gießen Sie als Geschenk ein paar Tropfen Rot- und Weißwein auf die Erde zu Ehren von Pachamama. Dann fragen alle gleichzeitig das Despacho:

- Welche Botschaft bringst du mir?
- Was willst du von mir?
- Kannst du mir ________ geben? (Tragen Sie hier Ihre Bitte ein.)
- Was kann ich für dich tun?

Um die Despacho-Zeremonie zu beenden, falten Sie die untere Ecke des Papiers an dem bereits vorhandenen Falz nach oben, die obere Ecke nach unten, die rechte und linke Ecke nach innen, sodass ein quadratisches Päckchen entsteht. Verschnüren Sie es mit rotem oder weißem Bindfaden. Der Gruppenleiter sollte das Despacho nun zur Reinigung der Energiekörper der Teilnehmerinnen und Teilnehmer verwenden, indem er das Päckchen gegen den Uhrzeigersinn über den Kopf, das Herz und den Bauch jedes Einzelnen bewegt, dann an der Vorderseite des Körpers, den Flanken und der Rückseite von oben nach unten. (Wenn Sie die Zeremonie allein machen, reinigen Sie Ihre eigene Aura mit dem Despacho.) Danach sollte das Despacho verbrannt oder vergraben werden. Jeder einzelne Teilnehmer sollte die Lektionen, die ihm bei der Zeremonie zuteilgeworden sind, danach in sein Leben integrieren.

Wenn die Zeremonie beendet ist, sollten Sie – und jeder, der daran teilgenommen hat – über die Erfahrung nachdenken und folgende Fragen beantworten:

- Wie fühlte es sich an, ein Despacho zu erschaffen? Wenn Sie ein Gruppen-Despacho veranstaltet haben, wie war es, die Gebete der einzelnen Teilnehmerinnen und Teilnehmer zu hören?
- Womit brachten Sie Ihren Dank zum Ausdruck?
- Wie war es, beim Despacho-Ritual im Gebet um Hilfe zu bitten, falls Sie dies getan haben?
- Wie fühlten Sie sich nach dem Verbrennen oder Vergraben des Despachos?
- Welche Wirkung hat das Zelebrieren einer Despacho-Zeremonie auf Ihr aktuelles Leben?
- Wie können Sie die Einsichten, die Sie während des Despacho-Rituals gewonnen haben, in Ihren Alltag integrieren?

Ein Teilnehmer an einem Despacho-Ritual beschrieb, welch überwältigende Erfahrung die Zeremonie für ihn war:

> »Das Gemeinschaftsritual bewegte mich, weil es ein sichtbares Symbol für das Individuum und das Kollektiv, die Einheit mit der Natur und die Wertschätzung des Lebens und der Energie war, die den Kosmos durchflutet. Ich war überrascht, wie sehr ich die Mitwirkung am Ritual genoss, eine Beschäftigung, die ich normalerweise als dumm abgetan und sie abgelehnt hätte, weil sie mich an eine organisierte Religion erinnerte. Aber zu meiner Überraschung wirkte das Ritual echt und sinnvoll und wühlte meine Gefühle so sehr auf, dass ich zu weinen anfing. Viele verschiedene Symbolbedeutungen und

> Vorstellungen vermischten sich während des Ablaufs, einschließlich der Beziehung zu meiner Mutter, die hier als nährende Lebenskraft dargestellt war. Später in dieser Nacht tobten starke Gewitter in der nahe gelegenen Ortschaft und die Tornado-Sirenen heulten. Am nächsten Morgen mutmaßten einige Gruppenmitglieder, Mutter Natur hätte unsere Gebete erhört und die Erde gereinigt und genährt. Ich hielt diese Vermutungen für Fantasie, doch dann passierte etwas Interessantes. Ich schilderte der Gruppe, wie bewegt ich von dem Despacho-Ritual war und dass ich den Wunsch verspürte, in meinem Leben öfter Rituale durchzuführen. Ich brachte auch meine Überraschung darüber zum Ausdruck, weil mein westlich geprägter Intellekt sehr negativ und kritisch gegenüber allem, was ihm begegnet, eingestellt ist. Es war ein düsterer grauer Morgen, aber als ich dies aussprach, tauchte plötzlich die strahlende Sonne auf und schickte einen Sonnenstrahl durch das Buntglasfenster, auf dessen Scheibe ein Kruzifix abgebildet war.«

Dieser Mann entdeckte, dass unerwartete, synchrone Ereignisse eintreten können, wenn wir miteinander und mit der Natur Rituale feiern, und uns dies an unsere Verbundenheit und die Kraft erinnert, die in der Zusammenarbeit mit den uns umgebenden Energien entsteht.

Ein eigenes Ritual erschaffen

Sie können ein eigenes Ritual erschaffen, um bestimmte Energien loszulassen und andere hereinzuholen. Ein Ritual kann Sie dabei unterstützen, den Neuanfang anzunehmen und sich an die inneren Veränderungen zu gewöhnen, die stattgefunden haben. Das Ritual kann so einfach oder kompliziert sein, wie Sie es gestalten möchten. Setzen Sie dabei Ihre Fantasie und Intuition ein. Verwenden Sie Gegenstände und Symbole, die Ihnen entsprechen. Wenn Sie beispielsweise den Wunsch verspüren, mit Wasser zu arbeiten, können Sie das Ritual in der Natur nahe am Meer, an einem See, Weiher, Bach oder Fluss machen, aber auch drinnen mit einer Schale Wasser. Als Repräsentant des Elements Luft kann eine Feder oder getrockneter Salbei dienen. Auch Kunstgegenstände oder Schmuckstücke können als Symbole verwendet werden.

Wie bei der Arbeit mit Metaphern und Archetypen, sollten Sie daran denken, dass ein Symbol sowohl eine individuelle als auch eine universelle Bedeutung haben kann. Für eine Frau hatte Moos nicht die Bedeutung einer Pflanze, die weiter wächst, auch wenn wir stagnieren, sondern für sie war es ein weiches, gebendes, genügsames Gewächs mit intensivem Duft. Sie erinnerte sich, dass ihr ihr Vater, als sie ein Kind war, bei Ausflügen in die Natur etwas über das Moos beigebracht hatte. Deshalb hatte Moos für sie eine sehr persönliche Bedeutung, wenn sie es in einem Ritual verwendete.

Ihre Absicht und Einstellung sind bei jedem Ritual wichtig. Wenn Sie sich schlecht dabei fühlen, finden Sie heraus, warum. Spüren Sie einen Widerstand gegen das Ritual an sich oder die Veränderung, die es hervorbringen soll? Wenn Sie die Rituale und Zeremonien aus diesem Kapitel feiern, stellen Sie sicher, dass Sie den heiligen Raum öffnen, Ihr Energiefeld reinigen, bewusst atmen, die angerufenen Geistwesen ehren und den heiligen Raum im Anschluss wieder verschließen und über Ihre Erfahrungen nachdenken. Hierzu können Sie sich folgende Fragen stellen:

- Wie haben Sie sich dabei gefühlt, Ihr eigenes Ritual zu entwickeln?
- Haben Sie sich dabei ganz auf Ihre Intuition verlassen oder dienten Ihnen andere Rituale als Vorlage?
- Möchten Sie das Ritual noch einmal wiederholen? Möchten Sie es regelmäßig feiern? Warum oder warum nicht?
- Wie kann dieses Ritual zur Veränderung Ihrer Lebensgeschichte beitragen? Wie können Sie die gewonnenen Erkenntnisse in Ihren Alltag integrieren?

Benutzen Sie Ihre Kreativität, um Symbole zu finden, die Ihnen oder den Gruppenteilnehmern etwas sagen, falls Sie mit einer Gruppe arbeiten. Eine Lehrerin verwendete folgendes Ritual zur Vertiefung Ihrer Arbeit:

> »Kürzlich arbeitete ich mit Steinen, um meine Kollegen gut auf das Schuljahr mit einer neuen Schulklasse vorzubereiten. Wir versammelten uns im Kreis

> und begannen, einander zu segnen, indem wir einfach den Namen der Person zu unserer Linken aussprachen und dabei einen herzförmigen Stein jeweils an unseren Nachbarn weiterreichten, von Herz zu Herz. Jeder hielt den Stein 30 Sekunden lang still in der Hand, um den Segen zu empfangen, der von den anderen durch ihn übermittelt wurde. Am Schluss legte ich jedem einen normal geformten Stein mit einem individuellen Merkmal in die Hand – Kristalle, Steine mit Sedimentschichten oder Fossilien. Jede Schülerin und jeder Schüler wurde eingeladen, als einzigartige von Gott geschaffene Persönlichkeit mit einer wunderbaren Seele durch die Tür des Lehrers zu treten. Ein Lehrer soll die Schönheit eines jeden Kindes erkennen, entdecken und nach außen sichtbar machen.«

Ein Gruppenritual kann die Verbindung zwischen den Menschen stärken und eine gemeinsame Verpflichtung bekräftigen. Die Erde ruft uns mehr als je zuvor dazu auf, unsere Verbundenheit mit anderen Menschen und unserem Planeten zu bekennen. Wenn wir uns selbst, die Gemeinschaft der Menschheit und Pachamama würdigen, lassen wir allen Heilung zuteilwerden.

Kapitel 12

Neue Geschichten für die Gesellschaft schreiben

Auf der energetischen Ebene sind wir alle miteinander sowie mit unserer Gesellschaft und dem Planeten verbunden. So wie jeder von uns seine Lebensgeschichte überarbeiten und manchmal ein neues Drehbuch dafür schreiben muss, gilt das Gleiche für die Gesellschaft, in der wir leben. Als Individuen und Mitglieder unserer Familien, ethnischen Gruppe und Nation besitzen wir Mythen und Geschichten, die wir weiterentwickeln, wenn sich die Umstände verändern. Ebenso erfinden Kulturen und Gesellschaften ständig neue Mythen und Geschichten, die zu einer bestimmten Zeit und an einem bestimmten Ort gültig sind, und ihre Mitglieder erschaffen Rituale, die diese neuen Erzählungen würdigen. Die Geschichte beispielsweise, dass wir alle miteinander verbunden sind, wenn wir die Verluste fremder Menschen teilen, führte zur Entstehung von Ritualen, bei denen wir an den Orten, wo Menschen gestorben sind, oder in der Nähe ihres Wohnorts Blumen und Stofftiere niederlegen oder Kerzen aufstellen, Kondolenzsprüche hinterlassen oder Luftballons anbringen.

Mehr als je zuvor brauchen wir neue gesellschaftliche Geschichten sowie Rituale und Zeremonien, um diese zu verwirklichen. Wir brauchen Mythen, die dem Leben in all seinen Erscheinungsformen dienen und es bereichern, damit wir mitfühlende Hirten der Erde und ihrer Bewohner werden und mit einem moralischen Kompass navigieren. Gemeinsam und individuell können wir für die Menschheit neue Mythen und eine neue Geschichte verfassen. Jede individuelle, neue Geschichte beeinflusst die umfassendere gemeinsame Geschichte.

Was müssen wir ändern?

Es ist nicht schwer, eine Liste von Missständen zu erstellen, unter denen die Gesellschaft leidet und mit denen sich neue Geschichten befassen könnten. Wir sind mit den Folgen der seelischen Leere konfrontiert, die Religionen bei vielen Menschen hinterlassen. Viele glauben, dass wir ein Wirtschaftswachstum um jeden Preis brauchen, und wir fördern die Interessen mancher Menschen und Gruppen, als verdienten sie es mehr als andere. Lange Zeit fielen wir auf die Verlockung des Kapitalismus und der freien Marktwirtschaft herein: auf den Traum von ständig steigender Produktivität, Zuwachs und Wirtschaftswachstum. Manche Gegenden auf der Welt sind reich geworden, aber die Kluft zwischen Arm und Reich wird immer größer. Obwohl immer wieder betont wird, materieller Wohlstand und ein hohes Bruttoinlandsprodukt sei ein Zeichen für den allgemeinen Wohlstand einer Nation, sind viele, die es zu materiellem Wohlstand gebracht haben, nicht glücklich. Wir wissen, dass wir eine neue Geschichte für unsere Wirtschaft schreiben müssen.

Darüber hinaus zerstören wir die Natur und beuten den Planeten aus – ein untragbares Verhalten. Weil uns der Überblick und eine Vision fehlen, gehen uns die nicht erneuerbaren, natürlichen Ressourcen aus, wie zum Beispiel die fossilen Brennstoffe, auf denen unser Lebensstil aufbaut. Wir gehen falsch mit den erneuerbaren Energien um, beispielsweise mit dem Trinkwasser, ebenso falsch verhalten wir uns bei der Abholzung und beim Hochseefischfang. Wir und die nachfolgenden Generationen sind mit den Folgen des globalen Klimawandels und der Umweltzerstörung konfrontiert. Gleichzeitig entwickeln wir fortwährend noch mehr Massenvernichtungswaffen, die das Wohl der Erde und ihrer Bewohner bedrohen.

Mit dem Beginn der zunehmend globalisierten Gesellschaft, die mehr denn je durch die Möglichkeit des Reisens und die Informationstechnologien miteinander verbunden ist, verbreiten sich positive und negative Inhalte viel schneller als jemals zuvor in der Menschheitsgeschichte. Krankheiten und Finanzkrisen werden überall in der Welt fast gleichzeitig bekannt und rufen in kürzester Zeit Chaos und Panik hervor. Wir haben uns an diese fundamentale Veränderung der menschlichen Erfahrungswelt noch nicht vollständig angepasst.

Viele von uns leben ständig im Überholspur-Modus. Um dieses verrückte Tempo einzuhalten, sind wir von technologischen Geräten abhängig, die unsere Produktivität steigern. Leider lenken uns diese Geräte gleichzeitig ständig ab und wir zerstreuen uns, weil sie uns das Gefühl geben, wir müssten noch aktiver sein und dürften uns keine Zeit zum Nachdenken nehmen. Populäre Unterhaltungsangebote verhelfen zu einer kurzfristigen, verständlichen Flucht vor dem Dauerstress, der dadurch entsteht, dass wir die riesige Informationsflut und die gesellschaftlichen Veränderungen verarbeiten müssen. Allzu oft dienen sie uns jedoch nur als unnötige Stimulanzien. Wir haben zugelassen, dass der öffentliche und private Diskurs abgebrochen ist und viele öffentliche Schulsysteme überfordert sind. Wir sorgen uns um den Zustand der Welt, die wir unseren Kindern hinterlassen, während unsere Kinder vor der Frage stehen, wie sie das Chaos beseitigen sollen, das wir angerichtet haben. Die Veränderung der komplexen, weitreichenden Systeme scheint uns eine überwältigende Aufgabe zu sein, doch wir spüren, dass etwas getan werden muss.

Während wir den Anforderungen der sich ständig verändernden Welt gerecht werden müssen, empfinden wir oftmals großen Stress, was sich in der hohen Erkrankungsrate bei Depressionen, Angststörungen, psychischen Krankheiten und in spiritueller Leere abbildet. Wir befinden uns mitten in einer umfassenden und tief verunsichernden Transformation. Menschen überall auf der Welt kommen zu dem Schluss, dass wir viele Institutionen und Verhaltensweisen radikal verändern müssen, was unsere Kreativität und eine Vision erforderlich macht. Kurz, wir müssen eine neue Geschichte manifestieren.

Eine neue Geschichte für die Gesellschaft schreiben

Wie fangen wir an, eine neue Geschichte für die Menschheit zu schreiben? Jeder von uns kann als Einzelner visualisieren, welche konkreten Veränderungen er in der Geschichte der menschlichen Gesellschaft vornehmen möchte. Dann kann er die göttliche Quelle und ihre verschiedenen Erscheinungsformen bitten, uns bei deren Umsetzung zu helfen. Dabei sind folgende Fragen nützlich:

- Welche Veränderungen möchten Sie im Gesundheitswesen, Bildungssystem, der Wirtschaft und im Umweltschutz herbeiführen?
- Wie dienen Sie der Welt? Wie möchten Sie der Welt dienen? Was hält Sie davon ab oder davon, der Welt in einer Weise zu dienen, die Sie zufriedenstellt?
- Wie kann der Einzelne Ihrer Meinung nach die Gesellschaft am wirkungsvollsten beeinflussen? Wie kann der Einzelne Kraft aus der Gesellschaft beziehen und wie können wir es schaffen, nicht von den globalen Problemen überwältigt zu werden?
- Welche neue Geschichte möchten Sie für die Gesellschaft verwirklichen? Was können Sie dazu beitragen?

Es besteht kein Zweifel, dass die Welt, in der wir leben, Probleme hat. Anstatt uns von deren Menge und Komplexität erdrücken zu lassen, können wir unsere Verbundenheit mit dem Göttlichen aufrechterhalten und den gesellschaftlichen Wandel durch Veränderungen in unserem eigenen Leben Schritt für Schritt herbeiführen nach dem Motto »Bete global und handle lokal«. Denken Sie daran, das Göttliche ist in uns und wir befinden uns darin. Jeder Mensch hat Zugang zum göttlichen Funken. Jeder kann Weisheit erlangen und die Kraft finden, das scheinbar Unmögliche zu bewirken und das größere Ganze zu beeinflussen. Wie ein japanisches Sprichwort sagt: »Wer wird die Schwierigkeit meistern? Derjenige, der es kann. Wer wird das Unmögliche schaffen? Derjenige, der sich darum kümmert.« Ein einziger engagierter Mensch kann einen enormen Unterschied in der Welt machen.

Wir können ein Vorbild für die Gesellschaft werden, wenn wir unsere eigene Lebensgeschichte ändern. Wenn es uns gelingt, mit den überpersönlichen Dimensionen in Verbindung zu kommen, die wir in diesem Buch besprochen haben, können wir die erwünschten Veränderungen im Bereich der Gesundheit, unseren Beziehungen, in unserem beruflichen Umfeld, in unserer Psyche und im Umgang mit dem Göttlichen und dem Dienst am Nächsten herbeiführen. Wir können auch andere Kapitel unseres Lebens umschreiben, einschließlich unseres Umgangs mit der Erde und unseren Mitmenschen. Wenn wir unsere negativen Schatten erkennen und uns unserer Komplexe bewusster werden, lassen wir uns davon weniger beeinträchtigen oder ärgern uns weniger über die negativen Eigenschaften anderer Leute. Dann verhalten wir uns weniger respektlos oder aggressiv gegenüber anderen.

Jeder von uns kann die Schwingung der Liebe aussenden. Wir können der Matrix Liebe hinzufügen, indem wir sie in uns erblühen lassen und uns und anderen Liebe schenken. Wenn dies genügend Menschen tun, werden überall auf der Welt viele positive Veränderungen bewirkt. Wenn wir uns verändern, verändert sich auch die Matrix, weil alles miteinander verbunden ist.

Wir können dienen – selbst wenn wir nichts Weltbewegendes tun. Unser Dienst mag gering und bescheiden erscheinen, doch er kann für uns und für diejenigen, denen er zuteilwird, von großer Bedeutung sein. Eine Frau entdeckte, dass ihr Dienst am Nächsten anderen half, für sich selbst einzutreten:

> »Meine Vorstellung vom Dienst am Nächsten entwickelte sich infolge meiner schamanischen Praxis. Ich bin mir immer noch nicht ganz sicher, in welche Richtung die Entwicklung geht. Ich habe gelernt, dass ich mich engagieren kann, indem ich Menschen wirklich zuhöre. Das wusste ich zwar schon, aber meine Wahrnehmung hat sich etwas verändert. Ich erhielt auch die eindringliche Botschaft, Kreativität sei ein Weg, anderen zu dienen. Ich veranstalte Jahreskreisrituale, die mir scheinbar die Möglichkeit geben, Kreativität mit sozia-

lem Engagement zu verbinden. Ich half einer Frau, ein Drehbuch über ihren Umgang mit einer bipolaren Störung zu schreiben. Im Augenblick helfe ich einer anderen Frau beim Lektorieren eines Buches, das auf Ihren Tagebuchaufzeichnungen basiert.«

Beim Dienst am Nächsten können wir uns im Interesse anderer mit den überpersönlichen Dimensionen verbinden. Wir können beispielsweise Schamanenreisen, Zeremonien und Rituale zum Nutzen aller verwenden. Wissenschaftler aus allen Fachrichtungen können an die von mir beschriebenen Orte reisen, um Informationen zu Fragen zu erhalten, die bislang noch nicht beantwortet werden können. Ärzte und Biologen können während einer Schamanenreise Fragen stellen, um Krankheiten und Heilmöglichkeiten auf der Molekularebene besser zu verstehen. Quantenphysiker und Kosmologen können Schamanenreisen nutzen, um mehr über die Beziehung zwischen dem Mikro- und dem Makrokosmos zu erfahren, über den Ursprung und die Essenz der dunklen Materie und der dunklen Energie und die Lage unseres Universums in einem Kosmos, der wahrscheinlich unzählige andere Universen enthält. Psychologen, Lehrer, Mütter und Väter können sich auf eine Schamanenreise begeben oder an einem Gruppenritual oder einer geführten Schamanenreise in einer Gruppe teilnehmen, um mit neuen Ideen und neuer Energie zurückzukehren, die sie in einen neuen Umgang mit psychischen Erkrankungen oder in die erfolgreiche Erziehung der Kinder und Jugendlichen einfließen lassen.

Mithilfe von Ritualen knüpfen wir an die immerwährenden Geschichten an und bringen Mythen und Themen ans Licht, die im Potenzial der Stille bereits existieren. Um uns und unsere Gesellschaft zu heilen, brauchen wir neue Mythen, um den destruktiven Mythen entgegenzuwirken, die sich heute in unserem Leben abspielen. Diese neuen Mythen oder archetypischen Geschichten helfen uns, eine andere, wechselseitige Beziehung zur Natur und zum Göttlichen zu finden, und sie ermöglichen uns, auf einem Planeten mit sieben Milliarden Einwohnern nachhaltig zu leben. Die Mythen inspirieren auch zu einer neuen Geschichte der Zusammenarbeit, in der die unterschiedlichen Menschen friedlich zusammenleben und sich die Ressourcen teilen – sodass die große soziale Ungerechtigkeit verschwindet.

Menschen können im Interesse ihrer Gesellschaft in die Unterwelt reisen und dort die Orte der Verwundungen und des noch nicht verwirklichten Potenzials aufsuchen. Negative Energien können aufgelöst und entfernt werden. Menschen können in die Oberwelt reisen, um eine bessere kollektive Zukunft zu visualisieren und mit Energie aufzuladen. Das Geheimnis besteht darin, dass wir alle dies für uns selbst, unsere Nachbarn, unsere Gemeinschaft, unser Land und die ganze Welt tun können.

In einem meiner Workshops teilten sich die Teilnehmer in Gruppen von ungefähr zwölf Personen auf. Jede Gruppe entwickelte eine Zeremonie, um Energie in eine Veränderung zu lenken, die der Gruppe sehr wichtig erschien. Eine Gruppe hielt eine Zeremonie für eine Veränderung des Gesundheitssystems ab, eine andere, um die Gewalt in der Gesellschaft zu vermindern.

Alle Gruppen reisten in die Stille, in die Dimension des Todes, in die Unter- und Oberwelt, um dort Erkenntnisse und Energie für die Transformation des jeweiligen Themas zu bekommen. Zuerst baten sie die Stille um ihre Weisheit und Hilfe. Sie baten den Tod um Unterstützung, um herauszufinden, was sterben musste, damit sich etwas verändern kann. Bei ihrer Reise in die Unterwelt fragten sie, welche Wunden und Verträge den Status quo aufrechterhielten und wie die Wunden geheilt und die Verträge erneuert werden könnten. In der Kammer der Gnade und der Kammer der Geschenke erhielten sie Energie, mit der die Veränderung leichter vollzogen werden kann. Dann fand jede Teilnehmerin und jeder Teilnehmer ein Krafttier, das Energie und Wissen für die Transformation übertrug. Danach reisten sie in die Oberwelt, um ein Symbol zu finden, das ihnen bei der Verwirklichung eines anderen Schicksals half oder dabei, in dem Bereich, den sie verändern wollten, ein anderes Ergebnis zu erzielen. Zuletzt sprach jede Teilnehmerin und jeder Teilnehmer mit den verschiedenen Energien, denen sie begegneten.

Danach teilten sie ihre Erfahrungen miteinander. Sie waren überrascht zu erfahren, dass sich viele Erlebnisse in der Gruppe ähnelten. Sie besprachen, welche Themen bei den Reisen und in den Dialogen aufgetaucht waren, welche Faktoren geändert werden mussten, um den negativen Zustand zu beenden, und welche Lösungsvorschläge jeder Einzelne erarbeitet hatte. Dann verwoben sie ihre individuellen Erfahrungen in einer Zusammenfassung, in der sich die Gruppenaufgabe verdichtete. Daraus erschufen sie eine Zeremonie, die sie allen Seminarteilnehmerinnen und -teilnehmern präsentierten.

Die Zeremonien der einzelnen Gruppen waren wunderschön und sehr bewegend. Ich glaube, dass die energetischen Schwingungen, die sie an die Stille und die Matrix übermittelten, einen Welleneffekt auslösten und die positive Veränderung der bearbeiteten Themen anstießen. Veränderungen treten zwar unerwartet und unvorhersehbar ein, aber ich glaube, ihre Arbeit wird einen Unterschied bewirken. Die einzelnen Gruppenzeremonien orientierten sich nicht an einem festen Ablaufplan – vielmehr handelten sie von subtilen, abstrakten Ideen und Energien, die zunächst in der Stille und der Matrix wirksam werden würden und erst danach in den Herzen, der Seelen und der Einstellung der Menschen. Menschen, die in westlichen Kulturen aufgewachsen sind, in denen überwiegend mit dem rationalen Verstand analysiert und geplant wird, kann es schwerfallen, sich mit der Vorstellung anzufreunden, dass Veränderungen auf der energetischen Ebene herbeigeführt werden, bevor der bewusste Verstand ihren Sinn begreift. Diese Vorgehensweise ist in Hinblick auf Veränderungen jedoch sehr wirkungsvoll.

Vielleicht entdecken Sie, dass die Energien, mit denen Sie während Ihrer Schamanenreisen praktizieren – oftmals in Form von Symbolen oder inneren Figuren –, nicht nur Sie selbst, sondern auch Ihre Mitmenschen beeinflussen. Bei einer Schamanenreise begegnete eine Frau einer würdevollen, königlichen, groß gewachsenen Frauengestalt, die Güte und Mitgefühl verkörperte. Diese innere Figur wiederholte den Satz »Herrsche mit Achtung« immer wieder. Die Frau fragte sie, was sie meinte, und erhielt die Antwort, sie solle keine Angst vor ihrer eigenen Macht haben und mitfühlend sein. Die innere Figur erklärte, sie würde weiterhin mit ihr kommunizieren und gemeinsam würden sie herausfinden, was in ihrem Leben geschehen musste. Am nächsten Tag entwickelte sich an ihrem Arbeitsplatz eine schwierige Diskussion mit einem Mitarbeiter. Sie beschloss, sich ruhig an die königliche Energie zu wenden, der sie während ihrer Schamanenreise begegnet war. Plötzlich sagte der Mitarbeiter: »Egal wie wir das lösen, wir sollten jedem Beteiligten mit Achtung begegnen.« Die Frau war verblüfft darüber, dass der Mitarbeiter das Wort »Achtung« benutzte, und fragte sich, ob er unbewusst gespürt hatte, dass sie der königlichen Frauengestalt versprochen hatte, die Auseinandersetzung in gegenseitigem Respekt zu führen.

Eine neue kollektive Geschichte nähren

Die meisten von uns wünschen sich eine Welt, in der Liebe und Freude statt Angst, Gewalt und Negativität herrschen. Doch auf der energetischen Ebene kämpfen diejenigen, die Negativität säen und den Erfolg daraus ernten wollen, mit denjenigen, die positive Resultate säen und ernten möchten.

Anstatt uns in Negativität zu verfangen, können wir uns dazu entscheiden, positivere Energien durch uns wirken zu lassen. Wir können Liebe geben und empfangen und lernen, uns und anderen zu vergeben. Indem wir verzeihen, lösen wir die negativen Energien auf, die sich gegen andere richten. Ärger und Groll verschwinden. Es tut uns oder der göttlichen Quelle nicht gut, wenn wir an negativen Gefühlen festhalten. Sie können uns körperlich krank machen und uns aus dem seelischen Gleichgewicht bringen. Außerdem durchkreuzen sie unseren Lebensplan. Wenn wir uns im Ayni befinden, in einer guten Beziehung zu uns selbst und unserer Umwelt, können wir die Veränderungen, die unserer Gemeinschaft und der Gesellschaft dienen, viel besser herbeiführen.

Das Göttliche liebt uns so sehr, dass es uns die freie Wahl lässt. Wir dürfen uns für eine Lebensweise entscheiden, die uns schadet und nicht in Einklang mit der göttlichen Essenz, der Liebe, ist. Viele von uns wissen, welche Entscheidungen für uns am besten sind und die göttliche Quelle respektieren, doch wir handeln nicht danach. Wir nehmen Nahrungsmittel und Getränke zu uns, die unserem Körper schaden. Wir zerstören Beziehungen und lassen Ärger und Bitterkeit zu. Wir betrachten unsere Beziehung zum Göttlichen und den Dienst am Nächsten mit Geringschätzung. Doch wir haben immer die Wahl, uns anders zu entscheiden und unsere Lebensgeschichte zu ändern.

Die Erwartungen der Menschen, die die Welt im Allgemeinen für gut halten, werden meist erfüllt, selbst wenn ihnen und ihren Mitmenschen manchmal Schlechtes widerfährt. Umgekehrt erfüllen sich auch die Erwartungen der Menschen, die die Welt als schlecht und gefährlich ansehen, selbst wenn ihnen und anderen bisweilen Gutes widerfährt. Bei den Cherokee gibt es eine alte Legende, die besagt, dass in jedem Menschen zwei Wölfe wohnen: Der eine ist gütig und liebevoll, der andere wütend und boshaft. Als der Enkel den Großvater fragt, welcher Wolf stärker ist, antwortet dieser: »Der Wolf, den du fütterst.«

Wir füttern den gütigen, liebevollen Wolf – und stärken ihn –, wenn wir täglich unseren Dank und unser Mitgefühl zum Ausdruck bringen und Gedanken voller Liebe hegen. Diese Haltung führt umgekehrt dazu, dass sich unsere Gefühle, Gedanken und unsere Einstellung verändern und wir uns auf eine höhere Schwingungsebene begeben. Wenn wir dagegen Ärger, pessimistische Gedanken und egoistische, lieblose Verhaltensweisen pflegen, wird unsere Schwingung niedriger und wir nähren den zornigen, bösartigen Wolf.

Einmal gestaltete ich mit einem Schamanen eine Sandmalerei. Während ich das Gemälde in Quadranten unterteilte, machte der Schamane Bemerkungen über die Präzision meiner Einteilung. Ich sagte: »Ich bin eben ein Ingenieur.« Er lachte. Intuitiv malte er eine Taube und ich zeichnete – ebenfalls intuitiv – einen Drachen. Wir fragten uns, wie die Taube und der Drache miteinander auskommen könnten. Würde der Drache die Taube auffressen?

Viele von uns haben bewusst oder unbewusst einen Drachen erschaffen, der die Friedenstaube aufgefressen hat. Wir haben nicht immer erkannt, wie wir andere behandelt oder Konflikte geschürt haben. Dies wird sich so lange nicht verändern, wie wir uns der Konsequenzen all unserer Gedanken, Worte, Gefühle und Taten nicht bewusst sind und uns dann, so gut wir es können, bewusst für neue Verhaltensweisen entscheiden, die Frieden, Liebe und Harmonie fördern statt Streit, Hass und Zerstörung. Welche Wahl wir treffen, entscheidet, was wir hervorbringen und nähren.

Entscheidungen
Was sollen wir essen und trinken?
Sollen wir Sport treiben oder nicht?
Sollen wir uns ausruhen oder arbeiten?
Mit wem sollen wir zusammen sein?
Wer oder was entscheidet,
wie wir unsere Zeit verbringen?
Wer kümmert sich darum?
Welchen Unterschied macht es?

Viele Menschen haben das Gefühl, in lieblose Bürokratien verstrickt zu sein, vielleicht in der Arbeit oder im Gesundheitssystem oder in familiären Situationen, in denen sie nicht geschätzt werden. Wenn unsere Bedürfnisse scheinbar nicht erfüllt werden, neigen wir dazu, uns neuen Ideen zu verschließen, und werden zynischer, ängstlicher und wütender und sind weniger bereit, die Gesellschaft zu unterstützen. Wir engagieren uns sicherlich mehr, wenn wir neue Möglichkeiten finden, unsere Bedürfnisse zu befriedigen.

Wenn wir herausfinden, wie falsch manche unserer Handlungen waren und welchen Anteil wir an den Problemen haben, könnte dies ein Anreiz sein, um in unserem Denken und Verhalten sinnvolle Veränderungen vorzunehmen. Doch diese Vorsätze müssen aufrichtig gemeint sein, sonst besteht die Gefahr, dass wir in alte Denkmuster und Gewohnheiten zurückfallen. Wir müssen unsere neuen Lebensgeschichten mit positiver, niemals mit negativer Energie nähren.

Kampf

Im Kampf sterben manche für Ruhm, ihr Land oder ihren Gott.
Die Überlebenden scheiden dahin, froh um ihr Leben,
doch in der Erwartung neuer Befehle für einen wahnsinnigen Kampf,
der nur dazu dient, einen flüchtigen Plan voranzutreiben.
Andere wissen, dass manche Kämpfe ewig dauern können,
und wählen die Zeiten, in denen sie kämpfen,
mit nüchternem Verstand aus.
Zwischenzeitlich kümmern sie sich um ihre Angelegenheiten
und wenn sie sich genug darum bemüht haben,
werden die Kämpfe weniger und dauern nicht mehr so lang.

Wir können kein wahrhaft spirituelles Leben führen, bevor wir uns nicht mit der Ungerechtigkeit und Ungleichheit in unserem Alltag beschäftigt haben. Selbst mit der besten Absicht und weit entwickelter Spiritualität kann es in einem Augenblick schwierig sein, die primitiven und gewalttätigen Impulse in uns zu unterdrücken.

Es genügt jedoch nicht, wenn wir gegen die negativen Energien in unserer Umgebung ankämpfen. Wir müssen das Gute bekräftigen und uns dafür einsetzen. Wir sollten beispielsweise gegen Gewalt, wirtschaftliche Ungleichheit und Umweltzerstörung protestieren. Wir sollten uns auch aktiv für eine Welt einsetzen, in der Gewalt eine inakzeptable Lösung ist und in der die Reichen mit den Armen teilen. Wir sollten unsere Umwelt wiederherstellen, um zu gewährleisten, dass sie sauberer und nachhaltiger wird. Wir sollten uns nicht nur auf die Probleme, sondern auch auf die Lösungen konzentrieren und Informationen verbreiten, die für andere nützlich sein können. Diesem positiven Zweck können die sozialen Medien und das Internet dienen.

Eine schamanische Weltanschauung und neue Geschichten, die mithilfe der Übungen und Rituale aus diesem Buch verfasst und verwirklicht werden können, werden Veränderungen in der größeren kollektiven Geschichte herbeiführen. Denken Sie daran, dass schamanische Rituale nicht nur als Mittel zur Selbsterkenntnis verwendet werden sollten. Wir sind dazu verpflichtet, der Welt zurückzugeben, was wir durch die Praxis der Schamanenreisen, Rituale u. Ä. gewinnen, anstatt die Erfahrung nur für uns selbst zu nutzen. Wir sollten so handeln, dass es zum Vorteil des großen Ganzen beiträgt.

Sich auf verschiedenen Bewusstseinsebenen mit gesellschaftlichen Themen befassen

Wir können uns auf vier verschiedenen Bewusstseinsebenen (die in Kapitel 2 beschrieben sind) mit gesellschaftlichen Themen befassen. Betrachten wir zum Beispiel das Thema Wiedergutmachung für die in der Vergangenheit erlittenen Ungerechtigkeiten. Ich sah mir gerade eine Nachrichtensendung über einen Gottesdienst an, der von einer Demonstration unterbrochen wurde. Der Gottesdienst thematisierte das Ende der Sklaventransporte über den Atlantik vor mehr als 200 Jahren, und die Demonstranten forderten eine Entschuldigung für die Geschehnisse in der Vergangenheit. Der Gottesdienst wurde von der anglikanischen Kirche veranstaltet, die einst Tausende von Sklaven in der Karibik zur Plantagenarbeit eingesetzt hatte. Die Nachrichtensprecher diskutierten über das Für und Wider einer staatlichen Wiedergutmachung für die Nachfahren der Sklaven.

Jede Bewusstseinsebene – die unmittelbar körperliche (Körper), die geistige und emotionale (Geist), die mythische (Seele) und die der reinen Energie (Spiritualität) – bietet eine Lösungsmöglichkeit. Auf der körperlichen Ebene könnten dies Entschuldigungen und finanzielle Opferentschädigungen sein. Auf der Ebene des Geistes könnte eine Lösung darin bestehen, den Nachfahren der Slaven über ihr schweres Erbe hinwegzuhelfen, indem man ihnen bessere Ausbildungs- und Berufschancen bietet. Auf der seelischen und spirituellen Ebene könnte eine umfassendere und dauerhafte Lösung die Erschaffung einer Welt sein, in der die Ausbeutung von anderen Menschen unmöglich ist und niemals mehr jemand versklavt werden kann – weder buchstäblich noch im übertragenen Sinne –, eine Welt, in der Freiheit nicht nur ein Wort, sondern ein Organisationsprinzip ist. Lösungen für die gesellschaftlichen Probleme auf der seelischen und spirituellen Ebene sind am wirkungsvollsten und von Dauer.

Wenn wir uns den Problemen im Gesundheitswesen und der Medizin auf allen vier Bewusstseinsebenen stellen, könnten wir große Fortschritte erzielen. Entzündungen, die Krankheiten verursachen, könnten nicht nur eine entzündungshemmende Ernährungsweise und Nahrungsergänzungen entgegenwirken, sondern auch indem wir uns und anderen helfen, die entzündungsauslösende Wut und Gedanken, die sie schüren, in den Griff zu bekommen. Auf der seelischen oder mythischen Ebene stellen die energetischen Heilungen der Schamanen das Gleichgewicht und die innere Ruhe wieder her, die als entzündungshemmendes Mittel wirken.

Eine schamanische Weltanschauung der Heilung und Ganzheit könnte dazu führen, dass Menschen bessere, gesündere Entscheidungen bezüglich ihrer Ernährungsweise, ihrer sportlichen Aktivitäten und im Umgang mit Stress treffen. Auch die Medizin könnte ganzheitlicher arbeiten und sich auf die Prävention und Förderung des geistigen, körperlichen und seelischen Wohlbefindens konzentrieren. Diese Maßnahmen auf allen Ebenen könnten akute und auch chronische Krankheiten verhindern. Diese multidimensionale Herangehensweise an die Gesundheit wäre viel effektiver als die gegenwärtige Behandlung, die auf die körperlichen Beschwerden reagiert und rein körperlich mit Skalpell und Medikamenten therapiert.

Beschleunigung des individuellen und gesellschaftlichen Wandels

Wir sollten nicht nur die Gesundheit ganzheitlich betrachten; alle großen, positiven Transformationen können leichter herbeigeführt werden, wenn wir auf mehr als einer Ebene daran arbeiten. Um beispielsweise die Ausbeutung der Erde zu beenden, müssen wir nicht nur die Vorschriften und Gesetze ändern, sondern auch die Einstellungen und Verhaltensweisen der Menschen. Wir müssen sowohl den Geist als auch die Seele miteinbeziehen, indem wir praktische Lösungen sowie eine neue Lebensgeschichte finden. Ein Beispiel dafür, wie eine neue Geschichte entstehen kann, ist der Film »Whale Rider« aus dem Jahr 2002. Der Häuptling eines Maori-Stamms in Neuseeland ist in eine alte Tradition verstrickt und lehnt eine Nachfolgerin als Stammesoberhaupt vehement ab. Schließlich erkennt er jedoch, dass sein Volk eine neue Geschichte braucht und seine Enkelin die am besten geeignete Nachfolgerin für ihn ist. Er gibt seine starre Lebensanschauung auf und passt die Traditionen seines Volkes an die Erfordernisse einer sich verändernden Welt an.

Eine der Geschichten, die in Amerika weit verbreitet ist, lautet, all unsere Probleme wären gelöst, wenn wir nur einen kleineren Regierungsapparat hätten und die Menschen mehr Verantwortung übernehmen würden. Eine neue und bessere Geschichte würde die Regierung jedoch in harmonischer, partnerschaftlicher und respektvoller Zusammenarbeit mit individuellen Privatinitiativen beschreiben, die die Rechte und Pflichten aller Menschen in der Gesellschaft berücksichtigt. Die Informationen und Ideen, die zu dieser Geschichte beitragen, könnten sich auf unsere Geschichte beziehen, indem wir überlegen, was wir in der Vergangenheit getan haben und wiederholen sollten, wie zum Beispiel eine bessere Zusammenarbeit zwischen Regierung und Wirtschaft. Gleichzeitig sollten wir überprüfen, was in der Vergangenheit nicht funktioniert hat, und die positiven Veränderungen mit in Betracht ziehen, die wir erreicht haben. Sonst entgeht uns ihre Bedeutung – zum Beispiel die Gleichstellung von Männern und Frauen und Menschen aller Rassen, Religionen und sexuellen Orientierungen. Wir können uns in anderen Gesellschaften umsehen, um herauszufinden, welche Vorstellungen und Haltungen wir von ihnen übernehmen könnten. Auch durch Schamanenreisen und den inneren Dialog können wir Erkenntnisse erlangen, und wenn wir Gedanken und Gefühle mittels der modernen Technologie sowie mithilfe von traditionellen Kommunikationsmitteln wie Artikeln, Büchern und gemeinsamen Begegnungen teilen.

Wie laden wir die neuen Geschichten für unsere Gesellschaft mit Energie auf? Ich glaube, dass wir einen dauerhaften Handlungsimpuls bewirken, wenn Menschen von der mythischen Welt der Vorstellung berührt werden, was zu tiefgreifenden seelischen Veränderungen führt. Wir erreichen die

Menschen mit Musik, Kunst, Bildern, Metaphern, Mythen, Farben, Poesie, Zeremonien und Ritualen auf der Ebene der Seele und des Geistes. Sie dienen als Werkzeuge für die Erschaffung einer neuen Geschichte.

Wenn wir einen Film anschauen, wissen wir vielleicht nicht, warum uns eine bestimmte Szene berührt, aber es geschieht. Es ist nicht unbedingt vorhersehbar oder rational erklärbar, aber es gibt bestimmte Themen, von denen manche Menschen tief bewegt werden – klassische Themen wie der Unterwürfige, der mit großen Schwierigkeiten konfrontiert ist, oder der Junge und das Mädchen unterschiedlicher Herkunft, die sich ineinander verlieben, oder das Leid von guten, bescheidenen Menschen, die als Katalysator dienen, damit eine Betroffene ihre Stimme erhebt und ihre Eigenmacht wiedererlangt. Zu solchen klassischen Filmszenen zählt die Szene mit Sally Field in dem Film »Norma Rae«, die in ihrer Rolle als Arbeiterin in einer nicht gewerkschaftlich organisierten Fabrik auf einem Tisch steht und in einer lauten Versammlung ein handgeschriebenes Schild mit der Aufschrift »Einigkeit« hochhält, oder Tony in dem Film »West Side Story«, der Maria in einem Lied offen seine Liebe bekennt. Die Bilder sprechen unsere Seele an, so wie »virale« Werbevideos und Fotografien, Songs oder andere Kunstwerke. Alle verhelfen uns dazu, uns an die Energie anzuschließen, die uns bei der Erschaffung einer neuen Geschichte mit neuen Themen beflügelt.

Welche Themen also würden die Menschen motivieren, die in diesem Kapitel besprochenen Veränderungen herbeizuführen? Einige sind zweifellos universell wie der Wunsch, unsere Welt für unsere Kinder und Enkelkinder zu verbessern, aber viele Bedürfnisse unterscheiden sich von Kultur zu Kultur und von einem Menschen zum anderen. Trotzdem hat jeder von uns die Verantwortung, die Themen zu finden und zu leben, die unserer Gesellschaft dienen und sie verändern. Wir können uns dazu entscheiden, eine Geschichte zu erzählen, die davon handelt, anderen in einer Weise zu geben, die uns nicht schwächt oder ausbeutet. Themen von gegenseitigem Nutzen und demütigem Einsatz für das Wohl des größeren Ganzen einschließlich uns selbst können ein Teil unserer neuen, besseren Geschichten für unsere Gemeinschaften, Länder und Rassen werden.

Gemeinsamer Einsatz

Die Menschheit verfügt über eine Fülle von Begabungen. Obwohl jeder von uns Stärken hat, gibt es auch Gebiete, auf denen wir nicht besonders kompetent sind. Um unsere Stärken und Schwächen ins Gleichgewicht zu bringen, müssen wir durch unseren gemeinsamen Einsatz sowohl geben als auch nehmen. Diejenigen, die in einem Bereich erfolgreich sind, können denjenigen helfen, die andere Fähigkeiten und Talente besitzen.

Um mit anderen zusammenzuarbeiten, müssen wir in ihrer Sprache mit ihnen kommunizieren und die verschiedenen Standpunkte anerkennen. Wenn wir wollen, dass die anderen Menschen ihren Widerstand dagegen aufgeben, eine gemeinsame Basis zu finden, müssen wir ihnen zuhören.

Es kann sehr schwierig sein, die Probleme anderer zu akzeptieren und zu berücksichtigen, doch wenn es uns gelingt, können wir eine viel bessere Geschichte für uns alle hervorbringen. In Amerika würden die Konservativen von einer offeneren Sicht- und Denkweise und der Überprüfung der von ihnen eingeführten Vorschriften und Beschränkungen profitieren. Für die Liberalen könnte es von Vorteil sein, wenn sie die wechselseitige Verbundenheit aller Menschen erkennen würden, während für die Sozialisten die Erkenntnis gut wäre, dass besondere Talente und persönliche Begabungen nicht gleich verteilt sind und es von großem Nutzen ist, individuelle Leistungen zu belohnen.

Unsere Gemeinschaften sind stärker, wenn viele Stimmen und Sichtweisen zusammenkommen. Eine Frau hörte vom Unmut in ihrer Stadt, als neue Mitglieder in den Stadtrat gewählt wurden, die sich nicht einig waren. Diejenigen, die für Einstimmigkeit waren, konnten nicht anerkennen, dass unterschiedliche Meinungen auch von Vorteil sein können. Wenn die starren Ideologien zukünftig jedes Mal zur Spaltung des Stadtrats führen, kommt es zu der innenpolitischen Stagnation, die wir in den USA gerade erleben.

In gleicher Weise müssen wir in unserer Familie, am Arbeitsplatz und in sozialen und spirituellen Gemeinschaften darüber nachdenken, wie wir uns zusammentun, Harmonie herstellen und uns in diejenigen einfühlen, die anderer Meinung sind. Wenn wir stur darauf beharren, dass denjenigen, mit denen wir uneinig sind, »ein Licht aufgeht« und sie ihre Meinung ändern, führt dies nicht zu gemeinschaftlichem Engagement.

Keiner lebt isoliert vom anderen. Jeder und alles im Universum befindet sich in einer wechselseitigen Beziehung. Wenn wir im Ayni sind, zum Wohl anderer beitragen und dankbar für das sind, was sie uns geben, bekräftigen und stärken wir unsere Verbundenheit. Ich glaube, dass die göttliche Quelle dafür sorgt, dass wir umso mehr Liebe und Mitgefühl bekommen, desto mehr wir geben. Diese Energien entwickeln eine Eigendynamik, sobald wir sie in die Matrix ausgesandt haben, und kehren mit noch mehr Kraft zu uns zurück.

Eine weitere Möglichkeit, wie wir die Gesellschaft individuell beeinflussen können, besteht darin, in gemeinnützigen Organisationen zu arbeiten. Vielleicht verspüren wir den Drang, zu spenden oder uns in einem freiwilligen Sozialprojekt zu engagieren, das wir für sinnvoll erachten. Wenn wir uns so für die Welt einsetzen, dass wir positive Veränderungen bewirken, schenkt uns dies ein wunderbares Gefühl – ein Gefühl der Stimmigkeit und das Gefühl, im Fluss zu sein. Leider können uns solche Eindrücke entgehen, wenn wir ohne Gefühl oder Absichtsbekundung geben.

Bei gemeinsamen Projekten ist es schwierig, sich immer wieder zu vergegenwärtigen, dass es bei der gemeinsamen Bemühung um den Beitrag zum größeren Ganzen geht und nicht um die gemeinnützige Organisation, sondern dass das Projekt ein Mittel ist, um das Ziel zu erreichen.

Über den Dienst am Göttlichen

Felsen sind geduldig, sehr geduldig.
Sie sind sich fast aller Dinge bewusst.
Seit Anbeginn beobachten sie das hektische, kurzlebige Treiben der Menschen.
Wenn sie gefragt werden, ob es wehtut, behauen zu werden,
antworten sie: »Nein. Wir sind, was wir sind, unser Wesen ist unveränderlich.«
Die Felsen sind voller Ruhe und Liebe.

Pflanzen lieben den Tanz im Wind.
Sie sind sich bewusst, dass sie zur Schöpfung des Göttlichen beitragen.
Sie sind glücklich, wenn sie mit ihrer Schönheit Freude bereiten,
und schenken allen Lebewesen Nahrung.
Sie strahlen Liebe aus.

Tiere wissen, dass sie eine erstaunliche Vielfalt bieten.
Jaguar, Antilope, Biene, Zebra, Schlange,
Grille, Seestern, Manguste, Aal –
alle sind so verschieden und doch gleich.
Sie sind großartige Lehrer für alle, die lernen wollen.
Jedes Tier lehrt auf seine Weise Liebe.

Die Menschen, die erwacht sind, leben,
um dem Göttlichen zu dienen,
um zu erschaffen, was noch nicht manifestiert wurde
außer in der Stille.
Sie tragen die Energie und das Wesen der Felsen,
Pflanzen und Tiere in sich.
Sie sind unendlich verschieden und in ständigem Austausch miteinander,
auf der Suche nach Ayni, der rechten Beziehung.
Wenn auch die Menschen wahrhaft lieben können –
halleluja, halleluja!
Gott, die göttliche Quelle, das Bewusstsein, das Leben wohnt allem inne,
doch wir erfahren es nur, kennen es niemals ganz.
Sie, er, wir verdienen Ruhm und Ehre
und sind dazu bestimmt, anderen und dem Leben zu dienen
mit Liebe und Absicht.

Gegenwärtig sein

Um anderen besser nützlich zu sein, sollten wir lernen, in jedem Augenblick vollkommen bewusst zu leben. Wenn sich unser persönliches Energiefeld in einem verschwommenen, unklaren Zustand befindet, können wir uns nicht mit anderen verbinden. Obwohl wir im Schamanismus in einen veränderten Bewusstseinszustand gelangen und in nicht alltägliche Wirklichkeiten reisen, ist es notwendig, in diesen Dimensionen konzentriert und präsent zu sein, damit wir die wichtigen positiven Veränderungen im Alltag herbeiführen können. Um das Hier und Jetzt zu verändern, müssen wir in dieser Welt präsent sein und mit Ritualen praktizieren, die unser Bewusstsein erweitern und unsere Achtsamkeit erhöhen.

Nach dem Guten im Menschen und in der Welt Ausschau halten

Manche Menschen erkennen mühelos die Fehler bei anderen und die Schwachstellen von Organisationen und der Gesellschaft. Viel schwieriger ist es jedoch, bei bestimmten Menschen oder Institutionen, die wir als unzulänglich oder minderwertig erachten, das potenziell Gute zu sehen. Viele Dinge sind möglich, selbst wenn sie nicht wahrscheinlich sind. Jeder von uns sollte versuchen, das positive Potenzial in den Menschen und in der Welt zu finden. Dies trägt dazu bei, dass wir Lösungsmöglichkeiten entdecken und dass deren Verwirklichung wahrscheinlicher wird. Dann werden wir Teil eines miteinander verbundenen energetischen Netzwerks für positive Veränderung. Dabei verändern wir uns auch selbst, da wir mehr Möglichkeiten für unser Leben erkennen.

Diejenigen verstehen, die sich auf einer anderen Reise befinden

Wir befinden uns alle auf einer mythischen Reise. Als Individuum, Gruppe und Nation müssen wir die Reisen anderer respektieren und tolerieren und uns ihnen nicht in den Weg stellen oder uns von ihnen behindern lassen. Manche sind langsamer unterwegs als wir, während uns andere überholen. Ungeduld und Neid können uns von unserer eigenen Reise ablenken. Am besten konzentrieren wir uns darauf, unseren Träumen zu folgen und unsere eigene Geschichte zu schreiben.

Um für andere nützlicher zu sein und besser mit ihnen zusammenarbeiten zu können, sollten wir verstehen lernen, welchen Bezugsrahmen und welche Lebenseinstellung sie haben. Dann können wir ihnen das geben, was sie brauchen, und nicht das, was sie unserer Meinung nach benötigen.

Unsere persönliche »Brille« bestimmt unsere Wahrnehmung. Unser Temperament, unsere Erziehung und die kulturellen Normen bringen diese Filter hervor. Weil die menschlichen Kulturen unterschiedlich sind, polarisieren sich viele, wenn es um Themen wie Politik, Rassen- oder Religionszugehörigkeit und Wirtschaftssysteme geht. Wenn wir einem spirituellen Weg folgen, können wir unseren Blickwinkel universeller ausrichten und unsere Perspektive erweitern. Doch selbst dann unterschätzen wir manchmal, wie begrenzt unsere Sicht sein kann. Die Praxis in diesem Buch kann dazu beitragen, unsere Brillen abzunehmen und die Welt in einem neuen Licht und mit mehr Objektivität zu betrachten. Indem wir uns für das Wissen aus überpersönlichen Ebenen wie der Stille und der Matrix öffnen, bekommen wir die Chance, eine neue Einstellung und neue Ideen zu entwickeln.

Göttliche Hilfe bei der Lösung gesellschaftlicher Probleme

In der gesamten Menschheitsgeschichte haben sich Schamanen damit an die göttliche Quelle gewandt, dass sie Naturphänomene wie Überschwemmungen, Brand- oder Sturmkatastrophen in Symbolen zum Ausdruck brachten. Indem sie mit den Symbolen praktizieren, wenden sie Ereignisse in der alltäglichen Welt ab oder nehmen Einfluss darauf. Auch wir können symbolische oder visualisierte Abbilder erschaffen und uns damit respektvoll, spielerisch und absichtsvoll an die göttliche Quelle wenden, um an einer Veränderung mitzuwirken.

Auf einer Reise ins kanadische Alberta praktizierte ich mit einem befreundeten Schamanen und Blackfoot-Ältesten. Wir erweckten die Energie alter heiliger Orte der Indianer in Kanada. Wir verwendeten Inbilder, um diese mit anderen Heiligtümern in Südamerika zu verbinden – und mit der Liebe, die der Stille und der Matrix innewohnt. Dann verbanden wir dieses Netz mit Orten, an denen Entscheidungen getroffen werden, die eine Wirkung auf die Welt haben, in der Hoffnung, dass diese mehr von der göttlichen Liebe durchdrungen werden. Schamanen glauben, dass die Energie der Absicht folgt. Indem wir die allumfassende Energie der Liebe, die Agape der Stille, an Orte lenken, an denen wichtige Entscheidungen getroffen werden, trägt dies dazu bei, dass sie nicht jenen Menschen überlassen werden, die dem Egoismus von politischen Führern folgen, sondern jenen, die im besten Interesse aller handeln.

Jeder von uns kann sich für andere Menschen engagieren. Wir können uns mit den energetischen Kraftorten verbinden, sie mit der Energie der Liebe aufladen und uns vorstellen, wie diese Energie von dort an die Plätze fließt, wo Entscheidungen getroffen werden, in der Absicht, dass sie das liebevolle Wesen der Stille widerspiegeln.

Jeder von uns kann als Katalysator der göttlichen Quelle dienen und zur Transformation beitragen – solange wir für die göttliche Vorstellung offenbleiben, wie diese Veränderungen bewerkstelligt werden. Ritualen und Zeremonien beizuwohnen und daran teilzunehmen ermöglicht uns, die Energien zu verändern, die auf die Welt einwirken. Wenn wir ein Ritual oder eine Zeremonie mit Respekt auf Video aufzeichnen und es mit anderen teilen, können die Aufnahmen andere Menschen zum Handeln inspirieren. Ein Video einer Medizinfrau, die eine Heilzeremonie für Mutter Erde veranstaltet, gibt den Zuschauern Gelegenheit, indirekt daran mitzuwirken und vielleicht den Impuls zu bekommen, sich selbst als Heiler für andere einzusetzen. Wenn immer mehr Menschen solche Zeremonien durchführen und sie anderen zugänglich machen, können wir einen Wendepunkt in der Gesellschaft erreichen, an dem die Schwingungen unseres kollektiven Energiefelds auf eine neue, höhere Ebene angehoben werden.

Wiederverbindung mit Mutter Erde

Die schamanische Verehrung von Mutter Erde ist in diesen Zeiten von größter Bedeutung. Sonst schlachten wir die Gans, die goldene Eier legt, und bringen uns gleichzeitig gegenseitig um. Wir müssen auf unserem Planeten nachhaltig leben, ihn reinigen und mit den erneuerbaren Energien wie dem Trinkwasser und den Bäumen vorsichtig umgehen. Wir müssen die begrenzten Rohstoffe bewahren und Alternativen für sie finden. Wir müssen das Leben feiern und unsere Dankbarkeit dafür ausdrücken und versuchen, die Welt weniger zu verschmutzen und unseren Kindern eine Welt mit mehr Sicherheit, Gerechtigkeit und Liebe zu hinterlassen.

Nach der Überlieferung des Andenschamanismus sind die Pampamesayoks die Erdenhüter, die Altomesayoks die Hüter der Kultur und Geschichten der Menschheit und die Kurak Akuyek die Seher der zukünftigen Möglichkeiten. In gewissem Sinn stammen wir alle von diesen Ahnenreihen ab, gleichgültig ob wir in die Tradition eingeweiht wurden oder nicht. Die Archetypen des Hüters, Geschichtenerzählers und Sehers leben in uns und können von uns bewusst aktiviert werden. Wir sind verantwortlich dafür, uns für die Entwicklung eines besseren Lebens für unsere Mitmenschen, unsere Kultur und unseren Planeten einzusetzen. Wir müssen handeln, anstatt nur zu grübeln und mit dem Verstand zu analysieren.

Die Erde und all ihre Bewohnerinnen und Bewohner werden von der weiblichen Energie der Großen Göttin umfasst. Wenn wir sie und das Weibliche in all ihren Aspekten nicht ehren, leidet die Zivilisation. Wenn wir Frauen, Kinder und Schutzbedürftige besser behandeln, verstärken wir Verhaltensweisen, die zum Schutz des Wassers, des Bodens, der mineralischen Rohstoffe, der Luft, der Wälder und aller anderen Lebewesen führt. Die Gewalt und aggressive Ausbeutung muss gestoppt werden und wir müssen uns der Wirkungen unserer Handlungsweise auf andere bewusst werden. Wenn wir beispielsweise durch unser Verhalten zur globalen Erwärmung und Überflutung armer Dörfer an der Küste beitragen oder die Erde, das Wasser und den Boden verschmutzen, gehen wir nicht achtsam mit Pachamama um, unserer Mutter Erde und ihren Bewohnerinnen und Bewohnern. Wir müssen die Erde als lebendiges Wesen erkennen, das wir verehren und achten müssen. Wenn wir dies tun, begreifen wir, welche Bedeutung es hat, auch die Erdenbewohner mit tiefem Respekt zu behandeln.

Wenn sich die Menschen wieder mit Mutter Erde verbinden, motiviert sie dies dazu, auch in anderen Lebensbereichen Veränderungen vorzunehmen. Dies geschieht, weil sie ihre Verantwortung gegenüber denjenigen, mit denen sie verbunden sind, und mit unserem Planeten spüren und weil sie diese Verbundenheit verstärken wollen. Überlegen Sie einmal, wie sich immer mehr Menschen unterschiedlichen Formen der indianischen und indigenen spirituellen Praxis einschließlich der Verbindung und Verehrung der Natur zuwenden. Ich vermute, dass sie sich mit ihren Mitmenschen tiefer verbunden fühlen, wenn sie sich auf eine erdverbundenere Spiritualität einlassen. Dies führt wahrscheinlich dazu, dass sie weisere ökologische Entscheidungen treffen, selbst wenn es Opfer und ein verändertes Verhalten erforderlich macht. Vermutlich werden sie dadurch auch verstärkt das Bedürfnis verspüren, anderen durch den Dienst am Nächsten etwas zurückzugeben.

Wenn wir eine schamanische Perspektive einnehmen, erkennen wir die wechselseitige Verbundenheit aller Dinge und verstehen, dass all unsere Gedanken, Gefühle und Handlungen Folgen haben. Deshalb beschließen wir, achtsamer mit allem, was wir tun, denken und fühlen, umzugehen.

Wenn wir das Leben in allen Dingen anerkennen und ehren, einschließlich unseres Planeten, bemühen wir uns, unsere Umwelt nicht zu verschmutzen und zu vergiften. Wir sehen auch den Zusammenhang zwischen Körper und Gesundheit, Gedanken und Emotionen, Lebensentscheidungen und Visionsreisen und unserer Beziehung zum kreativen Göttlichen, das uns umgibt und in uns wohnt.

Jeder spürt die heilsame und transformierende Wirkung, wenn er mehr Zeit in der Natur verbringt – in den Wäldern, Wüsten, Bergen, Prärien und Gärten und am Wasser. Wie bereits gesagt können wir die Natur fragen, was sie sich von uns wünscht, welche Botschaft sie für uns hat und was wir für sie tun können. Wir können auch eine Bitte an sie richten. Wenn wir draußen meditieren, werden wir ehrfürchtig gegenüber dem Wunder der Natur, die uns helfen kann, unsere Verhaltensweisen in allen Lebensbereichen zu überdenken und zu verändern und neue Möglichkeiten zu finden, der Erde und unseren Mitmenschen zu dienen.

Wie können die kraftvollen Ideen, die hinter der schamanischen und jungianischen Praxis stehen, mehr Menschen und die Gesellschaft beim Umschreiben ihrer Geschichten unterstützen? Schamanen und jungianische Psychoanalytiker glauben, dass alle Probleme eine spirituelle Ursache haben und deshalb auch spirituell gelöst werden können. Die Lösung verändert oder ersetzt diejenigen Energien, die von Negativität genährt werden. Wenn wir an Ayni glauben und an Rituale und Zeremonien, um Himmel und Erde unsere Dankbarkeit für die Chancen in unserem Leben auszudrücken, wollen wir auch den weniger glücklichen Menschen helfen. Wir bemühen uns um Frieden in unserer Umgebung und tiefen Respekt für die komplexen Wechselbeziehungen in der Natur. Unsere Geschichten handeln nun auch davon, wie wir offener, gütiger und verantwortungsvoller werden. Während wir uns und unser Leben verändern, wirkt sich dies durch einen Welleneffekt auf unsere Umwelt aus. Je mehr Menschen die göttliche Stimme in sich vernehmen können und auf sie hören, desto bewusster entscheiden sie sich, ihr Schicksal zu ihrem Besten zu gestalten, und dadurch wird es leichter, die Gesellschaft in größerem Umfang zu verändern.

Die Veränderung der kollektiven Geschichte erfordert mehr als nur ein paar Schamanenreisen und innere Dialoge, die sich auf unsere individuellen Geschichten auswirken. Vielmehr ist dazu eine lebenslange Verpflichtung notwendig, sich der Erforschung und Erneuerung unseres Lebens zu widmen, was wiederum allen zugutekommen wird.

Kapitel 13
Die neue Geschichte leben

Mithilfe dieses Buches haben Sie sich mit Ihrer Lebensgeschichte auseinandergesetzt und sich selbst besser kennengelernt. Sie haben sich mit einer höheren Kraft verbunden, mit ihren verschiedenen Aspekten befasst und neue Eindrücke gewonnen, wie Sie der Welt dienen können. Sie haben unterschiedliche Übungen erlernt, wie Sie Ihre gegenwärtige Geschichte und Ihre Themen analysieren und ein neues, befriedigenderes Drehbuch für Ihr Leben realisieren können. Sie kennen jetzt die schamanische und jungianische Praxis, die Sie nutzen können, um Wissen und Energie für Ihr neues Leben zu erlangen, und Sie wissen, dass Sie handeln müssen, um Ihre neue Geschichte zu manifestieren. Sie sind sich auch darüber bewusst, dass keine Übung und kein Ritual Ihr Leben sofort verändern wird, weil Transformation ein Entwicklungsprozess ist.

Eine gute Wahl treffen

Ich hoffe, dass ich Sie dazu anregen konnte, Ihre individuelle Geschichte zu verändern und sich darüber hinaus als Teil einer großen Gemeinschaft zu erkennen, in der alle energetisch verbunden sind und Weisheit und Energie miteinander teilen. Außerdem hoffe ich, dass Sie den Wunsch verspüren, die größere Geschichte der Gesellschaft mit umzuschreiben, auf dass sie besser wird. Dies gelingt Ihnen durch neue Erkenntnisse und neue Energien in Ihrem eigenen Leben, weil Ihr Wohlergehen auch zum Wohl aller beiträgt.

Die unzähligen Verbindungen, die wir mit Energien, Kräften, Menschen und Dingen in unserer Umgebung haben, können uns nähren und unterstützen, und wir können Wissen daraus beziehen. Wenn Sie diese Verbundenheit erkennen, gewinnen Sie eine breitere Perspektive und spüren mehr Gleichgesinntheit, weil Sie wissen, dass Sie nicht allein sind, wenn Sie von universellen Emotionen oder archetypischen Themen und Geschichten beeinflusst werden. Statt Ohnmacht und Existenzangst zu verspüren, können Sie die Organisationsprinzipien erkennen, die sich auf die Ereignisse in Ihrem Leben auswirken. Sie können das Leben von einem neuen Blickwinkel aus betrachten und begreifen, dass Sie die Freiheit besitzen, anders zu leben und Entscheidungen zu treffen, die Sie vorher nicht für möglich gehalten hätten.

Während Sie sich dieser Freiheit bewusst werden, werden Sie sich auch über Ihre Verantwortung klar. Wie es in einem alten Gospel heißt: »Du musst durch das einsame Tal wandern/Du musst ganz alleine gehen/Keiner kann das für dich tun/Du musst selbst gehen.« Sie müssen sich entscheiden, Ihren eigenen Kurs steuern und sollten nicht nach anderen suchen, die Sie ständig darin ermutigen und bestärken, was Sie tun müssen. Es ist wichtig, sich nicht an einen Lehrer, Berater oder Heiler zu wenden, damit er Ihnen sagt, welche Entscheidungen und Veränderungen Sie herbeiführen sollen. Sie können Ihnen vielleicht Weisheit schenken, doch Ihre Entscheidungen müssen Sie selbst treffen.

Während einer Schamanenreise kam ich einmal in Kontakt mit Energien, die mich erstickten und bedrückten. Ich versuchte sie mit meiner gewohnten Übung aufzulösen – durch das Herbeirufen hilfreicher Energien, mit denen ich bereits früher praktiziert hatte, und sogar durch einen Hilferuf an das Göttliche –, doch anders als in der Vergangenheit führte keiner meiner Versuche zum Erfolg. Ich spürte, dass ich ganz allein herausfinden musste, was zu tun war, und sobald ich dies erkannte und die bewusste Entscheidung traf, mich nicht überwältigen zu lassen, lösten sich die belastenden Energien und die damit verbundene Angst auf. Ich beschloss, einen inneren Dialog mit diesen Gefühlen zu führen. Ich erkannte, dass ich mich in mehr als nur einem Bereich meines Lebens unbewusst von anderen abhängig gemacht hatte, wenn es darum ging, etwas zu erledigen. Durch dieses Erlebnis wurde ich erwachsener und übernahm mehr Eigenverantwortung. Mir wurde bewusst, dass wir die Drehbuchautoren für unser Leben und verantwortlich für unsere Entscheidungen sind, während andere nur dazu beitragen können, dass wir Weisheit gewinnen.

Freie Wahl

Nach endloser Analyse,
dem Schmerz, niemals die gute Mutter, den guten Vater, den guten …
zu finden,
ist eine Entscheidung notwendig, um sich weiterzuentwickeln,
statt an etwas Unmöglichem festzuhalten und in der Trauer
steckenzubleiben.

Doch wer sich zum Aufbruch entschließt, gewinnt mehr Freiheit,
mehr Raum in den Grenzen seiner Existenz.

Welche Wahl wir auch treffen,
Mutter Erde und Vater Himmel schützen uns und geben uns Kraft.
Ich frage mich, welche Wesen für sie sorgen und sie unterstützen,
während sie sich durch ihre viel weiteren Räume bewegen?

Ab und zu können Sie noch einmal auf die Fragen nach Ihrer Gegenwart zurückkommen. Betrachten Sie auch noch einmal Ihre neue Geschichte. Leben Sie sie? Oder befinden Sie sich immer noch in der alten? Wenn ja, warum? Sollten Sie Ihre neue Geschichte noch einmal überdenken oder brauchen Sie neue Energien und Erkenntnisse, die Sie mithilfe von schamanischen und jungianischen Übungen erlangen können?

Selbst wenn es Ihnen schwerfällt, Ihre Geschichte zu ändern, können Sie lernen, sich anders zu verhalten. Sie können Ihren Willen stärken und die göttliche Quelle um Hilfe bitten. Sie können Ihre Erwartungen loslassen und aufhören, sich und andere zu verurteilen, und lernen, geduldig zu sein und zuzulassen, dass sich die Dinge so entwickeln, wie es richtig ist. Mitgefühl für sich selbst trägt dazu bei, sich so anzunehmen, wie wir sind – selbst wenn wir noch dabei sind, an unserer Geschichte, uns selbst und der Veränderung unseres Lebens zu arbeiten. Sie können lernen, für die Chance zu leben, dankbar zu sein und dafür, in diesem Leben lernen zu dürfen. Sie können sich sogar darüber bewusst werden, dass Sie die Welt ebenso wahrnehmen, wie Sie von ihr wahrgenommen werden.

Gleich, womit Sie auch noch Schwierigkeiten haben, Sie können mit dem Problem kommunizieren, sei es eine Verhaltensweise, ein quälendes Thema oder ein körperliches Symptom, das Sie beeinträchtigt usw. Wenn Sie beispielsweise mit Stimmungsschwankungen kämpfen, sprechen Sie mit ihnen. Lassen Sie sich von ihnen informieren. Wenn Sie eine andere Einstellung zu ihnen finden, werden sie sich verändern. Nehmen Sie Ihre Stimmungen mit in die Stille und in die Matrix und gewinnen Sie dort von den Energien Einsicht und Unterstützung zur Transformation. Sie können lernen, sich mit Liebe, Güte und Schönheit zu verbinden und die Freude erleben, ganz lebendig zu sein.

Alles ist gut, wie es ist: Vom Widerstand lernen

Die Übungen in diesem Buch erscheinen zunächst vielleicht ziemlich schwierig und sind sehr ungewohnt. Womöglich haben Sie keine Lust dazu oder machen sie nicht richtig. Doch wenn Sie durchhalten, werden Sie Augenblicke der Gnade erfahren, wenn Ihnen durch die göttliche Quelle genau die Lektionen zuteilwerden, die Sie brauchen, um eine neue, bessere Geschichte leben zu können. Wenn Sie Geduld haben und bereit sind, sich trotz der inneren Widerstände mit unangenehmen Wahrheiten zu konfrontieren, werden Sie belohnt. Ich glaube, dass jeder, der dauerhaft mit diesem Buch praktiziert, schließlich eine starke, transpersonale Verbindung erleben wird.

Was können Sie tun, wenn es Ihnen überhaupt nicht gelingt, schamanisch zu reisen, oder wenn Sie keine der von mir beschriebenen Erfahrungen machen, die Sie sich erhoffen? Nehmen wir einmal an, Sie betreten während einer Reise in die Unterwelt eine Kammer, die leer ist. Erinnern Sie sich daran, dass Sie mit allem kommunizieren und Wissen daraus beziehen können, also auch mit der Energie, die mit der Tatsache verbunden ist, dass Sie nicht schamanisch reisen können, oder mit der leeren Kammer. Was sie Ihnen mitteilt, kann sehr nützlich sein. Sie können die leere Kammer fragen, welche Botschaft sie für Sie hat. Während einer Schamanenreise können Sie mit einer körperlichen Empfindung sprechen oder Ihrem Gefühl, nicht richtig zu reisen, mit Ihrer Frustration oder jeder anderen Wahrnehmung. Womit auch immer Sie in den inneren Dialog treten, fragen Sie nach der Botschaft und danach, was von Ihnen erwartet wird und was Sie tun können, und teilen Sie Ihren Wunsch mit.

Wenn Sie sich in einer überpersönlichen Ebene aufhalten, könnte es sein, dass Bilder in Ihnen aufsteigen, die Sie für banal und unbedeutend halten, oder Symbole, die in früheren Fantasiereisen oder Träumen bereits häufig aufgetaucht sind. Ihr erster Gedanke könnte sein, sie als unwichtig abzutun, doch alles, was Sie während einer Schamanenreise empfangen und erleben, hat einen Sinn. Es ist wichtig, sich mit diesen Bildern zu beschäftigen, um herauszufinden, was Sie Ihnen gerade zum jetzigen Zeitpunkt in Ihrem Leben sagen wollen, selbst wenn Sie meinen, Sie hätten ihre Botschaft bereits verstanden. Sie wären nicht aufgetaucht, wenn sie nicht irgendeine wertvolle Information für Sie enthielten. Es liegt an Ihnen zu enträtseln, warum sie sich erneut gezeigt haben. Gehen Sie respektvoll mit allem um, was Sie während der Praxis in transpersonalen Dimensionen empfangen, weil Sie verblüffenderweise genau das bekommen, was die göttliche Quelle für notwendig erachtet.

Seien Sie sich bewusst, dass Sie manche Wesensanteile vielleicht gar nicht ändern wollen. Respektieren Sie den Teil Ihres Selbst, der sich widersetzt und zögert, und respektieren Sie ihn. Sprechen Sie mit ihm und lernen Sie von ihm.

Geduld üben und offen sein für alles, was möglich ist

Wenn wir dabei sind, neue Erkenntnisse zu integrieren, gibt es keine andere Möglichkeit als die Tatsache auszuhalten, dass wir zwischen den Stühlen unserer gegenwärtigen und neuen Geschichte sitzen. Dieser Übergangsort ist voller Unklarheiten und Paradoxien, aber es ist nötig, dass wir ihn ganz bewusst erleben, damit unsere Weiterentwicklung stattfinden kann.

Wenn der richtige Zeitpunkt gekommen ist, fließen uns aus dem eigenen und dem kollektiven Unbewussten neue Energien zu. Irgendwann erhalten wir eine Botschaft der göttlichen Quelle in Form eines Symbols oder einer inneren Überzeugung, dass wir bereit sind, eine neue Energie zu empfangen und mit ihr zu praktizieren, die dann als Organisationsprinzip unserer neuen Geschichte dient. Wir können diese Energien nicht zwingen, dann aufzutauchen, wenn wir es uns wünschen, aber wir können sie zu uns einladen.

Wenn sich die neue Energie zeigt, verändern sich unsere Erfahrungen und Erinnerungen. Jemand fühlt sich vielleicht immer noch erschöpft, was nicht mehr in seine neue Geschichte passt, aber wie er die Erschöpfung erlebt, verändert sich mit seiner neuen Einstellung, den neuen Gedanken, Gefühlen und Überzeugungen, die von einer anderen archetypischen Energie bestimmt werden. Vielleicht kann die betreffende Person akzeptieren, dass die Erschöpfung sie an die Notwenigkeit zu ruhen und in sich zu gehen erinnert, anstatt daran, immer in Aktion zu sein, wenn sie offen für die Energie der Weisen geworden ist.

Wenn wir Geduld üben, können ungeahnte Dinge geschehen. Manchmal kann es hilfreich sein, über die erfundenen oder wahren Geschichten anderer nachzusinnen, um unsere eigene besser einschätzen zu können. Dazu fällt mir die Geschichte von der fliegenden Kuh ein, die ich schon immer sehr mochte: Ein Mann wird in einer Schlacht gefangen genommen und zum König gebracht, weil er hingerichtet werden soll. Er sagt zum König: »Lass mich noch ein Jahr leben, dann lehre ich deine beste Kuh das Fliegen.« Das Angebot macht den König neugierig, und er willigt ein, dem Gefangenen noch ein Lebensjahr zu gewähren. Während der König und seine Untertanen den Saal verlassen, fragt einer der Gefängniswärter den Mann: »Wie kannst du ein solches Angebot machen? Du weißt doch, dass Kühe nicht fliegen können.« Der Gefangene antwortet: »Wer weiß schon, was im nächsten Jahr passieren wird? Ich könnte sterben oder der König stirbt oder die Kuh – oder vielleicht könnte ich ihr sogar das Fliegen beibringen!« Geduldig sein bedeutet, offen für alle Möglichkeiten zu sein und sich keine Gedanken über den zeitlichen Ablauf der Geschehnisse zu machen.

Den richtigen Zeitpunkt finden
Warten oder handeln,
wo Handeln dem inneren Aufruhr die Angst nimmt.
Essen, Trinken, Drogen und Sex
übertünchen die Angst für eine Weile,
doch dann kommt sie wieder.

Die Angst ertragen,
bis die Süße der Früchte der Ruhe und die Freude darüber
das Warten belohnen.
Angemessene Zeit für den Rückzug vor dem Weitermachen:
Unreife Früchte sind hart und schmecken bitter,
doch überreif sind sie weich und verdorben.
Die richtige Zeit zeigt sich von selbst.

Manchmal ist das Warten eine Handlungsweise,
die den inneren Aufruhr löst und besänftigt,
sogar dann, wenn sie kaum zu erkennen ist.
Manche Handlungen sind eine Form des Wartens,
bis der richtige Zeitpunkt glasklar ist.

Manche Taten lindern die Angst mehr als andere,
wenn sie uns mit den universellen Energien verbinden –
der Sonne, dem Mond, den Sternen und der Natur.

Finden wir die Augenblicke der Synchronizität,
wenn das Innen mit dem Außen übereinstimmt,
oder finden sie uns?
Wir können uns dem richtigen Zeitpunkt leichter nähern,
wenn wir lernen, zur Ruhe zu kommen
und die Innen- und Außenwelt gleichzeitig wahrzunehmen.

Die Erfahrungen ins Leben integrieren

Wenn Sie mehr Erfahrung sammeln und damit vertraut geworden sind, durch die transpersonalen Dimensionen zu reisen und sie zu erforschen, können Sie mit der Energie und den Informationen, die Ihnen dort zuteilwerden, vielleicht noch nichts anfangen. Das liegt ganz einfach daran, weil sie für Ihre schamanischen und jungianischen Erlebnisse noch nicht gewappnet sind. Vielleicht erzählen Sie anderen viel darüber, weil sie geheimnisvoll und faszinierend wirken, aber Sie machen keinen Gebrauch von Ihrem neu erworbenen Wissen. Wenn Sie wollen, dass diese Erfahrungen Sie transformieren und Ihr Leben verändern, müssen Sie darauf achten, die hinzugewonnene Weisheit und Energie in Ihre neue Lebensgeschichte zu integrieren.

Obwohl es wichtig ist, auf die Stimme des Unbewussten oder des Überpersönlichen zu hören, sind Sie niemals gezwungen, ihr zu folgen. Sie haben Ihre Entscheidungen immer selbst in der Hand. Wenn Sie erst einmal eine Veränderung in Ihrem Leben herbeigeführt haben, können Sie feststellen, wie sie sich anfühlt und – wenn es Ihnen nicht gefällt – eine andere Wahl treffen. Vielleicht kommen Sie zu dem Entschluss, dass Ihre ursprüngliche Eingebung falsch war, aber lassen Sie sich deshalb nicht davon abhalten, zu einem anderen Zeitpunkt wieder Botschaften aus den überpersönlichen

Dimensionen zu empfangen. Sonst würden Sie damit sich und dem Göttlichen absolut keinen Gefallen tun.

Ihre Gefühle und die Wahrnehmung und Deutung der Ereignisse in Ihrem Leben spielen eine große Rolle, doch ebenso wichtig ist es, den Ruf Ihrer Seele und der Organisationsprinzipien zu vernehmen, denen Sie folgen möchten und die Ihre Erfahrungen beeinflussen sollen. Wenn Sie auf den überpersönlichen Ebenen praktizieren, kommen Sie mehr in Einklang mit den Wünschen Ihrer Seele. Dies wird sich positiv auf Ihre Lebensgeschichte auswirken. Dann stimmen Ihre Entscheidungen mehr mit Ihrem aktuellen Seelenplan überein.

Nachdem Sie unterschiedlichen Energien begegnet sind und mit ihnen gearbeitet haben, liegt es an Ihnen, ob Sie Ihre Geschichte verwirklichen, indem Sie Ihre Gefühls-, Verhaltens- und Denkmuster ändern. Selbst die stärkste positive Energie ist wirkungslos, wenn Sie sich weigern, sie für Ihre Veränderung einzusetzen.

Weiterführende Übungen zur Verwirklichung einer neuen Lebensgeschichte

Je tiefer und gründlicher Sie sich mit den Übungen aus diesem Buch beschäftigen und daraus lernen, desto intensiver wird die Erfahrung des Göttlichen, das gleichzeitig klar und einfach und doch unergründlich ist. Der folgende Dialog zwischen einem Kampfkunstschüler und seinem Meister (Sensei) verdeutlicht das göttliche Prinzip:

> Der Schüler fragte den Sensei: »Wie lange wird es dauern, bis ich den Grad des schwarzen Gürtels erreicht habe, wenn ich drei Tage pro Woche trainiere?«
> Der Meister antwortete: »Sechs Jahre.«
> Der Schüler fragte: »Und wenn ich vier Tage pro Woche trainiere, wie lange wird es dann dauern?«
> Der Meister antwortete: »Neun Jahre.«

Der Schüler war verwirrt und fragte: »Wenn ich fünf Tage pro Woche trainiere, wie lange dauert es dann?«
Der Meister antwortete: »Zwölf Jahre.«

Wenn die Schüler den Grad des schwarzen Gürtels erworben haben, beginnen manche noch einmal mit den Anfänger-Katas (traditionelle Bewegungsabläufe). Doch diesmal wird von einem Schüler erwartet, dass er die tiefere Wahrheit hinter den scheinbar einfachen Techniken erkennt.

Je tiefer wir uns auf die Praxis einlassen, desto mehr erkennen wir das Ausmaß der Verwandlung, nach der wir streben. Wir werden demütig, während wir unsere Ziele und unseren Weg dorthin neu überdenken. Den Grad des schwarzen Gürtels zu erlangen erscheint uns nicht mehr so wichtig wie das Meistern der Techniken und Lehren, was nur durch ausdauernde Übung gelingt. Diese Einstellung gilt auch für unser Streben nach persönlicher Transformation. Wir können lernen, entspannter zu leben, während wir eine neue Lebensgeschichte verfassen, denn wir hören niemals damit auf!

Überprüfen Sie hin und wieder Ihre gegenwärtige und Ihre angestrebte neue Lebensgeschichte und die Energie und das Wissen, das Ihnen durch die Praxis im transpersonalen Raum zuteilwird, sowie die Veränderungen, die Sie bereits erreicht haben – und diejenigen, die Sie noch nicht geschafft haben. Nehmen Sie sich Zeit, um Ablaufpläne oder Listen für bestimmte Zielsetzungen zu erstellen und zu überprüfen, damit Sie sich darüber klar werden, was Sie in jedem neuen Kapitel Ihres Lebens anders machen möchten. Klar definierte Ziele tragen dazu bei, Ihre neue Geschichte zu verwirklichen.

Wenn es nicht genügt, Ihren Willen und Ihre Absicht einzusetzen, um Veränderungen zu bewirken, besuchen Sie die für Sie hilfreichen überpersönlichen Orte, an die Sie Ihre Intuition führt.

Schaffen Sie sich in Ihrem Alltag einen Raum, um schamanisch und jungianisch zu praktizieren, so wie Sie es durch dieses Buch gelernt haben. Dabei sollten Sie mit den beteiligten Energien respektvoll umgehen und für die Einsichten und Botschaften, die Sie empfangen, dankbar sein.

Ich schlage vor, jede transpersonale Dimension mindestens einmal im Monat zu besuchen und ein oder zweimal pro Woche für zehn bis 30 Minuten in eine dieser Welten schamanisch zu reisen und dort mit den Energien zu kommunizieren und die Botschaften zu empfangen, die dort auf Sie warten. Lassen Sie sich von Ihrer Intuition leiten, in welcher Reihenfolge Sie die Übungen machen wollen. Wenn keine Übung besondere Priorität hat, machen Sie zuerst die Auflösungs-Visualisierung aus Kapitel 5. Danach können Sie in die Stille und in die Matrix reisen, dem Tod begegnen und sich in die Unter- und Oberwelt begeben. Ab und zu sollten Sie auch in die absolute Dunkelheit und ins Licht der Schöpfung reisen, um sich im schamanischen Reisen zu üben. Beginnen Sie jedes Mal einen Dialog mit allem, was Ihnen auf Ihren Reisen oder im Alltag begegnet: ein körperliches Symptom, eine Traumerscheinung oder ein Gefühl, das Sie klären oder mit dem Sie bewusster umgehen möchten. Arbeiten Sie mit Ihren Komplexen, Personae, Schatten, gegengeschlechtlichen Figuren und anderen Archetypen, die sich während Ihrer Praxis zeigen.

Verbringen Sie außerdem Zeit mit der Traumarbeit und in der Natur. Laden Sie die Energien von Tod und Initiation ein, feiern Sie Feuer- und Despacho-Zeremonien, fertigen Sie Sandmalereien an und erfinden Sie eigene Rituale, um alte Energien loszulassen und neue einzuladen. Wenn Sie die Übungen in Kapitel 3 und 4 nicht vollständig gemacht haben, kommen Sie noch einmal darauf zurück, um mehr zu verstehen und mehr Klarheit darüber zu gewinnen, was Sie in Ihr Leben holen und wie Sie es verändern möchten.

Wenn Sie Widerstände gegenüber bestimmten transpersonalen Dimensionen verspüren, ist dies wahrscheinlich ein Zeichen dafür, dass Sie eine schamanische Reise unternehmen sollten. Sich mit dieser Ebene auseinanderzusetzen kann bedeuten, sich gewissen Wahrheiten zu stellen, auf die Sie in der Stille oder vielleicht in der Unterwelt stoßen, und Sie sollten sich nicht von Ihrer Angst oder Ihrem Unbehagen davon abhalten lassen, dort der göttlichen Quelle zu begegnen.

Kümmern Sie sich nicht nur darum, welchen Nutzen Sie aus den transpersonalen Erfahrungen ziehen können – sondern auch darum, was Sie im Austausch geben können. Denken Sie daran, sich auf die schamanische Praxis vorzubereiten, indem Sie den heiligen Raum öffnen, Ihr Energiefeld reinigen und bewusst atmen. Bereits die Öffnung des heiligen Raums, der stille Aufenthalt darin und die Erfahrung der Energien können heilsam wirken. Wenn Sie Ihre Praxis beendet haben, schließen Sie den heiligen Raum und bedanken sich bei allen Energien, die Sie angerufen und um Hilfe gebeten haben.

Jedes Mal, wenn Sie schamanisch praktizieren, sollten Sie der göttlichen Quelle danken und anerkennen, dass Sie einmalig, aber auch Teil einer höheren, kollektiven Schöpfungskraft sind. Drücken Sie auch Ihren Dank dafür aus, dass Sie die Chance erhalten haben, am großartigen Werk der Schöpfung mitzuwirken. Seien Sie Sie selbst, nicht mehr und nicht weniger.

Vielleicht möchten Sie die Übungen in diesem Buch mit anderen Methoden kombinieren, die den Geist zur Ruhe bringen und Sie in Kontakt mit dem Körper, dem höheren Geist sowie dem Göttlichen kommen lassen. Psychoanalyse, Psychotherapie, Schulmedizin, Meditation, Qigong und die Traditionelle Chinesische Medizin können die hier erlernte Praxis ergänzen und die Manifestation Ihrer neuen Lebensgeschichte erleichtern.

So wirkungsvoll Ihre Schamanenreisen auch sein mögen, verlassen Sie sich nicht nur auf eine Schamanenreise, einen inneren Dialog oder ein Ritual, um sich vollständig von einer Krankheit, einem psychischen Problem oder einem alten Verhaltensmuster zu befreien. Besonders in Amerika suchen die Menschen gerne nach einer schnellen Lösung oder einem Wundermittel. Die schamanische und jungianische Praxis hingegen ist etwas, womit Sie sich regelmäßig beschäftigen müssen, um gleichzeitig Ihre Spiritualität zu entwickeln. Manchmal spüren Sie dabei eine tiefgreifende innere Veränderung, während die Wirkung der einzelnen Übungen ein andermal weniger dramatisch sein kann. Sie dienen dazu, über einen längeren Zeitraum hinweg allmählich eine Veränderung zu bewirken anstatt eine Spontanheilung Ihrer Beschwerden.

Ein Freund von mir besichtigte einmal einen japanischen Zen-Garten in Kyoto. Während er in der schlichten Schönheit des Gartens schwelgte, wurde er von einer Stimme aus seiner Träumerei gerissen. Ein Zen-Mönch stand neben ihm und sagte: »Der Garten ist gar nichts. Er ist das, was du daraus machst.« In diesem Sinne liegt es an jedem von uns, welche Bedeutung wir den Begegnungen mit der göttlichen Quelle und unseren Erfahrungen geben, wie wir unsere Lektionen im Alltag umsetzen und ob wir eine neue Geschichte mit neuen Organisationsprinzipien schreiben.

Unsere Geschichten können von archetypischen Energien und universellen Themen durchzogen sein, doch wir werden auch von unseren religiösen, politischen und wirtschaftlichen Prägungen, unserer sozialen Schicht, unserer Ausbildung und unserer Berufserfahrung, unseren Beziehungen zu unserer Mutter und unserem Vater, unserer Familie und unseren Freunden, Nachbarn und Kollegen beeinflusst und auch davon, wo wir wohnen – und durch unser Erbgut. Unsere Herausforderung besteht darin, uns von diesen Einflüssen so weit zu befreien, dass wir im gegenwärtigen Augenblick Entscheidungen treffen können, die für die göttliche Quelle und uns besser sind.

In der Welt leben, aber nicht mehr von dieser Welt sein

Eines der Themen in diesem Buch handelt davon, dass wir einen Weg finden müssen, wie wir die Spannung aushalten, dass wir spirituelle Wesen in einem physischen Körper mit einer irdischen Existenz sind. Es genügt nicht, entweder nach spirituellen Erfahrungen oder nach weltlichen Erfolgen zu streben und dabei jeweils einen Bereich auszuschließen. Wir sollten eine Möglichkeit finden, uns mit dem Göttlichen zu verbinden, damit unsere irdischen Erfahrungen von dieser Verbundenheit bestimmt werden. Wenn wir nicht über unsere Lebenserfahrungen nachdenken, wird unser Leben sinnlos und oberflächlich. Doch wir sollten auch nicht so viel grübeln, dass wir keine neuen Erfahrungen mehr machen. Manchmal ist es notwendig, ganz einfach im gegenwärtigen Augenblick zu leben.

Nachdenken oder sein

Ein Delfin taucht unter die Wasseroberfläche, dann wieder auf.
Alpha und Omega.

Nachdenken oder sein –
was für ein tolles Dilemma.

Für mich besteht die wichtigste Aufgabe des Menschseins darin, mit den banalen, verwirrenden und unbefriedigenden Aspekten des Lebens klarzukommen und dabei niemals die Beziehung zur Stille, zur Matrix und den unbewussten Dimensionen zu vergessen. Dauerhaft durchzuhalten erfordert enorm viel Vertrauen und Kraft.

Je öfter wir die Übungen und Rituale verwenden, um Zugang zu den überpersönlichen Ebenen zu erlangen, desto offener werden wir für die jenseitige Wirklichkeit und die Erkenntnis, dass wir ein Teil der Matrix und immer mit der göttlichen Quelle verbunden sind. Wir können unsere Schamanenreisen oder Geschichten als Mythen mit universellen Themen betrachten und unsere Verbundenheit mit allen Menschen über die Menschheitsgeschichte und alle Kulturen hinweg spüren. Wir können in Einklang mit den Rhythmen und Zyklen des Lebens kommen. Es fällt uns leichter, unsere Jugend aufzugeben, wenn wir begreifen, dass uns die Eigenschaften, die wir damals besaßen, erhalten bleiben, auch wenn diese Zeit vorbei ist. Wir erkennen, dass wir unseren jugendlichen Überschwang oder die Energie der Neugierde, die uns zu einer bestimmten Zeit in unserer Vergangenheit erfüllt hat, niemals verlieren müssen, selbst wenn sich das Lebensrad weiterdreht und wir uns einem neuen Lebensabschnitt nähern.

Die Integration des Göttlichen in alle Bereiche des Lebens heißt für manche Menschen, immer im Fluss zu sein. Doch anstatt sich einfach nur treiben zu lassen, bedeutet die Verbundenheit mit der göttlichen Quelle, das Wesen aller Dinge zu begreifen und in Harmonie mit der Welt zu leben – manchmal durch aktive Bemühungen, ein andermal indem wir passiv bleiben. In Krisenzeiten können wir in einen Strudel von Problemen geraten, der uns hinabzieht, oder wir suchen nach einem Ausweg und schwimmen aus dem Strudel heraus in eine neue Richtung, die besser zu unserem Zweiergespann passt – zu uns und der göttlichen Quelle, die getrennt voneinander und doch eins sind.

Getrennt und doch vereint

Der Krieger marschierte allein, er diente einem Vorbild.
Welchem Vorbild, ist niemals klar geworden – auch nicht,
ob es wichtig ist.
Der Liebende badete im Meer der Gefühle,
verlor sich in der Tiefe und sah das Licht nie mehr wieder.
Der König besichtigte sein Reich
und sah, dass es gut war.
Doch er wünschte, er wäre einer seiner Untertanen.
Der Zauberer verwandelte sich und andere.
Deshalb konnte sie keiner mehr erkennen.
Mmh!

Der Liebende bereitete das Festmahl zu,
der Krieger teilte es in Portionen,
der König tischte es auf
und der Zauberer segnete die Mahlzeit.
Die Küchenschaben und die Mäuse fraßen die Krümel auf.
Wer dient dem Tao am besten?

Ein Wesensanteil von uns entwickelt sich fortwährend, schreibt seine Geschichte neu und haucht ihr Leben ein, doch ein anderer Teil von uns kann sich ruhig zurücklehnen, weil er weiß, dass es wichtiger ist, im Gefühl der Verbundenheit mit dem Göttlichen von einem Augenblick zum nächsten zu leben, anstatt sich um ein neues, besseres Drehbuch zu bemühen. Vielleicht können wir diese beiden Teile in Einklang miteinander bringen und den inneren Frieden finden, der über jedes Verständnis hinausgeht.

Schlusswort

Eines Tages war ich mit meinem Fahrrad auf dem Land unterwegs und beschloss, eine Kaffeepause einzulegen. Ich hielt an einem Lokal, das ein Treffpunkt für Folk-Musiker war. Dort hörte ich einer Gruppe zu, die einige Bluegrass-Stücke improvisierte. Eine hübsche junge Frau sang eine tief bewegende Interpretation eines »Barbara Allen«-Songs. Sie erinnerte mich an meine Kindheit in Kentucky. Als ich meine Radtour fortsetzte, ging mir die Melodie nicht mehr aus dem Kopf und ich sang das Lied mit einem improvisierten Text wie ein Mantra. Das hörte sich so an:

Manchmal glaube ich verrückt zu werden,
während ich neben dem Telefon sitze
und auf einen Anruf warte, der mich aufmuntert.
Doch im Herzen weiß ich, ich bin allein,
ganz allein, während ich über die vergeudete Zeit nachdenke,
in der ich auf jemanden gewartet habe,
auf einen Menschen, der meinem Leben einen Sinn gibt
und meine Taten segnet.
Ganz allein, während ich an die Familie denke, von der ich abstamme,
und an alles, was ich verpasst habe.
Ganz allein, während ich über mein Leben nachdenke
und mich nach etwas Gnade sehne.
Doch manchmal, wenn ich ganz still bin,
erhasche ich einen Blick auf einen Ort in meinem Inneren,
an den ich nur gelangen kann,
wenn ich Zeit und Raum überwinde.
Gerade weiß ich nicht, wie mir das gelingen kann,
denn ich finde den Schlüssel nicht.
Also muss ich vermutlich noch länger warten,
warten auf mich.

Der Songtext, der mir einfiel, erinnerte mich an die Vergeblichkeit, auf jemanden zu warten, der mein Leben lebenswert macht, oder an die Sinnlosigkeit, etwas zu bedauern, was ich während meiner Erziehung verpasst habe, oder über die Existenzangst nachzugrübeln, ohne etwas dagegen zu unternehmen. Der neue Weg, der sich vor mit auftat, führte an einen Ort in meinem Inneren, der mich mit der Unendlichkeit verband. Ich konnte ihn nur dann betreten, wenn ich ganz ruhig, still und leer wurde. Nur in diesem Zustand konnte ich die Gnade der Unendlichkeit wahrnehmen und erfahren. Als ich erst einmal ein Gefühl für die Unendlichkeit bekommen hatte, veränderte sich mein Leben schlagartig, doch ich weiß, dass eine fortwährende, absichtsvolle Praxis erforderlich ist, um diesen Ort im Inneren zu finden. Für mich hat das Lied in der Reihe von Symbolen, die auf meiner Lebensreise in mir aufgetaucht sind und mich auf meinem Weg unterstützt haben, eine besondere symbolische Bedeutung.

Der Ort, der jenseits von Zeit und Raum existiert, ist ein schamanischer Kraftplatz, der sich dem Verständnis entzieht. Die dortige Erfahrung war ein Schritt zu meinem Ziel, mich selbst zu erkennen, was umgekehrt dazu führt, dass andere mich erkennen dürfen und ich mehr in der Verbundenheit mit dem größeren Ganzen und mit meiner Nächstenliebe leben kann.

Ich hoffe, dass ich in der Zeit, dir mir in diesem Leben noch bleibt, zusammen mit der göttlichen Quelle ein Leben erschaffen kann, das von Liebe, dem Dienst am Nächsten und einem höheren Sinn geprägt ist und dass ich an meiner Entwicklung Spaß und Freude habe. Wenn ich mir in Erinnerung rufen kann, dass das Wesen der göttlichen Quelle – des Lebens – Liebe ist, relativiert sich alles andere, und scheinbar große Probleme werden dadurch unwichtig. Die Liebe siegt wahrhaftig über alles.

Nachwort

In der Stille
öffnet das Lied einer Zikade eine Seele,
die noch nicht bereit war, sich zu erkennen zu geben.
Zu spät für Wiedergutmachungen.
Die verhärtete Kruste löst sich im neuen Bewusstsein auf.
Alte Wahrheiten kommen ans Licht.
Die Stille jetzt
ist Balsam für die sich selbst zugefügten Wunden.
Das Lied der Zikade ist ein Ruf,
sich der Morgendämmerung zu stellen.
Der Jungvogel reckt sich,
um in die Ewigkeit zu blicken,
aber eine Blaue Schwertlilie versperrt ihm die Sicht.
Am Ende der Reise
lauscht der müde Wanderer in die Stille hinein,
und während die Zikade zur Geburt einer Blauen Schwertlilie singt,
lächelt der Wanderer und blickt in die Ewigkeit.

Ich wünsche Ihnen, dass Sie gemeinsam mit der göttlichen Quelle das Leben erschaffen können, das Sie sich wünschen, und liebevoll, beseelt, sinnvoll und schließlich voller Freude mit der Stille tanzen und sich mit der bedingungslosen Liebe, die Sie dort finden, verbinden und ihre Essenz ausstrahlen werden.

Indem ich lernte, ruhiger und geduldiger abzuwarten, wuchs meine Selbsterkenntnis. Hoffentlich kann dieses Buch Sie dabei unterstützen, mehr Geduld aufzubringen, sich selbst besser zu verstehen und ein neues, zufriedenstellendes Drehbuch für Ihr Leben zu schreiben.

»Die Lippen der Weisheit sind verschlossen, nur nicht für die Ohren des Verständnisses.« *(Kybalion)*

Die Schlüssel zu den sieben ewigen heiligen Prinzipien. Seit vielen Jahren ist wieder ein großes Interesse an den zeitlosen Weisheiten des »Kybalions« erwacht. Dan Browns »Das verlorene Symbol« und aktuelle Bestsellerautoren wie Rhonda Byrne, Thorwald Dethlefsen, Deepak Chopra, Louise L. Hay – sie und viele andere, früher wie heute – schöpfen aus dieser Quelle des Wissens. Das »Kybalion« enthält die universellen Weisheiten des großen Eingeweihten, des Meisters der Meister: Hermes Trismegistos. Seine Lehren, überliefert auf der sagenumwobenen Smaragdtafel, sind die Grundlage aller westlichen und östlichen spirituellen Schulen.

Ob materieller oder spiritueller Erfolg – es gelten immer die gleichen geistigen Gesetze. Jeder Mensch bekommt das, was er für seine Entwicklung gegenwärtig braucht, denn wir sind selbst Schöpfer unserer Realität. Das »Kybalion« erläutert die sieben hermetischen Gesetze klar und verständlich und gibt uns so die mächtigen Schlüssel zu ihrer Anwendung in die Hand.
Dieses Buch wird Sie ein Leben lang begleiten und immer wieder neue Aspekte und Geheimnisse offenbaren, deren wahrer Reichtum sich erst nach und nach erschließt, Stufe für Stufe, Siegel für Siegel – ein wahrer Wegbegleiter auf dem eigenen Pfad der Erkenntnis.

Softcover | 138 x 200 mm | 144 Seiten | ISBN 978-3-937392-17-2

Mythologische Geschichten sind ganz bestimmte Erzählungen, denen wir den Charakter der Heiligkeit beimessen – sie enthalten die Offenbarungen des Göttlichen und des Transzendenten.

Frei von allem Ballast der kirchlichen Institutionen oder theologisch-akademischen Meinungen erforscht der brillante Denker William Walker Atkinson die mythologische Dimension des gesamten Neuen Testaments – also die niedergelegte Lebensgeschichte von Jesus von Nazareth. Er beschreibt ihn als einen okkulten Meister höchsten Ranges und spürt den mystisch-spirituellen Kräften nach, die seit Anbeginn des Christentums gewirkt haben.

Das Neue Testament gehört zu den einflussreichsten Werken der Weltliteratur und prägt bis heute die europäische und amerikanische Kultur. Zahlreiche Kunst- und Musikwerke verarbeiten Motive und Texte aus dem Neuen Testament.

Als Bestandteil der Bibel ist das Neue Testament die Grundlage für den christlichen Glauben in den unterschiedlichen Ausprägungen. Viele Texte aus dem Neuen Testament sind wesentlicher Bestandteil der Liturgie und werden regelmäßig im christlichen Gottesdienst gelesen.

Mithilfe Atkinsons tiefgreifenden Erläuterungen und Einsichten werden wir in die Lage versetzt, diesen altehrwürdigen, heiligen Texten ein neues Leben einzuhauchen und unseren eigenen Platz in ihnen zu finden.

Softcover | 138 x 200 mm | 272 Seiten | ISBN 978-3-95659-038-2

HEILUNG – das heißt Ganzwerdung und umfasst Körper und Seele, Herz und Denken.

Der Autor des legendären »Kybalion« erklärt detailliert spirituelle, mentale und körperorientierte Heiltechniken, deren praktische Anwendungsformen sowie zahlreiche Übungen und Methoden zur Selbstheilung und der Heilung anderer: Prana-Heilung, die Heilkraft des Yoga durch einfache Atemtechniken, Heilung durch Gedankenkraft, Spirituelle Heilung u.v.m.

Es gibt viele subtile Kräfte und Energieformen in der Natur, die für alternative Behandlungen und naturnahe Heiltechniken eingesetzt werden können. Alles ist Energie, alles ist Geist. Wir leben in einem riesigen Energiefeld und sind selbst ebenso eines, wie uns die moderne Quantenphysik zeigt. Die geistigen Prinzipien des Universums und die ewig gültigen überlieferten Gesetze des Körpers müssen wieder in Einklang und in Balance gebracht werden. Wir alle wissen, das jede Form, jedes Leben und die Materie selbst eine Energiefrequenz ist. Alles ist in Schwingung und alles reagiert auf Energie mit Resonanz. Auf den verschiedenen Ebenen wirkt daher jede Energie anders. Heilung heißt, diese Energien wieder in Harmonie zu bringen.

Softcover | 138 x 200 mm | 144 Seiten | ISBN 978-3-95659-013-9

Wir können den Lebensbaum nutzen, um den göttlichen Lichtfunken in uns zu entfalten. Die mystische Kabbala ist ein persönlicher, praktischer, magischer und spiritueller Weg des Westens. Die Weisheit des Ostens und des Westens treffen sich hier zu einer großen Synthese.

Der lichtvolle Pfad der mystischen Kabbala beinhaltet die Quellen uralter und moderner Strömungen vieler spiritueller Weisheitslehren: das Geheimwissen der Ägypter, Griechen, Rosenkreuzer und Freimaurer ebenso wie die Lehren der Theosophie, Numerologie, Astrologie, Alchemie, des Tarot und viele andere mehr.

Die Essenz der kabbalistischen Tradition ist die persönliche unmittelbare Gotteserfahrung. Der Lebensbaum beschreibt die Pforten des Lichts und ist ein uraltes Symbolsystem, eine Karte der inneren Wege und Welten auf dem Pfad zum höchsten Ziel. »Wie oben, so unten« – der Mensch ist ein Universum im Kleinen. Nach kabbalistischer Ansicht hat Gott alles, was er im Universum geschaffen hat, auch im Menschen geschaffen.

Dion Fortune – Meisterin der westlichen Mysterientradition – erklärt in diesem großen Klassiker die geheimen Schlüssel des mystischen Weges zur großen Einweihung und spirituellen Entwicklung.

Softcover | 148 x 215 mm | 368 Seiten | ISBN 978-3-95659-017-7

Tarotkarten sind ein magischer Spiegel, in dem wir unser Selbst erkennen. Die symbolischen Darstellungen höherer Wahrheiten haben Suchenden aller Jahrtausende geholfen, sich das höchste Wissen der Menschheit zu erschließen.
Dieses Grundlagenwerk begründete in den 1920er-Jahren das bis heute ungebrochene Interesse am spirituellen Gehalt der Tarotkarten. Oswald Wirth entwarf das erste spirituelle Kartenset in der Geschichte des Tarot und ergänzte die Großen Arkana mit den Buchstaben des hebräischen Alphabets. Als Erster erkannte Wirth in der Bilderreihe des Tarot die Stationen der magischen Einweihung. Er legte damit den Grundstein für verschiedene Initiations-Systeme und das Konzept des Individuationsprozesses von C. G. Jung. Nach dieser Vorstellung wird ein Mensch mit der Chance geboren, das Leben als spirituelle Einweihungsreise zu seinem eigentlichen Wesen zu gestalten. Oswald Wirth entwickelte in jahrzehntelanger Detailarbeit ein zusammenhängendes System, das von der Ursymbolik bis zu einem verblüffend einfachen und gleichzeitig hochkomplexen Schlüssel zum abendländischen spirituellen Wissen reicht.
Dieses bedeutende Quellenwerk legt die Symbolik der Karten systematisch dar: numerologische Interpretation, Deutungen in Begriffen der Kabbala, astrologische Entsprechungen, alchemistische und freimaurerische Symbolik. Der Leser wird Schritt für Schritt in alle Aspekte der Großen Arkana eingeführt. Geeignet für alle Tarotdecks.

Softcover | 200 x 260 mm | 256 Seiten | ISBN 978-3-943012-97-2

Findhorn Gemeinschaft
Der Magische Findhorn Garten
Gespräche mit Engeln, Elfen und Naturgeistern
Mit einem Vorwort von Diana Cooper
AURINIA